职教高考复习指导丛书
学前教育（上册）

幼儿教育学　幼儿心理学

职教高考丛书编写委员会　编

电子工业出版社.

Publishing House of Electronics Industry

北京·BEIJING

内 容 简 介

为了助力即将参加职教高考的考生筑牢基础、深化知识理解、提升应试技巧，我们精心组织编写了这套"职教高考复习指导丛书"。这套丛书专为参加职教高考的考生第一轮复习量身打造，内容全面、系统，紧扣最新的考试标准。

本书作为职教高考复习指导丛书之一，在章节编排上既科学又合理，紧密围绕最新的考试标准展开，旨在帮助考生全面夯实基础知识、精准把握考试动态、提升解题能力，进而在实际考试中发挥出更高的水平。

图书在版编目（CIP）数据

学前教育. 上册，幼儿教育学 幼儿心理学 / 职教高考丛书编写委员会编. -- 北京 ：电子工业出版社，2024. 6. -- （职教高考复习指导丛书）. -- ISBN 978 -7-121-48065-2

Ⅰ. G61

中国国家版本馆 CIP 数据核字第 2024J9N759 号

责任编辑：游 陆   文字编辑：赵 娜
印   刷：涿州市殷润文化传播有限公司
装   订：涿州市殷润文化传播有限公司
出版发行：电子工业出版社
　　　　　北京市海淀区万寿路 173 信箱　邮编　100036
开   本：880×1230　1/16　印张：18.5　字数：426.2 千字
版   次：2024 年 6 月第 1 版
印   次：2024 年 6 月第 1 次印刷
定   价：55.00 元

前言

　　为了帮助参加职教高考的广大中等职业学校考生升入理想大学，我们邀请了一批资深教研员和国家级重点职业学校的一线名师，精心打造了这套高质量的"职教高考复习指导丛书"。这套丛书的编写，是在深入研究考试说明、广泛听取师生意见与建议的基础上完成的，旨在为考生提供一份全面、精准、实用的复习资料。

　　为了确保丛书的针对性、科学性和高效性，我们对近几年职教高考的考试标准和高考试卷进行了详细分析，深入解读职教高考"考什么、怎么考"，聚焦职教高考热点、高频考点，密切关注命题角度和题型变化，博采众长，反复斟酌，探索命题规律，预测命题趋势。本书作为"职教高考复习指导丛书"之一，不仅科学合理地编排了各个章节，更以最新的考试要求为导向，全面覆盖了考试所需的知识内容。本书旨在帮助考生夯实基础知识，精准把握考试动态，提升解题能力，从而在实际考试中发挥出最佳水平。

　　本套丛书具有如下特点。

　　编委阵容强大：编者均系资深教研员和国家级重点职业学校的一线名师，具有丰富的职教高考复习教学经验，并常年研究职教高考的考试标准和命题方向。

　　编写体系成熟：本套丛书严格按照最新的考试标准编写，宏观布局，细部优化，科学合理地编排每个章节。为了提高本套丛书的质量，特聘请资深专家严格把关。

　　编写内容齐全：内容涵盖了最新的职教高考考试说明中要求掌握的全部考点，知识、题型覆盖全面。同时，本套丛书以训练为主线，以考点为核心，练习题目难易适当，全面提升解题能力。

　　本套丛书集权威性、科学性、实用性和前瞻性于一体，是对考试说明的权威解读，是一线名师的心血和结晶，是参加职教高考的考生复习备考时的参考用书。考生可登录华信教育资源网下载其他相关资料。

　　本书由李先花、阚常芳担任主编。由于时间仓促，书中难免存在疏漏和不足之处，恳请同行专家不吝指正，欢迎广大师生提出宝贵意见，并将提出的意见反馈到邮箱 liujia@phei.com.cn，以使本套丛书不断完善。

职教高考丛书编写委员会

幼儿教育学

幼儿心理学

幼儿教育学

第一章

幼儿教育的产生和发展

考试说明

（1）了解幼儿教育及幼儿教育机构的产生和发展过程。

（2）理解教育、幼儿教育的概念。

（3）理解幼儿教育的意义。

（4）掌握福禄培尔、蒙台梭利、陶行知、陈鹤琴的幼儿教育思想。

知识结构图

```
                              ┌── 幼儿教育的概念和意义 ──┬── 教育的概念、幼儿教育的概念
                              │                        └── 幼儿教育的意义
幼儿教育的产生和发展 ──────────┤
                              │                        ┌── 幼儿教育的产生和发展
                              └── 幼儿教育事业的产生和发展 ─┼── 幼儿教育机构的产生和发展
                                                       └── 幼儿教育思想的发展
```

第一节　幼儿教育的概念和意义

知识精讲

一、教育的概念（理解）

1. 教育的概念

广义的教育：有目的、有意识地对人身心施加影响并促进人向社会要求的方向发展的一种社会实践活动。它的任务就是把原本作为自然人而降生的孩子培养成合格的社会成员，包括家庭教育、社会教育、学校教育。

狭义的教育：在人们专门设置的教育机构中实施的教育，主要指学校教育。

【注意】学校教育在近现代成为人类社会教育活动的核心部分，对其他各种教育起着示范和主导作用。

2．幼儿教育的概念

幼儿教育主要指的是对3～6岁年龄阶段的幼儿所实施的教育。

广义的幼儿教育：凡是能够影响幼儿身体成长和认知、情感、性格等方面发展的有目的的活动都是幼儿教育。如幼儿在成人的指导下看电视、做家务、参加社会活动等。

狭义的幼儿教育：特指幼儿园和其他专门开设的幼儿教育机构的教育。

【注意】幼儿园教育在我国属于学校教育系统。

3．幼儿教育的重要性和特殊性

"重要"指的是它为个人的发展奠定基础，许多重要能力和个性品质都在幼儿时期开始形成基本特点；"特殊"指的是幼儿教育阶段处在幼儿身心发展从最初的不定型到基本定型，进而可以开始按社会需求学习并获得发展的过渡时期。

二、幼儿教育的意义（理解）

（1）促进幼儿在体、智、德、美诸方面全面和谐发展。

（2）帮助幼儿适应学校生活，为进入小学学习做好准备。

（3）减轻父母教养幼儿的负担并改善处境不利幼儿的状况。

【注意】

①幼儿期是智力发展的关键时期；是人的个性、性格和行为品质初步形成的时期；也是想象力和创造力发展的重要时期。

②美国教育家大卫·维卡特以处境不利儿童为对象，研究早期补偿教育能否打破消极的贫穷循环。早期补偿教育无论对个体还是对社会都有重要和积极的意义。

📖 经典例题解析

【例1】（2017年真题）教育的本质是（ ）。

　　A．传授知识　　　　B．发展智力　　　　C．培养人　　　　D．形成品德

【解析】此题考点是对教育概念的理解。教育是有目的、有意识地对人身心施加影响并促进人向社会要求的方向发展的一种社会实践活动。

【答案】C

【例2】在近现代教育中，对其他各种教育起着示范和主导作用，是人类社会教育活动的核心部分的是（ ）。

　　A．家庭教育　　　　B．社会教育　　　　C．学校教育　　　　D．社区教育

【解析】此题考点是对教育概念的理解。

【答案】C

📖 同步练习

1．人类特有的社会性活动是（ ）。

A．教育　　　　　B．生存　　　　　C．繁殖　　　　　D．进食

2．有目的、有意识地对人身心施加影响并促进人向社会要求的方向发展的一种社会实践活动是（　　　）。

A．活动　　　　　B．实践　　　　　C．教育　　　　　D．游戏

3．狭义的教育是指（　　　）。

A．家庭教育　　　B．社会教育　　　C．学校教育　　　D．社区教育

4．对幼儿教育内涵的理解，正确的是（　　　）。

A．有些孩子可以不用接受幼儿教育

B．幼儿教育是一种社会现象，有了人类社会，便出现幼儿教育

C．幼儿教育是指对0～6岁学龄前幼儿实施的教育

D．教育就是学校教育和家庭教育

5．近现代人类社会教育活动的核心部分是（　　　）。

A．家庭教育　　　B．社会教育　　　C．学校教育　　　D．课堂教学

6．智力发展的关键期是（　　　）。

A．幼儿期　　　　B．婴儿期　　　　C．幼儿前期　　　D．学龄期

7．幼儿教育是对（　　　）年龄阶段的幼儿所实施的教育

A．4～5岁　　　　B．1～6岁　　　　C．3～7岁　　　　D．3～6岁

8．（　　　）时期是想象力和创造力发展的重要时期。

A．婴儿　　　　　B．幼儿　　　　　C．婴幼儿　　　　D．童年

9．（　　　）是人的个性、性格和行为品质初步形成的时期。

A．婴儿期　　　　B．童年期　　　　C．幼儿期　　　　D．青年期

二、简答题

1．怎样理解幼儿教育？

2．实施幼儿教育有什么意义？

3．为什么说幼儿教育阶段是一个人教育与发展的重要而特殊的阶段？

第二节 幼儿教育事业的产生和发展

 知识精讲

一、幼儿教育的产生和发展（了解）

1．幼儿教育的产生

幼儿教育是一种社会现象，有了人类社会，便出现了幼儿教育。幼儿教育与人类社会一起产生和发展。人类社会要生存和延续，抚养后代、保证婴幼儿存活与生长的教育就随之产生了，这就是最初的幼儿教育。

2．幼儿教育的发展

（1）原始社会。

①幼儿教育是完全融合在生产和生活中的，其主要任务是保证幼儿的存活。

②原始社会初期，对幼儿实行氏族内部的公共教育。

③原始社会末期，产生了家庭教育。

④原始社会的教育是没有阶级性的，每个幼儿受到的教育是平等的。

（2）奴隶社会和封建社会。

①教育出现了阶级性和等级性。

②幼儿教育和学校教育出现了分离。

③幼儿教育在家庭中分散地进行。

（3）资本主义社会。

①幼儿教育社会化，产生了幼儿教育机构。

②幼儿教育的发展是和社会生产力发展水平紧密相连的，受到社会政治、经济的制约。

③幼儿教育社会机构是近代大工业生产的产物。

【注意】

①古希腊的哲学家柏拉图主张将3～6岁幼儿集中管教。

②幼儿教育机构首先在欧洲诞生，最值得一提的是英国欧文创办的"幼儿学校"（后改名为"性格形成学园"），他将1～6岁的婴幼儿组织起来集体保育，受到过恩格斯的赞扬。

二、幼儿教育机构的产生和发展（了解）

1．幼儿教育机构是近代社会化大生产的产物

幼儿教育机构的产生和发展过程中，出现了以下几个有代表意义的范例。

（1）国外幼儿教育机构的发展。

①幼儿教育机构首先在欧洲诞生，最值得一提的是由英国空想社会主义者欧文于1816年

创办的幼儿学校。最初出现的幼儿教育机构多由一些慈善家、工业家举办，实质上是慈善性质的社会福利机构。

②德国幼儿教育家福禄培尔被世界誉为"幼儿园之父"，他创办了世界上第一个幼儿园。时间：1837年；地点：布兰肯堡；最初的名字：游戏与作业教育所；特点：游戏是幼儿的主要活动，幼儿通过他特制的玩具"恩物"来学习。1840年，幼儿园的名称正式公布于世，被全世界普遍采用。

③被誉为20世纪初的"幼儿园改革家"的蒙台梭利于1907年在罗马贫民区创办了一所"幼儿之家"用于实践自己的教育理论，创立了以感官为基础的幼儿教育教学体系。

（2）国外幼儿教育机构发展的特点。

①幼儿教育机构数量增加。

②幼儿教育机构多样化发展。

③师资质量和教育质量提高。

【注意】

师资质量和教育质量的提高是幼儿教育机构发展的重要标志。

师资质量是教育质量提高的重要标志。

（3）国内幼儿教育机构的发展。

①我国自己创办的第一所幼儿教育机构，是1903年由张之洞主持在湖北武昌创办的湖北幼稚园，1904年改名为武昌蒙养院。著名教育家陶行知先生曾尖锐地抨击其有三种大病：一是外国病，二是花钱病，三是富贵病。

②幼儿教育家们提倡变革并躬行实践，创办了为平民子女服务的幼儿园，如陶行知的"乡村儿童团"、张雪门的"北平香山慈幼院"。

③陈鹤琴于1923年创办了我国最早的幼儿教育实验中心——南京鼓楼幼稚园。

④陶行知于1927年3月，创立中国第一所乡村幼儿园——南京燕子矶幼稚园。

2. 标志着我国幼儿教育走上规范化、法制化轨道的文件、法规

①《城市幼儿园工作条例》（1979年）、《幼儿园教育纲要》（1981年）、《关于进一步办好学前班的意见》（1986年）三个文件明确了幼儿教育方向。

②《幼儿园工作规程（试行草案）》（1989年6月制定颁发，1996年6月正式施行，简称《规程》）。《规程》规定了幼儿园的保教目标、任务、原则、活动的组织、教育的形式和方法等，充分体现了正确的教育观、儿童观，进一步拉开了幼儿教育改革的序幕。

③ 1989年8月，经国务院批准，国家教育委员会颁布了《幼儿园管理条例》，这是新中国成立以来，经国务院批准颁发的第一个幼儿教育法规，标志着我国幼儿教育管理迈入了法制化轨道。

④ 2001年7月，我国教育部颁发了《幼儿园教育指导纲要（试行）》，简称《纲要》，进一步推动了我国幼儿教育科学化、规范化的发展进程。

⑤ 2010年2月，国务院发布《国家中长期教育改革与发展规划纲要》。

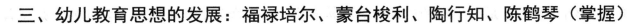

三、幼儿教育思想的发展：福禄培尔、蒙台梭利、陶行知、陈鹤琴（掌握）

（一）福禄培尔

1．简介

福禄培尔是德国著名教育家，创办了世界上第一所幼儿园，创立了一整套幼儿教育理论和教育方法、教材、玩具等，被誉为"幼儿园之父"。

2．主要教育理论

（1）幼儿自我发展的原理。

福禄培尔认为，幼儿的行为是其内在生命形式的表现，是由内在的动机支配的。命令式的、强制的、干涉的教育方法对幼儿的发展是无效的，必须尊重幼儿的自主性，重视幼儿的自我活动。

（2）游戏理论。

福禄培尔是第一个阐明游戏的教育价值的人，他认为幼儿是通过游戏将内在的精神活动表现出来的，"游戏是生命的镜子"；强调游戏对幼儿人格发展、智慧发展有重要意义。游戏是幼儿"起于快乐而终于智慧的学习"；他认为游戏中玩具是必须的，并将制作的玩具取名为"恩物"。

（3）协调原理。

应该让孩子和周围的环境、社会、自然结合，协调一致。

（4）亲子教育。

福禄培尔认为，要让孩子在爱中成长，父母应多给孩子爱的教育。他创立了世界上第一个为母亲们开办的"讲习会"，还专门写了一本《母亲之歌与爱抚之歌》。

3．评析

福禄培尔的幼儿教育理论体系带有浓厚的宗教色彩，因此受到了许多批判。但他的思想和理论在很多方面的确揭示了幼儿教育的规律，其价值是不可否认的，其对现今幼儿教育实践仍具有指导意义。

（二）蒙台梭利

1．简介

蒙台梭利是意大利的儿童教育家，于1907年在罗马创办了"幼儿之家"，创造的以她的名字命名的教育方法—蒙台梭利教育法传遍了全世界，被誉为20世纪初的"幼儿园改革家"。

2．主要教育理论

（1）幼儿自我学习的法则。

蒙台梭利认为每个儿童都是一个遵循自身内部法则的生物体。她视教育为促进幼儿内在力量自然发展的过程，强调幼儿的自由活动，反对以成人为中心的教育，反对传统的班级统一教学，"我的教学法就是要培养和保护儿童自身的学习积极性"。

（2）重视教育环境的作用。

在蒙台梭利教育中，一个有准备的环境是关键。

这个环境的特点：

①一个自由发展的环境；②一个有秩序的环境；

③一个生气勃勃的环境；④一个愉快的环境。

（3）教师的作用。

在蒙台梭利教育中，教师是环境的创设者、观察者、指导者。

蒙台梭利指出，幼儿自由学习的质量是由教师的质量决定的，正是教师才使幼儿的自由得以实现。

（4）幼儿的自由和作业的组织相结合的原则。

蒙台梭利认为，给予幼儿自由和教师对作业的组织是一个统一体的两个侧面。

教师在为幼儿的自由发展创造条件的同时，也要设置必要的纪律。

（5）重视感觉教育。

感觉教育是蒙台梭利教育的重要内容。她认为3～6岁幼儿的各种感觉先后处于敏感期，必须对幼儿进行系统和多方面的感官训练，为此专门设计了一套感觉训练教具。

3．评析

虽然蒙台梭利的教育理论受到不少批评，如偏重智能而忽视情感的陶冶。但蒙台梭利教育对世界幼儿教育的巨大贡献是不可否认的，其理论的基本精神，如重视环境的作用等，无论是在蒙台梭利时代还是在今天，都具有不衰的生命力。

（三）陶行知

1．简介

陶行知是我国伟大的人民教育家，毕生从事旧教育的改革，推行生活教育、大众教育，创立了生活教育理论和教、学、做合一的教育方法，为我国教育做出了重大贡献。

2．主要的贡献和观点

（1）开拓农村幼儿教育事业。

主张改革外国化的、费钱的、富贵的幼稚园，建立适合中国国情的、省钱的、平民的幼稚园。1927年在南京郊区首创了我国第一所乡村幼儿园——南京燕子矶幼稚园。

（2）重视幼儿教育。

陶行知高度评价幼儿教育的社会价值。陶行知指出"幼儿教育实为人生之基础"，是"根本之根本"。

（3）生活是教育的中心。

陶行知认为生活即教育，游戏即工作。

（4）教、学、做合一的教育方法。

"教学做是一件事，不是三件事。我们要在做上教，在做上学"

（5）解放儿童的创造力。

陶行知认为教育要启发、解放儿童的创造力。

"五解放"：①解放儿童的头脑；②解放儿童的双手；③解放儿童的嘴；④解放儿童的空

间；⑤解放儿童的时间。

3．评析

陶行知先生毕生从事旧教育的改革，推行生活教育、大众教育，在教育实践中创立的生活教育理论和教、学、做合一的教育方法在今天仍然具有极大的现实意义。

（四）陈鹤琴

1．简介

陈鹤琴是我国著名的儿童教育家，1923年创办了我国最早的幼儿教育实验中心——南京鼓楼幼稚园，创立了"活教育"理论，一生致力于探索中国化、平民化、科学化的幼儿教育道路，开创了我国儿童心理的科研工作，是我国以观察实验法研究儿童心理发展的最早的学者之一，为我国幼儿教育师资培训事业做出了不可磨灭的贡献。

2．主要教育思想

（1）反对半殖民地半封建的幼儿教育，提倡适合国情的中国化幼儿教育。

（2）反对死教育，提倡活教育。

陈鹤琴的"活教育"理论体系。

活教育的三大目标：①做人，做中国人，做现代中国人；②做中教，做中学，做中求进步；③大自然，大社会是我们的活教材。

教育观：幼儿的学习是"自动的学习、自发的学习""以自动代替被动"。

教育目标：是育人，培养国家民族需要的"现代中国人"。

教育方法："做中教，做中学"。

教育内容：以大自然、大社会为活教材。

教育原则：提出活教育的17条原则，如"凡幼儿能做的，让他自己做；凡幼儿能想的，让他自己想"。

（3）幼儿园课程理论。

陈鹤琴的幼儿园课程理论的内容：

①课程的中心：主张将儿童的环境——自然的环境、社会的环境作为幼稚园课程系统的中心。

②课程的结构：将课程内容划分为健康活动、社会活动、科学活动、艺术活动、文学活动等五项，称为"五指活动"。

③课程的实施：强调把幼儿经验、身心发展特点和社会发展需要作为选择教材的标准；反对分科教学、提倡综合的单元教学、"整个教学法"；主张游戏式的教学。

（4）重视幼儿园与家庭的合作。

"儿童的教育是整个的、是继续的"，只有两方配合才会有大的效果。

3．评析

陈鹤琴先生极其丰富的幼儿教育思想和实践是我国幼儿教育的宝贵财富。学习和研究他的思想和教育理论，继承和发扬他为幼儿教育事业奋斗的精神，对我们建设有中国特色的幼儿教育理论体系具有重大的意义。

经典例题解析

【例1】（2019年真题）我国第一所幼儿教育机构是（　　）。

A．南京燕子矶幼稚园　　　　　　　　B．南京鼓楼幼稚园

C．湖北幼稚园　　　　　　　　　　　D．北平香山慈幼院

【解析】此题考查的是我国的第一个幼儿教育机构。

【答案】C

【例2】（2016年真题）新中国成立以来，经国务院批准颁发的第一个幼儿教育法规是（　　）。

A．《幼儿园工作规程》　　　　　　　B．《幼儿园教育指导纲要》

C．《幼儿园管理条例》　　　　　　　D．《中华人民共和国教育法》

【解析】本题主要考查对几个重要法规文件的了解。

【答案】C

【例3】（2018年真题）创立"活教育"理论的教育家是（　　）。

A．福禄培尔　　　B．蒙台梭利　　　C．陶行知　　　D．陈鹤琴

【解析】本题主要考查对中外幼儿教育家思想的掌握和理解。

【答案】D

【例4】（2015年真题）主张将儿童的环境作为幼稚园课程系统的中心，并提出"五指活动"的教育家是（　　）。

A．陈鹤琴　　　　B．陶行知　　　　C．蒙台梭利　　　D．福禄培尔

【解析】本题主要考查对中外幼儿教育家思想的掌握，提出"五指活动"的是陈鹤琴。

【答案】A

【例5】（2017年真题）蒙台梭利被称为20世纪初的"幼儿园改革家"。她的教育思想无论在当时还是在今天，都具有不衰的生命力。请列举蒙台梭利的主要教育思想并进行简要评价。

【解析】本题主要考查幼儿教育家蒙台梭利的教育思想和对她的教育理论的评析。

【答案】蒙台梭利教育思想及简要评价：

（1）幼儿自我学习的法则；

（2）重视教育环境的作用；

（3）重视教师的作用；

（4）幼儿的自由和作业的组织相结合的原则；

（5）重视感觉教育。

评析：虽然蒙台梭利的教育理论受到不少批评，如偏重智能而忽视情感的陶冶。但其理论的基本精神，如重视环境的作用等，无论是在蒙台梭利时代还是在今天，都具有不衰的生命力。

同步练习

一、选择题

1．狭义的幼儿教育产生于（　　　　）。

    A．原始社会　　　　　B．奴隶社会　　　　　C．封建社会　　　　D．资本主义社会

2．（　　　　）在德国布兰肯堡创办了一个保姆养成所。

    A．陈鹤琴　　　　　B．陶行知　　　　　C．蒙台梭利　　　　D．福禄贝尔

3．世界上第一所幼儿社会教育机构是（　　　　）。

    A．幼儿学校　　　　B．幼儿之家　　　　C．湖北幼稚园　　D．南京鼓楼幼稚园

4．以下属于蒙台梭利教育思想的是（　　　　）。

    A．教、学、做合一　　　　　　　　　B．提出了五解放

    C．重视感觉教育　　　　　　　　　　D．反对死教育，提倡活教育

5．世界上第一所真正意义上的幼儿教育机构的创办者是（　　　　）。

    A．福禄培尔　　　B．欧文　　　　　C．蒙台梭利　　　D．柏拉图

6．教育史上第一个承认游戏的教育价值并有系统地把游戏列入教育过程的教育家是（　　　　）。

    A．福禄培尔　　　　B．夸美纽斯　　　　C．蒙台梭利　　　D．维果茨基

7．教育中出现阶级性和等级性是在（　　　　）。

    A．原始社会　　　　　　　　　　　　B．资本主义社会

    C．奴隶社会和封建社会　　　　　　　D．近现代社会

8．下列不属于陈鹤琴教育思想的是（　　　　）。

    A．解放儿童的创造力　　　　　　　　B．重视幼儿直接经验的价值

    C．重视幼儿园与家庭的合作　　　　　D．做中教，做中学

9．幼儿教育与学校教育出现了分离是在（　　　　）。

    A．社会主义社会　　B．资本主义社会　　C．原始社会　　　D．奴隶与封建社会

10．主张将3～6岁幼儿集中管教的哲学家是（　　　　）。

    A．苏格拉底　　　B．柏拉图　　　　　C．亚里士多德　　D．昆体良

11．提出幼儿的学习应该以自动代替被动的教育家是（　　　　）。

    A．陈鹤琴　　　　B．蒙台梭利　　　　C．陶行知　　　　D．福禄培尔

12．提出"命令式、强制性、干涉的教育方法对幼儿的发展是无效的，而必须尊重幼儿的自主性，重视幼儿的自我活动"的教育家是（　　　　）。

    A．陶行知　　　　B．陈鹤琴　　　　　C．蒙台梭利　　　D．福禄培尔

13．（　　　　）提出了："凡幼儿能做的，就让他自己做；凡幼儿能想的，就让他自己想"的教育原则。

    A．陈鹤琴　　　　B．陶行知　　　　　C．蒙台梭利　　　D．福禄培尔

14．通过设计玩具——"恩物"促使幼儿学习，并使幼儿得到多方面发展的教育家是

（　　）。

　　A．蒙台梭利　　　　　B．福禄培尔　　　　　C．陈鹤琴　　　　　D．陶行知

15．下列关于幼儿教育和幼儿教育机构的产生和发展的说法，错误的是（　　）。

　　A．福禄培尔被誉为"幼儿园之父"，他创办了世界上第一所幼儿园

　　B．我国创办的第一所幼儿教育机构是 1907 年在湖北武昌创办的"幼儿之家"

　　C．幼儿教育机构首先在欧洲诞生

　　D．在原始社会，教育是没有阶级性的，每个幼儿受到的教育是平等的

16．以下有关幼儿教育思想的说法正确的是（　　）。

　　A．陈鹤琴先生认为，教育要启发、解放儿童的创造力

　　B．蒙台梭利认为，教师在为幼儿的自由发展创造条件的同时，应设置必要的纪律

　　C．福禄培尔教育思想的重要内容是感觉教育

　　D．陈鹤琴先生提出生活教育，倡导教、学、做合一的教育方法

17．（　　）是幼儿教育发展的重要标志。

　　A．师资质量　　　　　　　　　　　B．教育质量

　　C．师资质量和教育质量的提高　　　D．师资质量的提高

18．生活即教育，游戏即工作是（　　）的观点。

　　A．福禄塔尔　　　　B．蒙台俊利　　　　C．陶行知　　　　D．陈鹤琴

19．"儿童的教育是整个的、是继续的，只有两方配合才会有大的效果"是（　　）的观点。

　　A．福禄塔尔　　　　B．蒙台俊利　　　　C．陶行知　　　　D．陈鹤琴

20．（　　）反对埋没人性的读死书的死教育。

　　A．福禄培尔　　　　B．蒙台梭利　　　　C．陶行知　　　　D．陈鹤琴

21．（　　）说："教学做是一件事，不是三件事。我们要在做上教，在做上学。"

　　A．蒙台梭利　　　　B．福禄培尔　　　　C．陈鹤琴　　　　D．陶行知

22．北平香山慈幼院是（　　）为平民子女服务的幼儿园创办的。

　　A．陈鹤琴　　　　B．陶行知　　　　C．张雪门　　　　D．杜威

23．陶行知先生尖锐地抨击了三种大病，其中不包括（　　）。

　　A．外国病　　　　B．花钱病　　　　C．富贵病　　　　D．封建病

24．幼儿教育机构是（　　）的产物。

　　A．物质基础　　　B．上层建筑　　　C．大工业生产　　　D．经济发展

25．蒙台梭利认为，给儿童创设一个（　　）的教育环境是关键，这是科学的教育基本原则。

　　A．集体　　　　B．温馨　　　　C．自由　　　　D．有准备

二、简答题

1．陈鹤琴"活教育"的三大目标是什么？

2．简要介绍福禄培尔对幼儿教育事业做出的贡献及其幼儿教育理论的主要内容。

3．陶行知在幼儿教育方面主要的贡献和观点有哪些？

4．简要介绍蒙台梭利对幼儿教育事业做出的贡献及其幼儿教育理论的主要内容。

三、论述题

创办了我国最早的幼儿教育实验中心，创立了"活教育"理论，一生都在致力于探索中国化、平民化、科学化的幼儿教育道路的是哪位教育学家？（2分）他的教育理论主要有哪些？（4分）如何理解他的幼儿园课程理论？（6分）

单元测试卷

一、选择题（每小题 2 分，共 60 分）

1. 我国近代第一所幼儿园诞生于（ ）。
　　A．1840 年　　　　　B．1903 年　　　　　C．1949 年　　　　D．1852 年

2. 提出"五指活动"的教育家是（ ）。
　　A．陈鹤琴　　　　　B．陶行知　　　　　C．张雪门　　　　D．张之洞

3. （ ）国家教委正式颁布的《幼儿园工作规程》中规定："幼儿园是对 3 周岁以上学龄前幼儿实施保育和教育的机构。"
　　A．1995 年　　　　　B．1996 年　　　　　C．1997 年　　　　D．1998 年

4. 以"生活教育"为理念，创办中国化、平民化的幼稚园，建立生活教育课程理论体系的是（ ）。
　　A．陈鹤琴　　　　　B．张宗麟　　　　　C．张雪门　　　　D．陶行知

5. 被世人誉为"幼儿园之父"的是（ ）。
　　A．蒙台梭利　　　　B．柏拉图　　　　　C．洛克　　　　　D．福禄培尔

6. 所谓（ ），就是把儿童所应该学的东西结合在一起，完整、系统地教授儿童。
　　A．吸收的心智　　　B．"整个教学法"　　C．全面教育　　　D．教、学、做合一

7. 幼儿园一词是（ ）年诞生的。
　　A．1837　　　　　　B．1840　　　　　　C．1842　　　　　D．1902

8. 中国第一个幼儿教育机构在（ ）创立。
　　A．武昌　　　　　　B．上海　　　　　　C．北京　　　　　D．广州

9. （ ）具有独特结构和功能，成为人类社会教育活动的核心部分，对其他各种教育起示范和主导作用。
　　A．幼儿园教育　　　B．家庭教育　　　　C．社会教育　　　D．学校教育

10. 下列不属于陶行知教育思想的是（ ）。
　　A．主张"教学做"合一　　　　　　B．强调"生活是教育的中心"
　　C．提出"活教育"理论　　　　　　D．要解放幼儿的头脑、双手和嘴

11. 在原始社会时期，幼儿教育是完全融合在生产和生活中的，其主要任务是（ ）。
　　A．保证幼儿的存活　　　　　　　B．增强幼儿体质
　　C．开发幼儿智力　　　　　　　　D．培养幼儿处理事情的能力

12. 提出"早期补偿教育"的科学家是（ ）。
　　A．康拉德·洛伦茨　　　　　　　B．哈莱·哈罗
　　C．马可波罗　　　　　　　　　　D．大卫·维卡特

13．使我国幼儿教育管理跨入法制化轨道的幼儿教育法规是（　　　）。

    A．《幼儿园工作规程》　　　　　　　　　B．《幼儿园教育指导纲要》

    C．《幼儿园管理条例》　　　　　　　　　D．《中华人民共和国教育法》

14．认为"教师不是传统的灌输知识的机器，而是一个环境的创设者、观察者、指导者"的是（　　　）。

    A．福禄培尔　　　　B．蒙台梭利　　　　C．陶行知　　　　D．陈鹤琴

15．中华人民共和国成立后，经国务院批准颁发的第一个幼儿教育法规是（　　　）。

    A．《幼儿园工作规程》　　　　　　　　　B．《幼儿园教育指导纲要》

    C．《幼儿园管理条例》　　　　　　　　　D．《中华人民共和国教育法》

16．世界上第一个为母亲们开办"讲习会"的人是（　　　）。

    A．陈鹤琴　　　　B．福禄培尔　　　　C．蒙台梭利　　　　D．陶行知

17．反对实行分科教学，提倡以社会自然为中心的"整个教学法"的是（　　　）。

    A．陈鹤琴　　　　B．福禄培尔　　　　C．蒙台梭利　　　　D．陶行知

18．以下有关幼儿教育思想的说法正确的是（　　　）。

    A．陈鹤琴先生认为，教育要启发、解放儿童的创造力，为幼儿提供手脑并用的条件和机会

    B．蒙台梭利认为，教师在为幼儿的自由发展创造条件的同时，应设置必要的纪律

    C．福禄培尔教育思想的重要内容是感觉教育

    D．陈鹤琴先生提出生活教育，倡导教、学、做合一的教育方法

19．幼儿教育产生于（　　　）。

    A．原始社会　　　　B．奴隶社会　　　　C．封建社会　　　　D．资本主义社会

20．（　　　）成为教育质量提高的重要标志。

    A．经济质量　　　　B．师资质量　　　　C．水平质量　　　　D．教育质量

21．"幼儿教育实为人生之基础"，是"根本之根本"是哪个教育家的观点（　　　）。

    A．陈鹤琴　　　　B．福禄培尔　　　　C．蒙台梭利　　　　D．陶行知

22．下列关于幼儿园教育实践活动的描述，正确的是（　　　）。

    A．张雪门创办了中国第一所乡村幼儿园　　B．欧文创办了"幼儿之家"

    C．福禄培尔创办了世界上第一所幼儿园　　D．蒙台梭利创办了"幼儿学校"

23．提出"做中教、做中学、做中求进步"的教育家是（　　　）。

    A．陈鹤琴　　　　B．福禄培尔　　　　C．蒙台梭利　　　　D．陶行知

24．幼儿教师从教师系列中分化出来，源自（　　　）。

    A．福禄培尔创设幼儿园后　　　　　　　B．现代家庭教育的兴起

    C．英美幼儿教育兴起　　　　　　　　　D．中国蒙养院建立之时

25．从广义的教育看受教育者包括（　　　）。

    A．中小学、幼儿园及高校在校学生

    B．中小学、幼儿园、在校学生及高校全日制函授学生

C．普通教育及职业教育学生

D．所有在教育活动中承担学习的责任、接受教育的人

26．有一批具有爱国思想的教育家创办了为平民子女服务的幼稚园，如张雪门先生的（　　）。

A．乡村儿童团　　　B．北平香山慈幼院　　C．幼儿之家　　　D．武昌蒙养院

27．（　　）开创了我国儿童心理的科研工作，是我国以观察实验法研究儿童心理的最早学者之一。

A．陶行知　　　　　B．朱志贤　　　　　C．张雪门　　　　D．陈鹤琴

28．幼儿自由学习的质量是由（　　）的质量来决定的。

A．环境　　　　　　B．玩具　　　　　　C．教师　　　　　D．作业

29．下列属于生活教育理论的是（　　）。

A．生活即教育，游戏即工作　　　　B．做人，做中国人，做现代中国人

C．做中教，做中学，做中求进步　　D．大自然、大社会是我们的活教材

30．下列属于改革开放中幼儿教育的特点的是（　　）。

A．走上规范化法制化的轨道　　　　B．幼儿教育机构数量的增加

C．幼儿教育机构的多样化　　　　　D．师资质量的提高

二、简答题（共 18 分）

1．简要介绍福禄培尔及其幼儿教育理论。（6 分）

2．简述陶行知的主要幼儿教育思想并评析。（7 分）

3．陶行知先生认为教育要启发、解放儿童的创造力，具体包括哪些方面？（5 分）

三、论述题（共 7 分）

论述陈鹤琴的"活教育"理论。

四、材料分析题（共 15 分）

陈鹤琴先生认为，幼儿园的教育内容应该以大自然、大社会为活教材，与实际紧密地结合；同时，幼儿"做"的过程本身就是幼儿园最好的教育内容。

（1）陈鹤琴先生的幼儿园课程理论的主要内容是什么？（9分）

（2）除了幼儿园课程理论，陈鹤琴先生的幼儿教育思想还有哪些？（6分）

第二章

幼儿园教育的目标、任务和原则

考试说明

（1）理解我国的教育目的。

（2）理解幼儿园的双重任务和新时期幼儿园双重任务的特点。

（3）掌握幼儿园教育目标和幼儿园教育的原则。

知识结构图

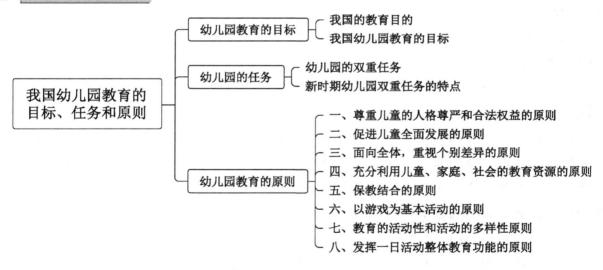

第一节　幼儿园教育的目标

知识精讲

一、我国的教育目的（了解）

1. 教育目的的含义

教育目的是指一个国家、民族通过教育，把受教育者培养成为什么样的人，它是国家对培养人才的质量和规格的总体要求。

2．我国的教育目的

教育必须为社会主义现代化建设服务，必须与生产劳动相结合，培养德、智、体、美等方面全面发展的社会主义事业的建设者和接班人。

【注意】

1．我国的教育目的是在 1995 年颁布的《中华人民共和国教育法》中规定的。

2．教育目的是我国现阶段一切教育活动的出发点和归宿。

3．教育目的是教育的根本问题。

二、我国幼儿园教育的目标（掌握）

1．幼儿园教育目标的内涵

我国幼儿园教育的目标："对幼儿实施体、智、德、美等方面全面发展的教育，促进其身心和谐发展"。

这一目标是确定幼儿园教育任务，评估幼儿园教育质量的根本依据。国家通过这一目标对全国幼儿园教育进行领导和调控。

幼儿园教育目标是教育目的在幼儿园教育这一阶段的具体化，是全国各类型幼儿教育机构统一的指导思想。

2．制定幼儿园教育目标的依据

（1）教育目的。

（2）幼儿身心发展的特点和可能性。

【注意】

①幼儿园教育目标是根据教育目的并结合幼儿园教育的性质和特点提出来的。我国幼儿园教育的目标体现了我国教育目的的基本精神。

②幼儿的发展是有一定年龄特征和规律的，是一个按照一定顺序、不断地从低级到高级发展的过程。教育目标的制定必须适应幼儿身心发展的年龄特征。

3．幼儿园教育目标把"体"放到第一位的原因

（1）把"体"放到第一位，是因为在幼儿阶段，身体的正常发育和机能的健全发展较以后各年龄阶段更为重要。

（2）生命的健康存在是其他一切学习活动的前提，幼儿园必须把保护幼儿的生命和促进幼儿的健康放在工作的首位。

幼儿身体的正常发育，是保证幼儿各方面健康发展的前提。

4．幼儿园教育目标的层次结构

（1）教育目的。教育目的是我国各级各类教育的总目标，是金字塔的顶端。

（2）幼儿园教育的目标，即幼儿教育阶段目标。《幼儿园工作规程》所表述的幼儿园保育、教育目标就属于这一层次。

（3）各个幼儿园具体的教育目标。各幼儿园具体的教育目标体现了国家对幼儿园教育的

一般要求，又具有本园的特色。

5．制定幼儿园具体教育目标时应注意的问题

（1）教育目标分解的方法要恰当。

（2）教育目标的涵盖要全面。

（3）教育目标要有连续性和一致性。

6．幼儿教师是实现教育目标的重要保证

教师是按照社会要求去促进幼儿发展的，是将教育目标真正落实为幼儿发展的实践者。

幼儿教师如何实现教育目标？

首先，必须正确、清楚、全面地理解和把握幼儿园教育目标的内涵，并将这种"外在"的教育目标转化为"内在"正确的教育观念，并用以指导自己的行动。

其次，教师必须掌握将教育目标转化为幼儿发展的技能。

最后，在教育过程中，教师要依据幼儿的实际水平，选择相适应的教育目标、教育模式、教育内容、活动方式、组织形式、指导方法等，去促进幼儿的发展。

经典例题解析

【例1】（　　）是实现幼儿园教育目标的重要保证。

　　A．教育目的　　　　B．教育内容　　　　C．幼儿教师　　　D．教育方法

【解析】此题考查幼儿教师是将教育目标真正落实到教育活动的实践者和重要保证。

【答案】C

【例2】下列有关幼儿园教育目标的表述，不正确的是（　　）。

　　A．要对幼儿进行全面发展的教育　　　　B．要把德育放在首位

　　C．要体现我国教育目的的基本精神　　　D．要依据幼儿身心发展特点来制定

【解析】此题考点是我国幼儿园教育目标的有关知识，幼儿园教育放在首位的是体育。

【答案】B

【例3】国家对全国幼儿园教育进行领导和调控是通过（　　）。

　　A．教育目的　　　　　　　　　　B．幼儿园教育的目标

　　C．幼儿园教育的任务　　　　　　D．幼儿园教育的原则

【解析】此题考点是对我国幼儿园教育的目标内涵的理解。

【答案】B

同步练习

一、选择题

1．我国幼儿园的教育目标是（　　）。

　　A．实施全面发展教育，促进幼儿身心和谐发展

　　B．促进幼儿身体和谐发展

C．促进幼儿潜能和谐发展

D．促进幼儿情绪情感和谐发展

2．我国现阶段一切教育活动的出发点和归宿是（　　）。

    A．教育目标　　　　　B．教育目的　　　　　C．教育内容　　　D．教育方法

3．我国目前的教育目的是（　　）《中华人民共和国教育法》规定的。

    A．1958 年　　　　　B．1981 年　　　　　C．1985 年　　　D．1995 年

4．确定幼儿园教育任务，评估幼儿园教育质量的根本依据是（　　）。

    A．幼儿园教育计划　　　　　　　　B．幼儿园教育目标

    C．幼儿园教育原则　　　　　　　　D．幼儿园教育内容

5．我国幼儿园教育的目标中，放在首位的是（　　）。

    A．德育　　　　　　　B．智育　　　　　　　C．体育　　　　　D．美育

6．成人往往按照自己习惯设计的蓝图去要求、塑造儿童，使儿童的天性得不到发展，这是因为在制定幼儿园教育目标的时候未考虑（　　）。

    A．社会发展的需要　　　　　　　　B．教育方针

    C．教育政策　　　　　　　　　　　D．幼儿发展的需要

7．教育的根本问题是（　　）。

    A．教育目的　　　　　B．教育内容　　　　　C．教育目标　　　D．教学方法

8．我国首次提出"四有新人"是在（　　）。

    A．1958 年，《关于教育工作的指示》

    B．1981 年，《关于建国以来党的若干历史问题的决议》

    C．1985 年，《中共中央关于教育体制改革的决定》

    D．1995 年，《中华人民共和国教育法》

9．下列关于幼儿园教育目标的说法正确的是（　　）。

    A．幼儿园教育目标能否贯彻实施完全是行政管理部门的事情

    B．教育目的是幼儿园教育目标的唯一依据

    C．教育目标的制定必须适应幼儿身心发展的年龄特点

    D．幼儿园教育目标是依据家长的不同要求提出来的

10．下列有关教育目的和幼儿园教育目标的说法，叙述错误的是（　　）。

    A．幼儿园教育目标是教育目的在幼儿园教育这一阶段的具体化

    B．无论哪一层次的目标，其涵盖的内容一定要全面，即包括儿童全面发展的体、智、德、美各个方面和每个方面的全部内容

    C．在幼儿园教育目标的金字塔结构中，下层的目标制约着上一层的目标，下一层的目标是上一层目标的具体化

    D．教育目标能否贯彻实施，不完全是行政管理部门的事，与幼儿园、教师等有着密切的联系

11．制定幼儿园教育目标应注意的问题不包括（　　）。

A．教育目标分解的方法要恰当　　　B．教育目标的涵盖要全面

C．教育目标层层分解　　　D．教育目标要有连续性和一致性

12．教育目标的制定必须要适应幼儿发展的（　　）。

A．年龄特征　　B．可能性　　C．特点　　D．需要

13．（　　）是实现教育目标的重要保证。

A．幼儿教师　　B．保育员　　C．政策　　D．政府部门

14．教育目的是国家对培养人才的（　　）的总体要求。

A．特点和方法　　B．质量和规格　　C．形式和方法　　D．特点和规格

15．幼儿园具体教育目标按时间的范围划分，第三层次为（　　）。

A．学期教育目标

B．幼儿园一日活动、一个活动的教育目的

C．每一学期的教育目标

D．一个月或一周的教育目标

16．幼儿园具体教育目标从指导范围上来划分，第二层次是（　　）。

A．指导不同活动组的教育目标　　B．指导一个班级的教育目标

C．知道本园的教育目标　　D．指导每个个体的教育目标

17．"成人画一个菱形轻而易举，而对幼儿来说却很困难"这体现了制定幼儿园教育目标依据是（　　）。

A．教育目的　　　B．幼儿园教育目标

C．幼儿身心发展特点和可能性　　D．幼儿园教育

18．"四有"新人不包括（　　）。

A．有理想　　B．有文化　　C．有文明　　D．有纪律

19．（　　）是国家对幼儿园提出的培养人才的规格和要求。

A．教育目的　　　B．教育内容

C．幼儿园教育目标　　　D．教育模式

20．（　　）是国家对教育事业培养人的总体质量要求。

A．教育任务　　B．教育目的　　C．教育目标　　D．教育规格

二、简答题

1．我国的教育目的是什么？

2．简述我国幼儿园教育目标的内涵。

3．制定幼儿园具体教育目标时应注意哪些问题？

第二节　幼儿园的任务和幼儿园教育的原则

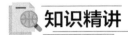 **知识精讲**

一、幼儿园的双重任务（理解）

（1）幼儿园对幼儿实施保育和教育；

（2）幼儿园为家长工作、学习提供便利条件。

【注意】

①幼儿园的双重任务体现了幼儿园在社会主义现代化建设中的独特作用。

②幼儿园既是教育机构，又是社会福利机构。

二、新时期幼儿园双重任务的特点（理解）

（1）对幼儿身心素质的培养提出了更高的要求；

（2）为家长服务的范围不断扩大；

（3）家长对幼儿教育的认识不断提高，要求幼儿园具有更高的教育质量。

【注意】

提高保育和教育质量是幼儿园生存和发展的关键。

三、幼儿园教育的原则（掌握）

幼儿园教育的原则是教师在向幼儿进行教育时必须遵循的基本要求。

幼儿园教育的原则包括两部分：一是教育的一般原则，二是幼儿园教育的特殊原则。

1．幼儿园教育的一般原则

（1）尊重儿童的人格尊严和合法权益的原则；

（2）促进儿童全面发展的原则；

（3）面向全体，重视个别差异的原则；

（4）充分利用儿童、家庭、社会教育资源的原则。

2．幼儿园教育的特殊原则

（1）保教结合的原则；

（2）以游戏为基本活动的原则；

（3）教育的活动性和活动的多样性原则；

（4）发挥一日活动整体教育功能的原则。

四、贯彻幼儿园教育原则应注意的问题（掌握）

（一）幼儿园教育的一般原则

1. 贯彻尊重儿童的人格尊严和合法权益的原则应注意的问题

（1）尊重儿童的人格尊严（教师要尊重儿童的思想感情、兴趣、爱好、要求和愿望等）；

（2）保障儿童的合法权利（如生存权、受教育权、受抚养权、发展权等，教师不仅是儿童的"教育者"，也应当是儿童权利的实际维护者）。

2. 贯彻促进儿童全面发展的原则应注意的问题

（1）儿童的发展是整体的发展而不是片面的发展；

（2）儿童的发展应是协调的发展；

（3）儿童的发展是有个性的发展。

3. 贯彻面向全体，重视个别差异的原则应注意的问题

（1）教育要促进每个儿童的发展；

（2）教育要促进每个儿童在原有基础上的发展；

（3）以多种组织形式促进儿童的发展。

【注意】

面向全体与照顾个别差异是不可分割的两个方面，是在各种组织形式的活动中统一实现的。不重视个别差异的集体活动是不可能真正面向全体的。

4. 贯彻充分利用儿童、家庭、社会教育资源的原则应注意的问题

（1）教育者必须认识到儿童自身、儿童群体及家庭、社会都是宝贵的教育资源，都在对儿童发挥着强大的影响作用，其广泛性、灵活性、多样性、即时性，是学校教育难以比拟的，要充分发挥它们的教育作用。

（2）教师应当有意识地去开发、利用这些资源，使幼儿园教育更丰富、更有效。

（二）幼儿园教育的特殊原则

1. 贯彻保教结合的原则应注意的问题

（1）保育和教育是幼儿园两大方面的工作；

（2）保育和教育工作互相联系、互相渗透；

（3）保育和教育是在同一过程中实现的。

【注意】

①保教结合原则的含义：教师在全面、有效地对幼儿进行教育的同时，重视对幼儿生活上的照顾和保护。

②保教结合是全面发展教育方针在幼儿期的具体体现，是我国幼儿教育实践工作经验的总结，也是我国学前教育中特有的一条原则。

2. 贯彻以游戏为基本活动的原则应注意的问题

（1）重视幼儿的自发性游戏；

（2）充分利用游戏形式组织幼儿园各类教育活动；

（3）满足幼儿对多种游戏的需要。

3．贯彻教育的活动性和活动的多样性原则应注意的问题

幼儿园教育应从幼儿身心发展的特点和水平出发，以活动为基础展开教育过程。

（1）教育的活动性：活动是幼儿发展的基础和源泉。

（2）教育活动的多样性。

4．贯彻发挥一日活动整体教育功能的原则应注意的问题

（1）一日活动中的各种活动不可偏废；

（2）各种活动必须有机统一为一个整体。

【注意】

①幼儿园的一日活动包括：

教师组织的活动：幼儿的生活活动、劳动活动、教学活动、游戏活动、体育活动等；

幼儿自主自由的活动：自由游戏、区角自由活动，室外自由活动等。

②生活活动在幼儿期具有特殊的意义。它不仅是幼儿健康成长所必需的，也是幼儿最重要的学习内容和学习途径。

经典例题解析

【例1】（2016年真题）围绕"认识春天"的主题，幼儿园开展了"找春天、画春天、唱春天"等活动。这体现了（   ）。

　　A．保教结合的原则　　　　　　　　B．教育的活动性和活动的多样性原则

　　C．以游戏为基本活动的原则　　　　D．发挥一日活动整体教育功能的原则

【解析】本题要考查的是幼儿园教育的原则。

【答案】B

【例2】（2018年真题）教育要促进每个儿童在原有基础上的发展，这体现的幼儿园教育原则是（   ）。

　　A．促进儿童全面发展　　　　　　　B．面向全体、重视个别差异

　　C．教育的活动性和活动的多样性　　D．发挥一日活动整体教育功能

【解析】本题要考查的是幼儿园教育的原则中贯彻面向全体，重视个别差异的原则应注意的问题。因此选B。

【答案】B

【例3】（2019年真题）王老师在组织幼儿进餐时，引导幼儿了解食物的名称、营养等知识。这体现的幼儿园教育原则是（   ）。

　　A．保教结合的原则　　　　　　　　B．面向全体、重视个别差异的原则

　　C．以游戏为基本活动的原则　　　　D．教育的活动性和活动的多样性原则

【解析】本题考查的是幼儿园教育的原则。

【答案】A

【例4】（2019年真题）幼儿最重要的学习内容和学习途径是（　　）。

  A．生活活动   B．区域活动   C．体育活动 D．艺术活动

【解析】此题考查幼儿园教育的原则中发挥一日活动整体教育功能的原则的相关知识。

【答案】A

【例5】（2020年真题）下列属于幼儿园教育特殊原则的是（　　）。

  A．促进儿童全面发展的原则

  B．面向全体，重视个别差异的原则

  C．教育的活动性和活动的多样性原则

  D．尊重儿童的人格尊严和合法权益的原则

【解析】此题考点是考查幼儿园教育的原则

【答案】C

【例6】（2017年真题）保教结合是幼儿园教育的特殊原则之一，其含义是什么？幼儿园落实这个原则应明确哪几点？

【解析】此题考查幼儿园保教结合原则的含义及在贯彻该原则时应注意的问题。

【答案】保教结合原则的含义：在全面、有效地对幼儿教育的同时，重视对幼儿生活上的照顾和保护。

保教结合原则的落实：

（1）保育和教育是幼儿园两大方面的工作；

（2）保育和教育工作互相联系、互相渗透；

（3）保育和教育在同一过程中实现。

同步练习

一、选择题

1．幼儿画画时，教师除指导绘画之外，还必须在幼儿的用眼卫生、坐姿等方面予以高度重视，体现了幼儿园教育中的哪项原则（　　）。

  A．以游戏为基本活动的原则   B．保教结合的原则

  C．教育的活动性和活动的多样性原则 D．促进儿童全面发展的原则

2．下列属于幼儿园教育基本活动的是（　　）。

  A．生活活动   B．教学活动   C．娱乐活动 D．游戏活动

3．某些幼儿教师认为只有教学、游戏才是促进幼儿全面发展的途径，不注重盥洗活动的教育价值，违反了以下（　　）。

  A．尊重幼儿人格原则

  B．以游戏为基本活动的原则

    C．面向全体的原则

    D．发挥一日活动的整体教育功能的原则

4．幼儿园教育落实全面发展教育方针的具体体现是（　　）。

    A．促进儿童全面发展的原则   B．以游戏为基本活动的原则

    C．保教结合的原则   D．教育的活动性和活动的多样性原则

5．教育除使每个幼儿达到国家统一要求的标准之外，还允许根据每个幼儿的特点和可能性，充分发挥他们各自的潜能，让不同的幼儿，在不同的方面能够实现自己有特色的发展，而不是千人一面，像工厂批量生产的同一产品。这说明我们在贯彻促进幼儿全面发展的原则时应注意（　　）。

    A．幼儿的发展应是协调的发展

    B．幼儿的发展是整体的发展而不是片面的发展

    C．幼儿的发展是有个性的发展

    D．重视幼儿自发性游戏的发展

6．看图书和栽培植物，幼儿通过前者获得间接经验，后者获得直接知识，是操作经验及实施能力发展，这体现了教育的（　　）。

    A．教育活动性   B．教育活动的多样性

    C．教育目的   D．教育目标

7．下列关于幼儿园教育原则的说法正确的是（　　）。

    A．日常生活活动的内容都是关于幼儿保育工作的内容

    B．集体活动是面向全体，小组和个别活动是照顾个别差异

    C．以游戏为基本活动的原则就是重视幼儿的自发性游戏

    D．保教结合的原则就是对幼儿教育中保育，保育中教育

8．近日，社会除全日制外，应运而生了半日制、计时制幼儿园及早教机构，这符合幼儿园双重任务的（　　）特点。

    A．幼儿园对幼儿实施保育和教育

    B．对幼儿的身心素质的培养提出了更高的要求

    C．家长对幼儿教育认识不断提高，要求幼儿园具有更高的教育质量

    D．为家长服务的范围不断扩大

9．在教学过程中有的老师只关注学习好、能力强的幼儿，而那些既不出众又不喜欢表达的幼儿基本不在老师的视线内，这种情况违背了（　　）。

    A．促进幼儿全面发展的原则   B．教育的活动性和活动的多样性原则

    C．面向全体，重视个别差异的原则   D．发挥一日活动整体教育功能的原则

10．教师在集体教学时，结合分组教学，灵活运用集体、小组、个别的教育组织形式，这种做法主要体现的教育原则是（　　）。

    A．促进幼儿全面发展的原则   B．面向全体，重视个别差异的原则

    C．保教结合的原则   D．以游戏为基本活动的原则

11．教师在组织教育活动时，发现幼儿尿湿裤子，赶紧给幼儿换上干净的裤子；午餐时，引导幼儿认识食物的营养；整理餐具时，引导幼儿对餐具进行分类。这体现了幼儿园教育的原则是（　　）。

  A．保教结合的原则　　　　　　　　B．面向全体，重视个别差异的原则

  C．以游戏为基本活动的原则　　　　D．教育的活动性和活动的多样性原则

12．明确规定我国现在的教育目的的是（　　）。

  A．《幼儿园工作规程》　　　　　　B．《中华人民共和国教育法》

  C．《职业教育法》　　　　　　　　D．《幼儿园管理规定》

13．下列不属于贯彻"促进儿童全面发展"的幼儿园教育原则时应注意的问题的是（　　）。

  A．儿童的发展是个性的发展

  B．儿童的发展是协调的发展

  C．儿童的发展是多种形式的发展

  D．儿童的发展是整体的发展而不是片面的发展

14．有关发挥一日活动整体教育功能的原则的说法错误的一项是（　　）。

  A．一日活动应以教学活动为主

  B．既有教师组织的活动，又有幼儿自主自由活动

  C．各种活动不可偏废

  D．各种活动必须有机统一为一个整体

15．美国华盛顿儿童博物馆的格言"我听见就忘记了，我看见就记住了，我做了就理解了"。这主要说明了在教育过程中应（　　）。

  A．尊重幼儿的个性　　　　　　　　B．培养幼儿积极的情感体验

  C．重视幼儿学习的自律性　　　　　D．重视幼儿的主动操作

16．"要知道梨子的味道，你就得亲口尝一尝。"体现了幼儿园教育的原则是（　　）。

  A．以游戏为基本活动的原则

  B．保教结合的原则

  C．教育的活动性和活动的多样性原则

  D．促进幼儿全面发展的原则

17．下列关于幼儿教育目标的说法正确的是（　　）。

  A．幼儿园教育目标能否贯彻实施完全是行政管理部门的事情

  B．教育目的是制定幼儿园教育目标的唯一依据

  C．教育目标的制定必须适应幼儿身心发展的年龄特征

  D．幼儿园教育目标是依据家长的不同要求提出来的

18．对幼儿照料与教育，就像纬线和经线一样紧密地交织在一起，这句话体现了（　　）。

  A．促进幼儿全面发展的原则　　　　B．面向全体，重视个别差异的原则

  C．保教结合的原则　　　　　　　　D．教育的活动性和活动的多样性原则

19．幼儿园要通过多种形式主动与家长联合，可以请特殊岗位（如交警、记者等）和有

特长的家长到幼儿园给幼儿们讲课。这体现了幼儿园教育的原则是（　　　）。

    A．促进幼儿全面发展的原则

    B．面向全体，重视个别差异的原则

    C．充分利用儿童、家庭、社会的教育资源的原则

    D．教育的活动性和活动的多样性原则

20．（　　　）是指人生某个阶段，出现频率最多，对人发展最有价值，最适合那一年龄的活动。

    A．生活活动　　　　B．基本活动　　　　C．社会活动　　　　D．学校活动

二、简答题

1．如何理解保教结合的原则？

2．幼儿园教育是我国基础教育的重要组成部分。幼儿园的双重任务是什么？新时期幼儿园双重任务的特点有哪些？

3．贯彻促进儿童全面发展的原则应该注意哪几点？

三、材料分析题

1．传悄悄话的游戏。

游戏的玩法：幼儿围成一圈，教师轻声在一名幼儿耳边说一句话，让幼儿依次向右轻声传送，最后一名幼儿大声报出传的这句话是什么，并与第一名幼儿的原话进行比较，确定是否传得对。如果有错误，找出在哪里传错了。

游戏规则：传话的声音要小，只能让自己右边的幼儿听到。

请结合以上材料分析：

（1）这体现了幼儿园教育的哪一原则？

（2）在贯彻这一原则时应注意哪几点？

2．幼儿园张老师在讲授《我的祖国真美丽》时，请出去旅游的幼儿介绍一下他去过的地方，这体现了幼儿园教育的什么原则？贯彻这一原则应注意哪些问题？

3．近年来，幼儿园虐童事件时有发生，有的老师讽刺挖苦幼儿，有的老师辱骂殴打幼儿，甚至还有老师用针扎幼儿，造成了恶劣的影响，引起了社会的广泛关注，请运用教育学知识分析：

（1）上述老师的做法违背了幼儿园教育的哪条原则？

（2）幼儿园教育的一般原则还有哪些？

4．老师在组织集体教育活动时，特别关注幼儿的智力活动，让幼儿长时间坐着听讲，不顾及幼儿身体和脑神经系统的疲劳。

（1）这违背了幼儿园教育的什么原则？

（2）在贯彻这一原则时应注意哪几点？

（3）幼儿园教育的特殊原则还有哪些？

单元测试卷

一、选择题（每小题 2 分，共 60 分）

1. 幼儿园（　　）是幼儿教育理论和实践中的重要问题。
    A. 教育目的、目标和教育任务　　　　B. 教育内容、目标和教育原则
    C. 教育目标、任务和教育原则　　　　D. 教育评价、目标和教育目的

2. （　　）体现了幼儿园在社会主义现代化建设中的独特作用。
    A. 幼儿园的双重任务　　　　　　　　B. 幼儿园的教育目标
    C. 幼儿园的教育目的　　　　　　　　D. 幼儿园的教育评价

3. 幼儿园不仅是一个教育机构，也是一个（　　）机构。
    A. 学校福利　　　　B. 社会福利　　　　C. 家庭福利　　　　D. 社会

4. 幼儿园教育原则的意义是（　　）。
    A. 教育避免重复性　　　　　　　　　B. 教育避免盲目性
    C. 教育的一致性　　　　　　　　　　D. 教育和整体性

5. 下列活动中不属于教师组织的活动是（　　）。
    A. 幼儿的生活活动　　　　　　　　　B. 自由活动
    C. 劳动活动　　　　　　　　　　　　D. 教学活动

6. 特殊原则是根据（　　）的特点提出来的。
    A. 幼儿园　　　　B. 幼儿　　　　C. 教师　　　　D. 幼儿园教育

7. 幼儿有许多不同于成人的特殊权利，下列不属于幼儿特殊权利的是（　　）。
    A. 生存权　　　　B. 受教育权　　　　C. 受抚养权　　　　D. 知情权

8. （　　）最符合幼儿身心发展的特点，具有其他活动所不能替代的教育价值。
    A. 生活　　　　B. 游戏　　　　C. 教育　　　　D. 活动

9. （　　）是幼儿发展的基础和源泉。
    A. 生活　　　　B. 游戏　　　　C. 教育　　　　D. 活动

10. 下列属于幼儿自主自由活动的是（　　）。
    A. 自由游戏　　　B. 教学活动　　　C. 生活活动　　　D. 劳动活动

11. （　　）是幼儿健康成长所必需的，也是幼儿最重要的学习内容和学习途径。
    A. 生活活动　　　B. 社会活动　　　C. 教育活动　　　D. 学校教育

12. 幼儿园生存与发展的关键是（　　）。
    A. 优秀的师资力量　　　　　　　　　B. 充足的办学经费
    C. 提高保教质量　　　　　　　　　　D. 良好的生源

13. 我国现阶段一切教育活动的出发点和归宿是（　　）。

A．教育目标　　　B．教育目的　　　C．教育内容　　　D．教育方法

14．教育的根本问题是（　　）。

A．教学内容　　　B．教育目标　　　C．教育目的　　　D．教学方法

15．教育目的在幼儿教育阶段的具体化是（　　）。

A．幼儿园教育目标

B．学前教育手段

C．学前教育启蒙

D．学前教育内容

16．下面有关新时期幼儿园双重任务的特点的表述，错误的一项是（　　）。

A．对幼儿身心素质提出更高要求

B．为家长服务的范围更大

C．更加重视幼儿早期智力的开发

D．家长对幼儿教育的认识不断提高，要求幼儿园具有更高的教育质量

17．尊重儿童的人格尊严和合法权益的原则并没有明确要求（　　）。

A．尊重幼儿的基本权利

B．尊重幼儿的人格尊严

C．尊重幼儿的观点、意见

D．同意幼儿的主张和意志

18．幼儿园一日活动内容包括生活活动、游戏活动、学习活动等，这些内容都不可顾此失彼、随意削弱或取消，这是幼儿园教育原则中的（　　）。

A．以游戏为基本活动的原则

B．教育的活动性和活动的多样性原则

C．面向全体，重视个别差异的原则

D．发挥一日活动整体教育功能的原则

19．幼儿园在实施集体教学时，还要结合分组教学。这种做法主要体现的教育原则是（　　）。

A．促进儿童全面发展原则

B．尊重儿童人格尊严和合法权利的原则

C．保教结合的原则

D．面向全体，重视个别差异的原则

20．幼儿园教育的基本活动方式是（　　）。

A．学习　　　B．上课　　　C．劳动　　　D．游戏

21．幼儿在系鞋带，保育员对幼儿说："你系得太慢了，来，老师帮你系，"并三两下把鞋带系好了。这违背了（　　）。

A．促进儿童全面发展的原则

B．尊重儿童的人格尊严和合法权益的原则

C．保教结合的原则

D．面向全体，重视个别差异的原则

22．教育资源存在于幼儿的（　　）中。

A．生活　　　B．学习　　　C．游戏　　　D．教育

23．（　　）不应是单一的，因为生活的内容、形式不同，在幼儿发展中的作用是不一样的。

A．生活活动 　　　　B．幼儿园的活动 　　　C．一日活动 　　　D．游戏

24．在认识农作物时，老师组织幼儿到园地参观，并让幼儿试种几种农作物，这体现的幼儿园教育原则是（　　）。

A．以游戏为基本活动的原则 　　　　B．保教结合的原则

C．教育的活动性和活动的多样性原则 　　　　D．促进幼儿全面发展的原则

25．四有新人是指（　　）。

A．有理想、有道德、有纪律、有思想 　　　B．有理想、有道德、有文化、有纪律

C．有梦想、有文化、有道德、有纪律 　　　D．有理想、有纪律、有文化、有道德

26．（　　）是实现教育目标的重要保证。

A．幼儿 　　　　B．保教人员 　　　C．家长 　　　D．幼儿教师

27．儿童的发展应是协调的发展，其中协调发展包括（　　）。

①儿童身体的各个器官、各系统技能的协调②儿童各种心理机能的协调③儿童学习水平的协调④儿童生理和心理的协调⑤儿童个体的需要与社会需求之间的协调

A．①②③ 　　　B．①③④ 　　　C．①③④⑤ 　　　D．①②④⑤

28．下列说法正确的是（　　）。

A．集体活动是面向全体，小组和个别活动是照顾个别差异

B．保育和教育是在同一过程中实现的

C．为了能更好地管理幼儿，不应让幼儿进行自发性游戏

D．发挥一日活动整体教育功能的原则是幼儿园教育原则中的一般性原则

29．在充分利用儿童、家庭、社会的教育资源的原则中不包括（　　）的特点。

A．广泛性 　　　B．灵活性 　　　C．多样性 　　　D．协调性

30．（　　）是全面发展教育方针在幼儿期的具体体现，也是我国幼儿教育实践工作经验的总结。

A．游戏 　　　　B．基本活动 　　　C．生活活动 　　　D．保教结合

二、简答题（共8分）

1．幼儿园的双重任务是什么？（2分）

2．新时期幼儿园双重任务的特点有哪些？（3分）

3．制定幼儿园具体教育目标时应注意的问题有哪些？（3分）

三、论述题（共 8 分）

午睡时间，一名幼儿怎么也不睡，教师允许他到活动区自己活动，并告诉他："要轻轻地，不要影响别人午睡。"你赞同这位老师的做法吗？请用相关的教育原则分析教师的做法。

四、材料分析题（共 24 分）

1.（6 分）小班幼儿挑食现象比较普遍，很多孩子不爱吃蔬菜，为了让幼儿了解蔬菜的营养和味道，养成不挑食的好习惯，老师设计了以下教学片段。请仔细阅读下面的教学片段，回答问题：

和蔬菜宝宝交朋友

A．组织幼儿玩"买菜"游戏，认识蔬菜宝宝

B．引导幼儿倾听并与蔬菜宝宝对话，了解每种蔬菜的不同营养价值

C．组织幼儿谈话，说一说蔬菜对身体的好处

D．品尝蔬菜熟食拼盘，激发幼儿对蔬菜的喜爱之情

（1）上述教学片段体现了幼儿园教育中的哪一教育原则？（1 分）

（2）贯彻这一原则应注意哪些问题？（3 分）

（3）幼儿园的教育目标是什么？（2 分）

2.（10 分）有的幼儿教师认为，只有教学、游戏才是促进幼儿全面发展的途径，而不注重盥洗活动等生活活动的教育价值，这违反了幼儿园教育的什么原则？请分析说明。

3．（8分）教师通过"撒花瓣"活动让幼儿发现、巩固数的组成；通过"小孩小孩真爱玩"发展幼儿向指定方向跑的能力。请回答：

（1）教师的做法主要体现了哪一个幼儿园教育原则？（2分）

（2）幼儿园教育的特殊原则还有哪些？（6分）

第三章

幼儿园全面发展教育

考试说明

（1）了解幼儿园全面发展教育的含义和意义。
（2）理解幼儿体育、智育、德育、美育的概念。
（3）掌握幼儿体育、智育、德育、美育的目标和内容。
（4）掌握幼儿体育、智育、德育、美育的实施。

知识结构图

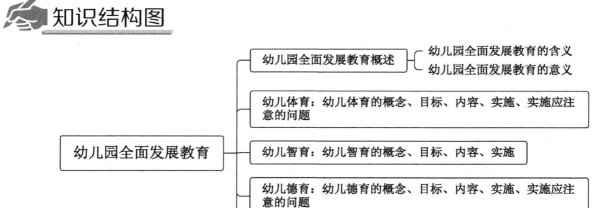

幼儿园全面发展教育

- 幼儿园全面发展教育概述 —— 幼儿园全面发展教育的含义
  幼儿园全面发展教育的意义
- 幼儿体育：幼儿体育的概念、目标、内容、实施、实施应注意的问题
- 幼儿智育：幼儿智育的概念、目标、内容、实施
- 幼儿德育：幼儿德育的概念、目标、内容、实施、实施应注意的问题
- 幼儿美育：幼儿美育的概念、目标、内容、实施、实施应注意的问题

知识精讲

第一节　幼儿园全面发展教育概述和幼儿体育

一、幼儿园全面发展教育的含义（了解）

幼儿园全面发展教育是以幼儿身心发展的现实与可能为前提，以促进幼儿在体、智、德、美诸方面全面和谐发展为宗旨，并以适合幼儿身心发展特点的方式、方法、手段加以实施的、

着眼于培养幼儿素质的教育。

对幼儿实施全面发展教育是我国幼儿教育的基本出发点，也是我国幼儿教育法规所规定的幼儿教育的任务。

【注意】

①体、智、德、美是人发展的基本素质。

②体、智、德、美"四育"是全面发展教育的有机组成部分，它们各自承担相对独立的任务，又紧密联系、相互促进，不容许偏重或削弱其中任何一方面。

③全面发展并不意味着个体在各方面齐头并进、平均地发展，可以允许幼儿个体在某方面突出一些。

二、幼儿园全面发展教育的意义（了解）

1．对社会发展的意义

幼儿的全面发展教育关系到国家的未来与民族的兴旺发达。

（1）重视幼儿体育有利于提高全民族的身体素质。

（2）重视幼儿智育能为提高社会的文化科学水平奠定基础。

（3）德育是社会主义物质文明建设不断发展的保证，德育既影响当前的社会风尚，也决定着中华民族今后的精神风貌。

（4）美育能给人以追求美好生活的精神动力和按照"美的规律"改造主客观世界的审美修养。对幼儿实施美育，促使幼儿形成健全的人格，能为提高全民族的素质打下基础。

2．对个体发展的意义

（1）体育能促进幼儿身体的正常生长发育，全面增强幼儿体质，并为幼儿其他方面发展奠定良好的物质基础。

（2）智育可以满足幼儿的认知需要，促进幼儿智力发展，并为幼儿以后的学习打下良好的知识与智力基础。

（3）德育可以帮助幼儿适应社会生活，促进幼儿个性品质的健康发展。

（4）美育可陶冶幼儿的心灵，促进其审美能力和智力的发展。

【注意】

①毛泽东同志曾经把健康的身体比作"载知识之车"和"寓道德之舍"。

②大脑的发育为幼儿智力的发展提供了物质基础。美国心理学家布鲁姆研究得出结论，5岁前是幼儿智力发展最迅速的时期。

③幼儿期是个性开始形成的时期。从小加强德育，增强幼儿的是非观念，培养幼儿良好的个性品质是非常有必要的。

三、幼儿体育

1．幼儿体育的概念（理解）

幼儿体育是指在幼儿园进行的，遵循幼儿身体生长发育的规律，运用科学的方法，以增强幼儿的体质，保证幼儿健康为目的的一系列教育活动。

【注意】

体质即人体的质量，是人体在体格、体能、适应能力和心理因素等各方面表现出来的相对稳定的特征，是身体发展状况的综合表现。

①体格包括人体的生长发育、体形和身体姿势；

②体能包括生理机能、身体素质、身体基本活动能力；

③适应能力则是对疾病的抵抗力和对外界环境各种变化的应变能力；

④心理因素包括情绪、认识能力、意志品质、个性等。

一个人是否健康，是从体格、体能、适应能力、心理因素等几方面的表现来综合考查与评价的。

2．幼儿体育的目标（掌握）

幼儿体育的宗旨：促进幼儿身体的正常发育和机能的协调发展，增强体质，培养良好的生活卫生习惯和参加体育活动的兴趣。

（1）保护幼儿的生命与健康，促进幼儿身体的正常生长发育和机能的协调发展。

（2）培养幼儿良好的生活、卫生习惯。

（3）锻炼幼儿身体，发展幼儿基本动作，增强幼儿体质，培养幼儿对体育活动的兴趣。

【注意】

①生命的健康存在是其他一切学习活动的前提，幼儿园必须把保护幼儿的生命和促进幼儿的健康放在工作的首位。幼儿身体的正常发育，是保证幼儿各方面健康发展的前提。

②幼儿的身体锻炼主要在日常生活和各项体育活动中进行。

③幼儿体育的主要目的不在于让幼儿掌握体育的技能技巧，而在于通过体育提高幼儿参加体育活动的兴趣和发展基本活动的能力，促进其身心健康成长。

3．幼儿体育的内容（掌握）

（1）做好卫生保健工作。

①建立良好的生活环境；

②制定、执行合理的生活制度和卫生保健制度；

③培养良好的生活卫生习惯；

④增强自我保护意识；

⑤重视幼儿的心理健康。

（2）积极开展体育活动。

体育活动是幼儿体育的重要组成部分。幼儿园体育活动包括：

①体育游戏：又称活动性游戏，是幼儿园体育活动的主要内容，也是实施体育教育的方法和途径。

②基本动作练习：基本动作是体育运动的基础。幼儿园的基本动作练习主要通过体育游戏完成。

③基本体操：包括操节、听口令做动作、简单的排队及队形变化等。

【注意】

①正确合理的卫生保健制度是贯彻"预防为主"的卫生工作方针的保证，也是提高幼儿抵抗力的重要措施。

②幼儿良好的生活卫生习惯包括睡眠、饮食及保持个人身体、服装及环境清洁的习惯等。睡眠是保护大脑的重要手段，要保证幼儿有充足的睡眠时间：一天不少于 12～13 小时，其中午睡为 2～2.5 小时。

③自我保护意识是保护幼儿生命的重要条件。

④心理健康会直接影响身体健康。

⑤良好的生活卫生习惯对于保护幼儿的生命和健康有重要的意义。

4．幼儿体育的实施（掌握）

（1）实施幼儿体育的途径。

①创设良好的生活环境；

②科学护理幼儿的生活；

③积极开展各项体育活动（包括早操、专门组织的体育活动、体育游戏、户外体育活动等）。

（2）开展幼儿体育活动时应注意以下几点。

①锻炼与保护并重，注重幼儿身体素质的提高；

②重视培养幼儿对体育活动的兴趣和积极态度，为养成幼儿终身锻炼的习惯打基础；

③专门的体育活动与日常活动相结合。

【注意】

①提高幼儿身体素质，是幼儿体育的重中之重。幼儿身体素质的提高主要在于体质的增强。幼儿园体育应以增强幼儿体质为核心。

②科学的幼儿体育活动是增强幼儿体质的最积极、最有效的因素之一。

③幼儿的兴趣是他们能否形成有益健康的锻炼身体习惯的重要前提。

④专门组织的体育活动是增强幼儿体质的有效途径，但并不是唯一途径。

经典例题解析

【例 1】（2020 年真题）我国幼儿教育的基本出发点是（　　）。

    A．实施义务教育　　　　　　　　　B．实施应试教育

    C．实施终身教育　　　　　　　　　D．实施全面发展教育

【解析】本题要考查的是幼儿园全面发展教育概念的相关知识。

【答案】D

【例 2】（2020 年真题）幼儿园必须放在首位的工作是（　　）。

    A．培养幼儿良好的个性品质

　　B．培养幼儿良好的生活卫生习惯

　　C．保护幼儿的生命和促进幼儿的健康

　　D．培养幼儿感受美和表现美的能力

【解析】本题要考查的是幼儿体育的相关知识。《幼儿园教育指导纲要（试行）》明确要求：幼儿园必须把保护幼儿的生命和促进幼儿的健康放在工作的首位。因此选 C。

【答案】C

【例3】（2019 年真题）幼儿园体育的核心是（　　）。

　　A．增强体质　　　　　　　　　　B．养成锻炼习惯

　　C．掌握体育技能　　　　　　　　D．培养体育活动兴趣

【解析】此题目考查幼儿园体育实施的相关知识。

【答案】A

【例4】（2017 年真题）幼儿基本动作练习的最主要方式是（　　）。

　　A．野外郊游　　　B．体育游戏　　　C．游泳运动　　　D．运动竞赛

【解析】此题目考查幼儿体育的相关知识，体育游戏是幼儿基本动作练习的主要方式。

【答案】B

【例5】（2016 年真题）下列教育内容属于幼儿体育内容的是（　　）。

　　A．萌发爱的情感　　　　　　　　B．学习社会行为规范

　　C．重视幼儿的心理健康　　　　　D．欣赏艺术作品

【解析】此题目考查对幼儿体育内容的把握。

【答案】C

【例6】幼儿园体育活动的主要内容是（　　）。

　　A．基本动作练习　　　B．基本体操　　　C．队形变化　　　D．体育游戏

【解析】此题目考查对幼儿体育内容的把握。

【答案】D

同步练习

一、选择题

1．（　　）可帮助幼儿适应社会生活，促进个性品质的健康发展。

　　A．体育　　　　　　B．智育　　　　　　C．德育　　　　　　D．美育

2．（　　）是增强幼儿体质最积极、最有效的因素之一。

　　A．科学的幼儿体育活动　　　　　B．对体育活动的兴趣

　　C．教师的示范作用　　　　　　　D．开展与体育相关的游戏

3．（　　）是其他一切学习活动的前提。

　　A．保护幼儿的生命　　　　　　　B．生命的健康存在

　　C．幼儿身体的正常发育　　　　　D．促进幼儿的健康

4. 幼儿体育的重中之重是（　　）。

   A．提高幼儿身体素质

   B．培养幼儿对体育活动的积极态度、兴趣

   C．专门的体育活动与日常活动相结合

   D．让幼儿心理也健康

5. （　　）是幼儿园体育活动的主要内容，也是体育的方法和途径。

   A．体育游戏   B．基本动作练习   C．基本体操   D．身体素质训练

6. 幼儿一昼夜需要的睡眠时间是（　　）。

   A．8 小时左右   B．10 小时左右   C．12 小时左右   D．14 小时左右

7. 下列关于幼儿体育的目的不正确的是（　　）。

   A．促进幼儿身体生长发育和机能的协调发展

   B．培养幼儿的生活、卫生习惯

   C．培养幼儿体育的技能技巧

   D．锻炼身体，增强体质，提高幼儿参加体育活动的兴趣

8. 既影响当前的社会风尚，也决定中华民族今后精神风貌的是（　　）。

   A．体育   B．智育   C．德育   D．美育

9. 下列有关幼儿教育的表述，不正确的是（　　）。

   A．要对幼儿进行全面发展的教育   B．要把德育放在首位

   C．要体现我国教育的基本精神   D．要尊重幼儿身心发展规律

10. 幼儿园全面发展教育是以（　　）为前提。

   A．促进幼儿在体、智、德、美诸方面全面和谐发展

   B．幼儿身心发展的现实与可能

   C．适合幼儿身心发展特点

   D．幼儿素质的教育

11. 美国心理学家布鲁姆研究得出结论，（　　）岁前是幼儿智力发展最迅速的时期。

   A．3   B．4   C．5   D．6

12. 对于幼儿园全面发展教育，下列说法不正确的是（　　）。

   A．对幼儿园实施全面发展教育是我国幼儿教育法规所规定的幼儿教育的任务

   B．幼儿的全面发展教育要求个体在体、智、德、美诸方面齐头并进，平均地发展

   C．全面发展，对不同幼儿来说，有可能各有所长，但各方面的发展应该是协调的

   D．体、智、德、美四个方面是紧密联系，相互促进的

13. 下列教育内容属于幼儿体育内容的是（　　）。

   A．萌发爱的情感   B．学习社会行为规范

   C．欣赏艺术作品   D．重视幼儿的心理健康

14. 关于幼儿体育的主要目的，不包括（　　）。

   A．让幼儿掌握体育的技能技巧   B．提高幼儿参加体育活动的兴趣

C．发展幼儿基本活动能力　　　　　　D．促进幼儿身心健康成长

15．专门组织的体育活动是增强幼儿体质的（　　　）。

A．有效途径　　　　B．唯一途径　　　C．基本途径　　　D．重要途径

16．下列不属于体格的是（　　　）。

A．人体的生长发育　　　　　　　　　B．体形

C．身体姿势　　　　　　　　　　　　D．身体素质

17．下列不属于体能的是（　　　）。

A．体形　　　　　　　　　　　　　　B．身体素质

C．身体基本活动能力　　　　　　　　D．生理机能

18．评价一个人是否健康，应综合考查与评价（　　　）。

①体质　　②体格　　③体能　　④适应能力　　⑤心理因素

A．①②③　　　　B．②③④　　　C．①②③④⑤　D．②③④⑤

19．下列哪个俗语不能体现"体育为幼儿的其他方面的发展提供物质基础"。（　　　）

A．"载知识之车"和"寓道德之舍"　　B．身体是革命的本钱

C．前途是光明的，道路是曲折的　　　D．体育不好是"废品"

20．体育运动的基础是（　　　）。

A．基本动作　　　B．基本体操　　　C．队形变化　　　D．体育游戏

21．（　　　）是保护幼儿生命的重要条件。

A．自我保护意识　　B．生命的健康　　C．身体的发育　　D．基本活动

22．（　　　）是幼儿体育的重要组成部分。

A．体育游戏　　　　B．体育活动　　　C．基本动作　　　D．基本体操

23．（　　　）是保证幼儿各方面健康发展的前提。

A．幼儿身体的正常发育　　　　　　　B．良好的生活习惯

C．提高幼儿对体育活动的兴趣　　　　D．道德品质的形成

24．（　　　）是贯彻"预防为主"的卫生工作方针的保证，也是提高幼儿对疾病的抵抗力，降低发病率，防止幼儿园传染病蔓延的重要措施。

A．活动内容丰富多样　　　　　　　　B．良好的生活卫生习惯

C．幼儿的自由选择与活动相结合　　　D．正确合理的卫生保健制度

25．幼儿园全面发展教育是以（　　　）为前提，以促进幼儿在体、智、德、美诸方面全面和谐发展为宗旨。

A．幼儿身心发展的现实与可能　　　　B．幼儿身心发展的特点

C．幼儿的年龄特点　　　　　　　　　D．幼儿园教育目标

二、简答题

1．幼儿体育主要通过什么进行？开展幼儿体育活动时需要注意什么？

2．在实施幼儿体育时怎样做好卫生保健工作？

3．幼儿体育是否主要让幼儿掌握体育的技能技巧？为什么？

4．幼儿园体育活动的主要内容是什么？幼儿园的基本动作练习，主要通过什么完成？

5．幼儿园全面发展教育对个体发展有什么意义？

三、分析论述题

王老师通过创设情境，模拟小兔子采蘑菇，引导幼儿学习双脚行进跳的动作，同时鼓励幼儿大胆地走过小桥、钻过山洞，提高身体动作的协调性，在轻松愉快的游戏中跟着"兔妈妈"采蘑菇。

（1）王老师带领幼儿采蘑菇的过程，体现了幼儿体育活动的哪些内容？

（2）幼儿体育的目标有哪些？

第二节　幼儿智育

知识精讲

一、幼儿智育的概念（理解）

幼儿智育就是按照幼儿认知发展特点，有目的、有计划地增进幼儿对周围环境的认识，获得粗浅的知识与技能，发展智力，并培养其认识活动兴趣和良好的学习习惯的教育过程。

【注意】

①知识是人们在改造世界的实践中所获得的认识和经验的总和。

②技能是人们运用知识和经验执行一定活动的方式。

③智力是人认识事物的能力，包括观察力、注意力、记忆力、思维力、想象力和创造力等要素，其中思维能力是核心。

④知识是发展智力的基础，是思维的依据和源泉；

⑤智力是掌握知识的武器，智力发展水平的高低影响着对知识的掌握。

二、幼儿智育的目标（掌握）

（1）培养幼儿的学习兴趣和求知欲望。

（2）引导幼儿学习周围生活中的粗浅知识，形成对一些事物的初步概念。

（3）发展幼儿的智力。

（4）培养幼儿的口语表达能力。

【注意】

①幼儿智育的核心是发展幼儿的智力。

②学前期是人的智力迅速发展的重要时期。

③幼儿期是学习口头语言的重要时期。幼儿的语言理解、表达能力对其智力活动的水平影响很大。

三、幼儿智育的内容（掌握）

（1）保护和激发幼儿的学习兴趣，培养幼儿的学习主动性和良好的学习习惯。

（2）培养幼儿的感知能力和动手操作能力。

（3）引导幼儿学习周围生活中初步的知识和概念。

①有关社会生活的常识；

②有关自然界的常识；

③有关数的初步知识，如认识 10 以内的数。

（4）发展幼儿的语言运用能力。

发展幼儿的语言运用能力包括三个方面：

①发展幼儿运用口头语言进行交往的能力；

②发展语言理解能力；

③发展语言表达能力和思维能力。

【注意】

①学习的兴趣、主动性和良好的学习习惯是终身学习的基础。学习习惯的培养必须从幼儿期开始。

②感知能力的培养是幼儿园智育的基础和重要内容，也是幼儿园智育区别于小学的一个重要特征。

③幼儿认识事物始于直接感知。

④语言是交际的工具，也是思维的工具，而思维力是智力的核心。

四、幼儿智育的实施（掌握）

（1）创设适宜的学习环境，提供多种多样的学习材料以激发幼儿的活动兴趣。

（2）组织多种多样的具体操作和实践活动以促进幼儿智力的发展。

（3）利用一日生活中的各种生活情景引导幼儿学习和思考。

（4）引导幼儿应用语言来表述和归纳自己所获得的经验。

【注意】

①在幼儿园为幼儿提供适宜的学习环境和可操作的材料，是促进幼儿智力发展和身心全面和谐发展的首要条件。

②非智力因素是指不直接参与认识过程的心理因素，包括情感、意志、性格、兴趣等方面。非智力因素对智力的发展起着促进和保证作用。

③幼儿园应将各种具体操作和实践活动作为实施幼儿智育的主要途径。

经典例题解析

【例1】（2020年真题）幼儿智育的核心是（　　）。

A．发展幼儿智力　　　　　　　　B．培养幼儿求知欲望

C．培养幼儿学习兴趣　　　　　　D．培养幼儿口语表达能力

【解析】本题要考查的是幼儿智育目标的相关知识。

【答案】A

【例2】（2019年真题）下列选项属于智力因素的是（　　）。

A．好奇心　　　　B．注意力　　　　C．主动性　　　　D．坚持性

【解析】本题主要考查幼儿智育实施的相关知识。

【答案】B

【例3】（2018年真题）幼儿园智育区别于小学智育的重要特征是（　　）。

A．感知能力的培养　　　　　　　　B．记忆力的培养

C．想象力的培养　　　　　　　　　　　D．创造力的培养

【解析】本题主要考查幼儿智育内容的相关知识。

【答案】A

【例4】（2018年真题）人的智力活动包含智力因素和非智力因素。以下属于非智力因素的是（　　）。

A．注意力　　　　　B．想象力　　　　　C．创造力　　　　D．自制力

【解析】本题主要考查幼儿智育实施的相关知识。

【答案】D

【例5】幼儿园智育的基础和重要内容是（　　）。

A．感知能力的培养　　　　　　　　　　B．学习主动性的培养

C．语言运用能力的培养　　　　　　　　D．抽象思维能力的培养

【解析】本题主要考查幼儿智育内容的相关知识。

【答案】A

同步练习

一、选择题

1．既是我国幼儿园智育的基础和重要内容，也是幼儿园智育区别于小学的重要特征的是培养幼儿的（　　）。

A．学习兴趣和求知欲望　　　　　　　　B．发展幼儿智力

C．语言运用能力　　　　　　　　　　　D．感知能力

2．实施幼儿智育的主要途径是（　　）。

A．上课　　　　　　　　　　　　　　　B．日常生活

C．具体操作和实践活动　　　　　　　　D．社会劳动

3．下列不属于非智力因素的是（　　）。

A．情感　　　　　　B．意志　　　　　　C．性格　　　　　D．想象

4．促进幼儿的智力发展和身心全面和谐发展的首要条件是（　　）。

A．为幼儿提供适宜的学习环境和可操作的材料

B．教师充分发挥指导作用

C．放手让幼儿参加各种活动

D．科学护理幼儿的生活

5．幼儿园智育的基础和重要内容是对（　　）。

A．思维力的培养　　　　　　　　　　　B．感知能力的培养

C．想象力的培养　　　　　　　　　　　D．智力的培养

6．教师点名时让幼儿清点班级人数，可加深幼儿的数概念和提高计数能力；利用散步引导幼儿观察季节变化等。这体现的是智育能够（　　）。

A．创设适宜的学习环境，提供多种多样的学习材料以激发幼儿的活动兴趣

B．组织多种多样的具体操作和实践活动以促进幼儿智力的发展

C．利用一日生活中的各种生活情景引导幼儿学习和思考

D．引导幼儿应用语言来表述和归纳自己所获得的经验

7．幼儿园智育区别于小学的一个重要特征是（   ）。

　　A．学习习惯的培养　　　　　　　　B．动手能力的培养

　　C．语言表达能力的培养　　　　　　D．感知能力的培养

8．发展智力的基础是（   ）。

　　A．认识　　　　　　B．知识　　　　　　C．技能　　　　　　D．能力

9．对智力的发展起着促进和保证作用的是（   ）。

　　A．智力水平　　　　B．智力因素　　　　C．非智力因素　　D．智能因素

10．幼儿园智育的核心是（   ）。

　　A．培养学习兴趣　　　　　　　　　B．学习粗浅知识

　　C．发展智力　　　　　　　　　　　D．培养口语表达能力

11．有关知识和智力的关系，下列说法错误的是（   ）。

　　A．智力是掌握知识的武器

　　B．智力是发展知识的基础

　　C．没有知识就谈不上智力的发展

　　D．智力水平的高低影响着对知识的掌握

12．下列有关幼儿智育的说法，正确的是（   ）。

　　A．帮助幼儿将零散的、个别的知识结构化、系统化，是幼儿智育的重要任务

　　B．幼儿园中必须给幼儿教授大量的读、写、算知识，否则会影响幼儿智力的开发

　　C．发展幼儿的语言交往能力不属于幼儿智育的内容

　　D．感知能力的培养是幼儿园智育的基础和重要内容，也是区别于小学智育的一个重要特征

13．发展幼儿的语言运用能力不包括（   ）。

　　A．发展幼儿运用语言进行交往的能力　　B．发展幼儿的语言理解能力

　　C．发展幼儿的语言表达和思维能力　　　D．发展随意运用语言的能力

14．下列不属于幼儿应该学的知识的是（   ）。

　　A．有关社会生活的常识　　　　　　B．有关自然界的常识

　　C．有关数的初步认识　　　　　　　D．认识20以内的数

15．智力的核心是（   ）。

　　A．注意力　　　　　　B．思维力　　　　　　C．想象力　　　　　　D．创造力

16．人的智力活动包含有（   ）和（   ）。

　　A．智力因素　非智力因素　　　　　B．先天因素　后天因素

　　C．生物因素　物理因素　　　　　　D．遗传因素　非遗传因素

17.（　　）是幼儿获得知识、发展智力及今后继续学习的重要条件。

A．社会生活常识　　　　　　　　B．自然界的常识

C．数的初步认识　　　　　　　　D．良好的学习习惯

18.（　　）是口头语言发展的重要时期。

A．幼儿期　　　　　B．婴儿期　　　　C．学龄前　　　　D．胎儿期

19.幼儿认识事物始于（　　）。

A．间接感知　　　　B．直接感知　　　C．动手操作　　　D．技能

20.（　　）是终身学习的基础。

A．学习的兴趣、主动性和良好的学习习惯

B．积极克服困难

C．认真完成学习任务

D．学习时注意力集中

二、简答题

1．智育能满足幼儿的认知需要，促进幼儿的智力发展，在全面发展教育中发挥着重要作用。请结合所学知识简要分析幼儿智育的目标是什么？

2．幼儿园智育的内容是什么？

三、分析论述题

幼儿在看电视、图书和其他生活中自发地获得了很多有关标记的感性经验，但这些有关标记的认知是零碎的。如果教师有意识地组织幼儿对这些标记进行描述、比较和讨论，会使幼儿认识到这些标记的作用，幼儿就能由认识事物的外部特征过渡到认识这些现象的内部联系，形成一个有关标记的认知结构。

请你根据以上材料回答下列问题：

（1）这种现象体现了幼儿智育实施中的哪一条？

（2）幼儿智育的实施还有哪些？

第三节　幼儿德育

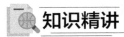 知识精讲

一、幼儿德育的概念（理解）

幼儿德育是指根据幼儿身心发展的特点和实际情况，按照社会的要求，有目的、有计划地对幼儿施加教育影响，发展幼儿社会性，培养幼儿道德品质的教育活动。

【注意】

幼儿社会性发展是通过社会化过程来实现的。幼儿德育实质上就是帮助幼儿社会化的过程。

二、幼儿德育的目标（掌握）

《幼儿园工作规程》明确规定了幼儿德育的目标：

萌发幼儿爱家乡、爱祖国、爱集体、爱劳动、爱科学的情感；培养诚实、自信、好问、友爱、勇敢、爱护公物、克服困难、讲礼貌、守纪律等良好的品德行为和习惯；培养活泼、开朗的性格。

【注意】

①幼儿德育目标根据我国的教育目的和幼儿年龄特点制定，是德育的起始阶段。

②幼儿德育的目标强调从情感入手，培养幼儿最基本的品质和良好的行为习惯。

三、幼儿德育的内容（掌握）

（1）萌发爱的情感。

（2）发展幼儿的交往能力，学习必要的社会行为规范。

（3）培养幼儿良好的个性品质。

【注意】

①爱家乡、爱祖国、爱集体、爱劳动、爱科学的情感是人们思想和品德发展的基础。

②社会环境中的首要和核心因素是人。

③有针对性地帮助幼儿个性健康发展是德育的一个重要内容。

四、幼儿德育的实施途径（掌握）

（1）日常生活、游戏是实施幼儿德育最基本的途径。

（2）专门的德育活动是实施幼儿德育的有效手段。

幼儿园应将日常生活、游戏和专门的德育活动结合起来，注意在生活中渗透德育内容与要求，同时发挥家庭和社区环境的合力，有效地实现幼儿德育目标。

五、实施幼儿德育应注意（掌握）

（1）热爱与尊重幼儿

（2）遵循德育的规律实施德育：

①由近及远，由具体到抽象；

②直观、形象，切忌说教；

③注意个别差异。

【注意】

①爱幼儿是向幼儿进行德育的前提，也是使幼儿身心健全发展的重要条件。

②人的每一种品德都由道德认识、道德情感、道德意志、道德行为四要素构成。幼儿的道德认识、道德意志等发展较差，因此幼儿德育必须从情感入手，重点放在道德行为的形成上。

③幼儿道德认识的发展存在个别差异性和反复性的特点。

经典例题解析

【例1】（2019年真题）实施幼儿德育的重点是（   ）。

A．提高道德意识　　　　　　　　B．培养道德情感

C．锻炼道德意志　　　　　　　　D．形成道德行为

【解析】此题考查实施幼儿德育应注意问题的知识要点。

【答案】D

【例2】实施幼儿德育最基本的途径是（   ）。

A．谈话　　　　B．上课　　　　C．劳动　　　　D．日常生活和游戏

【解析】此题考查幼儿德育的实施途径。

【参考答案】D

【例3】（2020年真题）（本小题7分）研究发现，幼儿在进行道德判断时，对于一些错误行为，往往只注重损坏物品的实际数量，并不注重动机的差异，认为不小心打碎15个杯子要比有意打碎1个杯子"更坏"。

针对幼儿道德发展特点，遵循德育规律实施德育时应注意哪些问题？

【解析】此题考查实施幼儿德育应注意问题的知识要点。

【答案】

遵循幼儿德育的规律实施德育具体应注意：

①由近及远，由具体到抽象；

②直观、形象，切忌说教；

③注意个别差异。

📖 **同步练习**

一、选择题

1. 实施幼儿德育的重点应放在（　　　）。
　　A．道德行为的形成上　　　　　　　　B．道德意识的形成上
　　C．道德情感的形成上　　　　　　　　D．道德意志的形成上

2. 实施幼儿园德育最基本的途径是（　　　）。
　　A．日常生活和游戏　　　　　　　　　B．上课
　　C．专门的德育活动　　　　　　　　　D．文艺作品

3. 下列关于德育的实施不正确的是（　　　）。
　　A．从认识入手，重点形成道德行为　　B．直观、形象，切忌说教
　　C．由近及远，由具体到抽象　　　　　D．注重个别差异

4. "培养活泼开朗的性格"这一目标属于（　　　）。
　　A．幼儿体育　　　B．幼儿智育　　　C．幼儿德育　　　D．幼儿美育

5. （　　　）是向幼儿进行德育的前提，也是使幼儿身心健全发展的重要条件。
　　A．讲道理　　　B．保护自尊心　　　C．爱幼儿　　　D．与家长沟通

6. 帮助幼儿社会化的过程，实质上就是指（　　　）。
　　A．幼儿体育　　　B．幼儿智育　　　C．幼儿美育　　　D．幼儿德育

7. 实施幼儿德育的正确做法是（　　　）。
　　A．从道德认识入手　　　　　　　　　B．多采用说教
　　C．方法直观形象　　　　　　　　　　D．对幼儿的不良行为严厉惩罚

8. "随风潜入夜，润物细无声"式的德育工作，体现了幼儿教育的（　　　）。
　　A．渗透在一日生活之中　　　　　　　B．在教学活动中进行
　　C．在游戏中进行　　　　　　　　　　D．在幼儿劳动时进行

9. 下面不属于幼儿德育要素的是（　　　）。
　　A．道德认识　　　B．道德理论　　　C．道德意志　　　D．道德行为

10. 幼儿德育的实质是（　　　）。
　　A．帮助幼儿社会化的过程　　　　　　B．培养爱的情感
　　C．培养幼儿更好的品质　　　　　　　D．培养良好的行为习惯

11. 幼儿道德认知的发展存在（　　　）和反复性的特点。
　　A．经验性　　　B．个别差异性　　　C．适宜性　　　D．开放性

12. 社会环境中的首要因素和核心因素是（　　　）。
　　A．人　　　B．环境　　　C．食物　　　D．学习

13. 教师没有空洞地表扬"你们爱劳动，真是好孩子，"而是说："玩具放在柜子里，又

整齐又好看，我们再玩这些玩具的时候，马上就可以找到它们在哪里，多好。"这表现在遵循德育规律，实施德育时应注意哪一点？

A．由近及远，由具体到抽象　　　B．直观、形象，切忌说教

C．注意个别差异　　　D．注意道德行为的形成

14．（　　）是实施幼儿德育的有效手段。

A．日常生活活动　　　B．游戏

C．劳动活动　　　D．专门的德育活动

15．幼儿的德育目标强调从（　　）入手。

A．情感　　　B．行为　　　C．认识　　　D．习惯

二、简答题

1．幼儿德育的实施途径有哪些？开展幼儿德育活动时应注意哪些问题？

2．幼儿德育是整个德育的起始阶段，幼儿的德育目标强调从哪方面入手？幼儿德育的目标是什么？

3．幼儿德育的内容有哪些？

第四节　幼儿美育

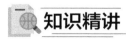 知识精讲

一、幼儿美育的概念（理解）

幼儿美育就是根据幼儿身心特点，利用美的事物，通过组织幼儿的审美活动来培育幼儿感受美、欣赏美、表现美、创造美的情趣和能力的教育活动。

【注意】

①美的两个特征：具体形象，可为人感知；使人愉悦，使人动情，具有吸引力。

②美的基本形态包括：自然美、社会美、艺术美。

③美育即审美教育。

二、幼儿美育的目标（掌握）

（1）幼儿美育的目标是培养幼儿初步感受美和表现美的情趣和能力。

（2）在培养幼儿感受美、欣赏美的基础上，还应培养幼儿表现美、创造美的能力。

【注意】

感受美是审美能力的基础。幼儿美育处在审美教育的最初阶段。

三、幼儿美育的内容（掌握）

（1）培养幼儿对美的事物和艺术活动的兴趣和爱好。

（2）发展幼儿对美的事物和艺术作品的感知和欣赏能力。

（3）培养幼儿艺术活动的想象力和初步的表现能力。

【注意】

在幼儿美育内容中，艺术教育居于主要地位。

四、幼儿美育的实施（掌握）

（1）创设和利用美的生活环境。

（2）大自然是幼儿美育的丰富源泉。

（3）社会生活是向幼儿进行美育的广阔天地。

①选择社会生活中的美好事物感染幼儿；

②教育幼儿注意仪表美、行为美、语言美。

（4）艺术教育是美育的有力手段

【注意】

①幼儿的审美情趣是在环境的影响下逐渐形成的。

②为幼儿提供美的环境，是美育最基本的手段之一。

③儿童最初的美感是从日常事物开始的。日常生活中的美是幼儿最接近、最熟悉和最容易感知的，也是幼儿审美教育所必需的。

④幼儿期是人的行为习惯初步形成的时期。

⑤艺术教育活动是幼儿美育的主要途径。

五、实施幼儿美育应注意以下几点（掌握）

（1）幼儿园美育是面向全体幼儿的。

（2）重视通过美育培养幼儿健全的人格。

（3）重视培养幼儿的想象力和创造力。

【注意】

①在美育中必须贯彻面向全体，注意个别差异的原则。

②培养幼儿艺术创造的主动性是美育的重要目标。

经典例题解析

【例】（2018年真题）（本小题8分）豆豆在画汽车时，将车轮画成了两只脚，并在车上画上了翅膀。教师看到后，对他说："汽车上面哪有脚和翅膀？想想该怎么画？"结果，豆豆将脚和翅膀去掉，画了一辆普通的汽车。

（1）结合所学教育学知识，对教师的做法进行简要评价。

（2）幼儿美育的内容有哪些？

（3）实施幼儿美育应该注意哪些问题？

【解析】本题主要考查幼儿美育实施的相关知识。

【答案】

（1）不对。幼儿美育重在培养幼儿的想象力和创造力。不尊重幼儿的看法和创造，这不仅损伤幼儿的积极性，而且会让幼儿认为，只能用一种"正确的"的方法来表达一个事物或现象。

（2）①培养幼儿对美的事物和艺术活动的兴趣和爱好；

②发展幼儿对美的事物和艺术作品的感知和欣赏能力；

③培养幼儿艺术活动的想象力和初步的表现能力。

（3）①幼儿园美育应该是面向全体幼儿的；

②要重视通过美育培养幼儿健全的人格；

③要重视培养幼儿的想象力和创造力。

同步练习

一、选择题

1．幼儿美育内容中，居于主要地位的是（　　）。

    A．自然美教育　　　　B．日常生活教育　　　　C．艺术教育　　　　D．社会美教育

2．在幼儿美育形态中，幼儿最熟悉、最容易感知的是（　　）。

    A．绚丽多彩的自然美

    B．干净卫生、谦逊有礼、姿态端庄的美

    C．名画的艺术美

    D．音乐会之震撼美

3．幼儿美育的丰富源泉是（　　）。

    A．大自然　　　　B．社会生活　　　　C．家庭资源　　　　D．教学活动

4．幼儿的审美情趣是在（　　）的影响下逐渐形成的。

    A．游戏　　　　B．活动　　　　C．家庭　　　　D．环境

5．培养幼儿艺术创造的主动性是幼儿美育的（　　）。

A．重要目标　　　　B．主要手段　　　　C．基本原则　　　　D．重要途径

6．日本的小提琴家铃木镇一说，他的教学不是培养了不起的人物，而是要使孩子成为一个品德高尚的人，一个具有更加美好心灵的人。说明幼儿美育的实施应注意（　　）。

A．要培养幼儿对美的事物的爱好　　　　B．要培养幼儿的想象力和创造力
C．要面向全体幼儿　　　　D．要通过美育培养幼儿健全的人格

7．儿童最初的美感是从（　　）开始的

A．艺术作品　　　　B．日常事物　　　　C．游戏活动　　　　D．大自然

8．关于幼儿美育的说法正确的是（　　）。

A．欣赏美是审美能力的基础
B．在幼儿美育内容中，艺术教育居于主要地位
C．社会生活是幼儿美育的丰富源泉
D．儿童最初的美感是从艺术教育开始的

9．幼儿美育的主要途径是（　　）。

A．日常生活　　　　B．艺术教育活动　　　　C．自然环境　　　　D．社会活动

10．（　　）是审美能力的基础。

A．表现美　　　　B．理解美　　　　C．创造美　　　　D．感受美

11．（　　）是美育最基本的手段之一。

A．为幼儿提供美的环境　　　　B．发展幼儿的语言交往能力
C．幼儿的艺术教育　　　　D．培养幼儿的审美情趣

12．美的基本形态包括（　　）。

A．自然美、艺术美、社会美　　　　B．社会美、形象美、语言美
C．大自然中的美　　　　D．感受美、欣赏美、培养美

13．（　　）是美育的有力手段。

A．审美教育　　　　B．艺术教育　　　　C．感受教育　　　　D．想象教育

14．美育是对幼儿进行（　　）。

A．美好生活教育　　　　B．思想教育　　　　C．审美教育　　　　D．品德教育

15．幼儿美育的目标是培养幼儿初步的（　　）的情趣和能力。

A．感受美和欣赏美　　　　B．感受美和体验美
C．感受美和表现美　　　　D．创造美和表现美

二、简答题

1．拾金不昧、尊老爱幼、先人后己是良好的社会风尚，这些充分体现了幼儿美育中哪一方面的美？幼儿美育的内容有哪些？

2．可供幼儿欣赏的美的内容可以分为哪三种形式？幼儿美育的目标是什么？

三、分析论述题

冬天来了，幼儿园王老师组织中班幼儿开展美术绘画活动，绘画的主题是冬天。王老师首先示范，先用铅笔画雪花、雪人和小朋友的轮廓，然后涂上颜色。示范后，发给每个小朋友一张纸、一盒水彩笔，要求幼儿模仿老师的画。期间，王老师巡视、指导、帮助幼儿。最后老师讲评，表扬按老师要求画的幼儿，批评不按要求画的幼儿，并把一部分按老师要求画的画展示在活动室里。

请运用所学幼儿园美育知识分析上述材料，回答问题：

（1）上述美育活动的组织是否合理？为什么？

（2）如何实施幼儿美育？

（3）实施幼儿美育应注意哪些问题？

单元测试卷

一、选择题（每小题 2 分，共 60 分）

1. 我国幼儿教育的基本出发点是（ ）。
   - A. 培养幼儿各种好习惯
   - B. 对幼儿实施全面发展教育
   - C. 重视幼儿生理和心理健康
   - D. 提高幼儿身心素质

2. 幼儿全面发展教育中，以促进幼儿在体、智、德、美诸方面全面和谐发展的前提是（ ）。
   - A. 社会发展需求
   - B. 幼儿目前的发展状况
   - C. 幼儿的潜力
   - D. 幼儿身心发展的现实与可能

3. 对于幼儿园全面发展教育，下列说法不正确的是（ ）。
   - A. 对幼儿实施全面发展教育是我国幼儿教育的基本出发点
   - B. 幼儿的全面发展教育要求个体在体、智、德、美诸方面齐头并进，平均地发展
   - C. 全面发展，对不同幼儿来说，有可能各有所长，但各方面的发展应该是协调的
   - D. 体、智、德、美四个方面是紧密联系、相互促进的

4. 幼儿德育的实质是（ ）。
   - A. 提高道德认识
   - B. 培养道德品质
   - C. 养成行为习惯
   - D. 帮助幼儿社会化

5. 幼儿智力发展最迅速的时期是（ ）。
   - A. 3 岁前
   - B. 4 岁前
   - C. 5 岁前
   - D. 6 岁前

6. 《幼儿园教育指导纲要》要求：幼儿园必须把保护幼儿的生命和（ ）放在工作的首位。
   - A. 锻炼幼儿体质
   - B. 增强体质
   - C. 促进幼儿的健康
   - D. 发展幼儿智力

7. 幼儿的基本动作练习的主要方式是（ ）。
   - A. 体育游戏
   - B. 生活活动
   - C. 基本体操
   - D. 身体素质训练

8. 幼儿园体育的核心是（ ）。
   - A. 增强幼儿体质
   - B. 培养幼儿对体育活动的兴趣
   - C. 培养活动的积极态度
   - D. 经常锻炼身体的习惯

9. 幼儿智育的核心是（ ）。
   - A. 增长幼儿的知识
   - B. 发展幼儿智力
   - C. 养成良好的学习习惯
   - D. 培养幼儿的能力

10. 幼儿体育的重中之重是（ ）。

A．提高幼儿身体素质   B．掌握体育的技能技巧

C．发展基本活动能力   D．提高参加体育活动的兴趣

11．智力是人认识事物的能力，其核心是（ ）。

A．观察力   B．记忆力   C．思维力   D．创造力

12．在幼儿美育内容中，居于主导地位的是（ ）。

A．文学   B．美术   C．艺术教育   D．游戏

13．下列属于智力因素的是（ ）。

A．情感   B．意志   C．性格   D．想象

14．幼儿德育的入手点是（ ）。

A．认识   B．情感   C．行为   D．意志

15．向幼儿进行德育的前提是（ ）。

A．爱幼儿   B．科学的德育观

C．遵循德育的规律   D．注意个别差异

16．实施幼儿德育，教师应热爱和尊重幼儿，下列说法不正确的是（ ）。

A．教师对幼儿的热爱不仅基于感情，也基于一种社会责任

B．教师应尊重幼儿的人格，保护幼儿的自尊心

C．教师应注意尊重并发挥幼儿的主动性

D．规则都是全体教师制定的，幼儿应严格遵守

17．对小班幼儿进行常规教育时，最合适的语言表达是（ ）。

A．请注意不要拿错别人的毛巾

B．请拿自己的毛巾，上面绣着你的名字

C．乱拿别人的毛巾老师会批评的

D．拿别人的毛巾小朋友会不高兴的

18．审美能力的基础是（ ）。

A．艺术作品   B．日常事物   C．游戏活动   D．感受美

19．在对幼儿实施美育的过程中，应当针对每个幼儿的兴趣和需要，贯彻实行的原则是（ ）。

A．教育的活动性和活动的多样性原则

B．以游戏为基本活动的原则

C．面向全体、重视个别差异的原则

D．发挥一日活动的整体教育功能的原则

20．幼儿园体育活动的主要内容是（ ）。

A．基本动作练习   B．基本体操   C．队形变化   D．体育游戏

21．幼儿认识事物始于（ ）。

A．直觉行动   B．直接感知   C．日常生活   D．言语发展

22．促进幼儿的智力发展和身心全面和谐发展的首要条件是（ ）。

A．为幼儿提供适宜的学习环境和可操作的材料

B．教师充分发挥指导作用

C．放手让幼儿参加各种活动

D．科学护理幼儿的生活

23．社会文明和进步的标志是（　　）。

A．德育　　　　　B．体育　　　　　C．智育　　　　D．美育

24．哑铃操属于（　　）。

A．徒手操　　　　　　　　　B．轻器械操

C．听口令做动作　　　　　　D．韵律操

25．（　　）是保护大脑的重要手段。

A．上课　　　　　B．学习　　　　　C．睡眠　　　　D．游戏

26．下列不属于幼儿应该学的知识的是（　　）。

A．有关社会生活的常识　　　　B．有关自然界的常识

C．有关数的初步认识　　　　　D．认识20以内的数

27．幼儿社会性的发展是通过（　　）实现的。

A．学校教育　　　B．自身的社会化　　C．家长的教导　　D．社会的帮助

28．幼儿审美情趣是在（　　）的影响下形成的。

A．游戏　　　　　B．活动　　　　　C．家庭　　　　D．环境

二、简答题（共9分）

1．幼儿智育的目标是什么？（4分）

2．幼儿美育的内容包括哪些方面？（3分）

3．实施幼儿德育的途径有哪些？（2分）

三、论述题（共14分）

1．（8分）幼儿智育是指按照幼儿认知发展的特点，有目的、有计划地增进幼儿对周围环境的认识，获得粗浅的知识与技能，发展智力，并培养其认识活动的兴趣和良好学习习惯

的教育过程。试论述幼儿智育的内容和实施。

2．（6分）幼儿在画汽车时，将车轮画成了两只脚，并在车上画上了翅膀。教师看到后，对他说："汽车上面哪有脚和翅膀？想想该怎么画？"结果，幼儿将脚和翅膀去掉，画了一辆普通的汽车。

（1）此案例说明在实施幼儿美育时应注意什么问题？（2分）

（2）实施幼儿美育应注意的问题还有哪些？（4分）

四、材料分析题（共17分）

1．（8分）阅读下面的两则材料，回答后面的问题：

材料一：当幼儿将玩具收拾整齐之后，教师这样表扬幼儿："你们爱劳动，真是好孩子"

材料二：当幼儿将玩具收拾整齐之后，教师这样说："玩具放在柜子里，又整齐又好看！下次我们再玩这些玩具的时候，马上就可以找到它们在哪里，多好。"

（1）两则材料共同反映了实施幼儿德育的哪一要求？（1分）

（2）实施幼儿德育应注意的问题还有哪些？（4分）

（3）幼儿德育的内容有哪些？（3分）

2．（9分）我国幼儿园的教育目标是"对幼儿实施体、智、德、美等方面全面发展的教育，促进其身心和谐发展"。请问：

（1）幼儿园教育目标中为什么把"体"放在了第一位？（3分）

（2）幼儿体育的目标是什么？（3分）

（3）实施幼儿体育应注意的问题有哪些？（3分）

第四章

幼儿园教育基本要素

考试说明

（1）了解幼儿园教育的基本要素。

（2）了解幼儿教师的职能及幼儿教师专业发展的途径。

（3）了解幼儿园环境的含义及功能。

（4）理解幼儿教师职业的特点。

（5）掌握幼儿教师的专业素养要求。

（6）掌握幼儿的特性及幼儿在教育过程中的地位。

（7）掌握幼儿园环境创设的原则及应注意的问题。

知识结构图

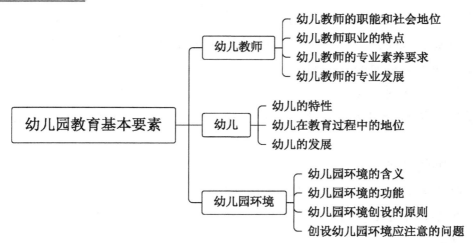

第一节　幼儿教师

知识精讲

一、幼儿园教育的基本要素（了解）

教师、幼儿和幼儿园环境是幼儿园教育的三个基本要素。教师是"教"的主体；幼儿是"学"的主体；幼儿园环境是教育的客体因素，是师、幼共同依存和作用的对象，是师幼发生重要联系的纽带。教师的观念和行为不仅是构成幼儿园环境的重要因素，而且是影响环境质量的决定性因素。

二、幼儿教师的职能和社会地位（了解）

1．职能

幼儿教师作为专业教育工作者，承担着培养合格的社会成员，延续人类社会发展的重要职责。幼儿教师承担的是保证和促进幼儿发展的重要任务。

2．社会地位

幼儿教师和其他教师一样，是培养人、造就合格社会成员的职业。幼儿教师对于社会培养人才起着重要的奠基作用，是"太阳底下最崇高的职业"。

三、幼儿教师职业的特点（掌握）

1．幼儿教师职业的劳动特点

（1）幼儿教师的劳动复杂而富有创造性。

幼儿教师劳动的对象是幼儿，幼儿来自不同的家庭，受到来自方方面面的影响，因而幼儿具有不同的个性和发展潜力，教师对幼儿的教育，不像物质生产那样，可用固定的工艺流程教育幼儿，而要因人而异，因材施教。可见教师的劳动是具有科学性和创造性的。

（2）幼儿教师的劳动具有示范性。

教师的一举一动无时无刻不是在向幼儿进行示范。模仿是幼儿重要的学习方式，教师的一举手、一投足，常常会引起幼儿不自觉的模仿。幼儿教师劳动的效果主要取决于其自身的发展水平。

（3）幼儿教师的劳动具有长期性。

教育的产品是人。培养人是一个长期的过程，"十年树木，百年树人"，一个人能够成才，需要幼儿园、小学、中学、大学等各个教育阶段的教育者共同劳动，幼儿教师做的是人才培养的奠基性工作。

2．幼儿教师职业的角色特点

与其他职业相比，幼儿教师职业的角色是多元性的。

（1）教师是幼儿生活的照料者。

教师不仅要对幼儿生活进行精心料理，还要像妈妈一样给予幼儿情感上的呵护和关心，使幼儿在生理、心理方面得到和谐发展。

（2）教师是幼儿学习的支持者。

教师的任务是为幼儿的学习创造适宜的环境，激发幼儿的学习欲望，同时放手让幼儿自主活动、自主学习、主动发展。

（3）教师是幼儿与社会沟通的中介者。

幼儿园是幼儿最早接触的家庭以外的社会环境，教师是幼儿初步学习适应社会生活的引路人。教师是班集体的领导者和组织者。

四、幼儿教师的专业素养要求（掌握）

1．幼儿教师的专业素养要求

（1）事业心。

①热爱幼儿教育事业；

②热爱幼儿。

（2）具有健康的身心素质。

（3）具有较为扎实的教育和科学文化知识。

（4）具有如下多方面的能力素质：

①观察和了解幼儿的能力；

②组织管理班级的能力；

③沟通能力；

④教育监控能力；

⑤教育研究能力。

【注意】

①事业心是教师从事教育教学工作的根本动力。

②教师对幼儿的关心和爱护是幼儿身心健康发展的重要条件。教师对幼儿的爱是一种理智的爱，俗称教育爱。

③健康的身体是做好幼儿教育工作的重要保证。教师的心理素质影响幼儿个性品质的形成。

④教育观念影响教育的效果和幼儿的发展方向。

2．幼儿教师要具有较为扎实的教育和科学文化知识

（1）幼儿教师与一般教师一样，是具有双专业性的职业，不仅要具备所教学科的专业知识和技能，解决"教什么"的问题，同时还要具备传递知识技能的技巧，解决"如何教"的问题。

（2）幼儿教师与一般教师不同的是：幼儿教师不是某一学科的专业教师，而是担负着幼儿的全面教育工作，其教育内容涉及科学、社会、语言、艺术、健康多个领域。教师要有广博的科学文化知识和教育艺术，才能满足幼儿发展的需要，才能胜任幼儿园的工作。

3．幼儿教师应具备的能力素质

（1）观察和了解幼儿的能力。

教师只有了解幼儿，才能教好幼儿。观察是了解幼儿最重要的途径之一。教师观察的技能表现在随机的观察和有计划的观察中。

①随机观察：

教师要敏感地捕捉到幼儿发出的动作、表情、语言等各方面的信息，并快速做出正确的判断和反应。即捕捉信息—做出正确的判断—正确的反应。

②有计划的观察：

拟定观察项目—列出观察要点—选出有代表性的场景—观察并记录—分析—做出因材施教的方案。

（2）组织管理班级的能力。

幼儿教师的组织管理能力包括以下五个方面：

①制订班级教育工作计划的能力；

②创设与本班幼儿发展相适宜的环境的能力；

③建立良好班集体的能力；

④按照幼儿发展水平进行分组，以及灵活指导各组同时活动的能力；

⑤组织幼儿开展各类教育活动并进行评价的能力。

（3）沟通能力。

与幼儿、家长之间的沟通能力是幼儿教师的基本功。沟通的方式主要有言语沟通、非言语沟通等。

①教师与幼儿的沟通：

言语的沟通，谈话的策略：

A．观察发现幼儿感兴趣的话题，通常围绕一个话题进行沟通。

B．将幼儿引入交谈主题中，运用简洁有趣的提问，保持幼儿的谈话兴趣。

C．幼儿发言时，教师应表现出耐心和热情，注意倾听并给予幼儿鼓励。

语言技能：

A．教师口语表达符合幼儿的接受水平。

B．语言生动形象、引人入胜，伴有表情和体态语言。

C．用积极的语言谈话，告诉幼儿应当做什么，而不是指出他不应当做什么。

非言语的沟通：

通过微笑、点头、抚摸、搂抱、蹲下与幼儿交流、看着幼儿的眼睛倾听他们说话等体态语，来与幼儿交流。对幼儿来说，动作、表情等非言语的沟通比语言更容易理解，而且更符合幼儿的心理需要。

②教师与家长的沟通：

教师对家长的了解和尊重是沟通的前提。

了解家长：

了解其对子女的期望，家长的个性、职业、文化水平及其教育观念和方法等。

尊重家长：

A．本着关心幼儿成长的原则，确立平等信任的关系。

B．应与家长建立感情上的联系，沟通时应发自内心地关心其子女的成长，主动向家长介绍幼儿在园情况。

C．用宽容的态度对待不同个性的家长。

D．主动邀请家长参与幼儿园的课程设计、实施和评估工作，并仔细聆听家长的意见。

E．在教育幼儿问题上发生矛盾时，绝不互相指责，而是设身处地地为家长着想，尽力解决家长在教育幼儿方面的困难，使家长感觉到教师是爱幼儿的。

掌握与家长沟通的技巧：

A．聆听的技巧；

B．适合不同个性家长的谈话技巧；

C．向不同个性的家长汇报幼儿发展情况的技巧。

利用多种形式与家长沟通：

如接送幼儿时短暂交谈、家访、家园联系手册、短信、便条、电话等。

（4）教育监控能力。

幼儿教师的教育监控能力是指教师对自己组织的教育教学活动进行积极主动的自我认识、自我调节和自我反思的能力。教师教育监控能力是教师综合素质的具体体现。主要包括：

①计划与准备；

②反馈与评价；

③控制与调节；

④反思与校正。

（5）教育研究能力。

幼儿教师的教育研究以解决教育中的实际问题为主。主要步骤如下：

①学习教育理论；

②运用教育理论对自己的教育实践进行诊断，发现问题；

③制订解决问题的方案；

④实施方案，直到问题得到解决。

五、幼儿教师的专业发展（了解）

幼儿教师的专业发展主要通过三个途径实现：

（1）接受幼儿师范教育；

（2）新教师培训；

（3）在职进修。

经典例题解析

【例1】（2018年真题）不属于幼儿园教育基本要素的是（　　）。

A．教师　　　　　B．幼儿　　　　　C．幼儿园课程　　D．幼儿园环境

【解析】本题主要考查幼儿园教育的基本要素包括教师、幼儿、幼儿园环境。故选C。

【答案】C

【例2】（2019年真题）影响幼儿园环境质量的决定因素是（　　）。

A．师生关系　　　　　　　　　　B．幼儿园设施

C．幼儿的活动质量　　　　　　　D．教师的观念和行为

【解析】本题主要考查幼儿园教育基本要素中教师的作用。

【答案】D

【例3】（2019年真题）"十年树木，百年树人"，这反映幼儿教师职业的劳动特点是（　　）。

A．幼儿教师劳动的示范性　　　　B．幼儿教师劳动的长期性

C．幼儿教师劳动的复杂性　　　　D．幼儿教师劳动的创造性

【解析】此题主要考查幼儿教师的职业特点。

【答案】B

【例4】（2017年真题）加里宁曾经说过，教师像蹲在镜子面前，每天有几十双眼睛在不停地盯着他，世界上任何人没有受到如此严格的监督。这句话体现的教师劳动特点是（　　）。

A．复杂性　　　　B．创造性　　　　C．长期性　　　　D．示范性

【解析】此题主要考查幼儿教师职业的劳动特点。

【答案】D

【例5】（2020年真题）下列关于教师与幼儿沟通的表述，错误的是（　　）。

A．教师的口语表达应生动形象，并伴有动态语言

B．幼儿有破坏行为时，教师不大声嚷嚷，能心平气和地了解原因

C．教师可以运用微笑、抚摸、蹲下与幼儿交谈的方式和幼儿沟通

D．在与幼儿交谈时，告诉他不应当做什么，而不是告诉他应当做什么

【解析】此题主要考查幼儿教师与幼儿沟通有关的知识。

【答案】D

【例6】教师既要对幼儿生活进行精心的料理，又要像妈妈一样给予幼儿情感上的呵护和关心，这体现了幼儿教师职业角色的特点是（　　）。

A．教师是幼儿学习的支持者　　　B．教师是幼儿生活的照料者

C．教师是幼儿与社会沟通的中介者　　D．教师是幼儿游戏的参与者

【解析】此题主要考查幼儿教师的职业特点。

【答案】B

同步练习

一、选择题

1. 每个幼儿都有独特的个性和发展潜力，教师不能像生产物质那样，用固定的工艺流程教育幼儿，而应该根据幼儿的实际因材施教，这体现了幼儿教师劳动的（　　）。

    A．创造性　　　　　　B．长期性　　　　　　C．示范性　　　　　　D．反复性

2. 在幼儿心目中，教师的形象是最高大的，常常会引起幼儿的模仿，这体现了（　　）。

    A．幼儿教师劳动的复杂性　　　　　　　B．幼儿教师劳动的创造性

    C．幼儿教师劳动的示范性　　　　　　　D．幼儿教师劳动的长期性

3. 教师综合素质的具体体现是（　　）。

    A．教育研究能力　　　B．教育监控能力　　　C．观察幼儿能力　D．组织管理能力

4. 以下不属于幼儿园教育的三个基本要素的是（　　）。

    A．教师　　　　　　　B．幼儿　　　　　　　C．幼儿园环境　　　D．社会

5. 模仿是幼儿学习的重要方式，教师的一举手、一投足常常引起幼儿不自觉的模仿，说明教师的劳动具有（　　）。

    A．复杂性　　　　　　B．创造件　　　　　　C．示范性　　　　　　D．长期性

6. 与其他社会职业相比，幼儿教师职业的角色是（　　）。

    A．专一的　　　　　　B．多元的　　　　　　C．示范的　　　　　　D．长期的

7. 教师是幼儿学习的（　　）。

    A．照料者　　　　　　B．支持者　　　　　　C．监督者　　　　　　D．中介者

8. 教师是幼儿与社会沟通的（　　）。

    A．引导者　　　　　　B．支持者　　　　　　C．监督者　　　　　　D．中介者

9. 关于教师与幼儿的沟通，做法不正确的是（　　）。

    A．言语专业化，严肃认真　　　　　　　B．蹲下去与幼儿对话

    C．注意倾听幼儿发言　　　　　　　　　D．用点头肯定幼儿

10. 幼儿教师与家长沟通的前提是（　　）。

    A．教师对家长的了解和尊重　　　　　　B．教师的沟通技巧

    C．教师的能力水平　　　　　　　　　　D．教师的沟通形式

11. 下列关于教师与幼儿沟通的说法，错误的是（　　）。

    A．教师要注意倾听幼儿的发言并给予鼓励

    B．与幼儿对话时应生动形象并伴有动态语言

    C．教师与幼儿沟通时要注意微笑、点头、肯定等方式

    D．幼儿犯错误时要及时批评，并让幼儿立刻改正

12. 人们用"生活中的妈妈，学习中的老师，游戏中的伙伴"来描述幼儿教师，这说明幼儿教师的工作具有（　　）。

    A．随意性　　　　　　B．物质性　　　　　　C．戏剧性　　　　　　D．多元性

13．下列有关幼儿教师专业素养的要求，说法正确的是（　　）。

　　A．喜欢幼儿是做好幼儿教育工作的根本动力

　　B．教师与幼儿的非言语沟通更符合幼儿的心理需要

　　C．教师的教育研究主要是指教育科学研究

　　D．幼儿教师对幼儿的观察主要是随机观察

14．"学高为师，身正为范"体现了幼儿教师劳动的（　　）。

　　A．复杂性　　　　　　B．创造性　　　　　　C．长期性　　　　　　D．示范性

15．以下哪一项是教师从事教育教学工作的根本动力（　　）。

　　A．健康的身体　　　B．事业心　　　　　　C．沟通能力　　　　　D．监控能力

16．教师本人的思想、学识、言行随时随地都在影响着幼儿的成长，说明教师的劳动具有（　　）。

　　A．复杂性　　　　　　B．创造性　　　　　　C．示范性　　　　　　D．长期性

17．幼儿园教育的基本要素不包括（　　）。

　　A．教师　　　　　　　B．幼儿　　　　　　　C．活动　　　　　　　D．幼儿园环境

18．教师的沟通能力主要包括教师与幼儿和教师与（　　）互相沟通。

　　A．家长　　　　　　　B．幼儿园领导　　　　C．保育员　　　　　　D．社区

19．在幼儿教师的专业素养中，（　　）是首要的因素，是幼儿身心发展的重要条件。

　　A．热爱幼儿　　　　　　　　　　　　　B．观察力

　　C．组织能力　　　　　　　　　　　　　D．与幼儿沟通的能力

20．（　　）是了解幼儿的基础，教师若能了解其外部行为所传递出的内部信息，觉察到幼儿最迫切的需要，并做出及时恰当的反映，教师就赢得了教育的主动权。

　　A．观察　　　　　　　B．爱心　　　　　　　C．沟通　　　　　　　D．信任

二、简答题

1．事业心是幼儿教师从事教育教学工作的根本动力，幼儿教师的事业心除了热爱幼儿教育事业，还表现在哪些方面？幼儿教师要成为教育幼儿的行家里手，还应具备哪些能力素质？

2．幼儿教师专业发展主要通过哪些途径实现？

三、分析论述题

1．于老师是阳光幼儿园的一名优秀教师，她为人平和、说话亲切，经常面带微笑，幼儿

们非常喜欢她。于老师业务扎实、工作认真负责，班上幼儿的喜怒哀乐都逃不过她的火眼金睛，她经常进行教学反思，主动研究幼儿教育问题，总结经验，多篇文章在幼教刊物上发表。

（1）请概括出幼儿教师职业的角色特点。

（2）谈一谈幼儿教师应具备哪些专业素养。

（3）材料中主要体现了于老师的哪些能力素质？除了这些能力素质还有哪些能力素质？

2．幼儿教师应该为幼儿创造适宜的环境，激发幼儿的学习欲望，同时放手让幼儿自主活动、主动发展。

（1）这说明了幼儿教师的哪一角色特点？

（2）幼儿教师还有哪些角色特点？

第二节　幼儿

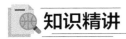 知识精讲

一、幼儿的特性（掌握）

1．幼儿是完整的人

（1）幼儿是整体发展的人。

幼儿是具有丰富个性的、完整的人，是有思想、有认识、有感情的个体，幼儿的人格和

权利应该受到尊重。幼儿的身心发展是互相联系、不可分割的整体，任何一方面的发展都可能影响到其他方面的发展。

（2）幼儿是具有主观能动性的人。

幼儿在教育过程中的一切行为，都受自己意识的支配，幼儿具有主观能动性，因此教师不能把自己的意愿强加给幼儿，只能创造适合幼儿兴趣和认识规律的教育情境，引导幼儿主动学习。

2．幼儿是独特的人

（1）幼儿是具有巨大发展潜能的人。

幼儿的身心发展潜藏着极大的可能性，是其他阶段的人都无法比拟的，幼儿具有巨大的学习潜力和发展可塑性，因此教师应在保护幼儿生命安全的前提下，尽可能为其提供尝试、接触、交往、表现的机会，使之获得最佳的发展。

（2）幼儿是处于发展过程中的人。

幼儿不是小大人，而是一个不成熟的人，是未成年人。因此教师应该掌握幼儿身心发展规律，熟悉不同年龄阶段幼儿的发展特点，并依据其特点开展教育活动，才能收到预期效果。

（3）幼儿是发展中的个人。

"人心不同，各如其面"，尊重幼儿的独特性和培养具有独特个性的人，应成为教师对待幼儿的基本态度。

教师要认识和尊重幼儿的不同需要，使每个幼儿在自身特有的基础上得到全面和谐的发展。

二、幼儿在教育过程中的地位（掌握）

1．幼儿是教育的客体

教师是"教"活动的主体，幼儿则是"教"的对象，是教育的客体。

2．幼儿是自身学习的主体

幼儿是具有主观能动性的人，是教育过程中的主动参与者，是客观世界的探索者、发现者，是自身学习的主体。教师把幼儿当作被动的知识灌输对象，是错误的。

3．幼儿是自身权利的主体

幼儿有着独立的社会地位，是行使权利的主体，享有法律所规定的各项社会权利。教师应当是幼儿合法权利的实际维护者。那种出于"为了孩子，关心孩子"的主观目的，而把自己的价值观强加给幼儿的做法是错误的。

经典例题解析

【例1】（2019年真题） 幼儿的特性有哪些？（7分）

【解析】本题考查对幼儿特性的掌握。

【答案】

1．幼儿是完整的人

（1）幼儿是整体发展的人；

（2）幼儿是具有主观能动性的人。

2．幼儿是独特的人

（1）幼儿是具有巨大发展潜能的人；

（2）幼儿是处在发展过程中的人；

（3）幼儿是发展中的个人。

【例2】（2016年真题）综合应用题：在一次中班的科学活动中，王老师提着一个神秘的盒子走进活动室，所有幼儿的目光都被吸引住了。原来盒子里装着各种各样的纸，有卡纸、宣纸、牛皮纸、皱纹纸等。王老师将各种纸发放给幼儿，引导他们感知各种纸的特性，幼儿们兴趣盎然地玩起来……

请根据以上活动的背景完成下列问题：

从幼儿教育学的角度分析，王老师所设计的活动体现了幼儿在教育过程中的哪些地位？

【参考答案】幼儿在教育过程中的地位：

（1）幼儿是教育的客体。如教师为幼儿提供材料、创设环境，引导幼儿认知纸的属性。

（2）幼儿是自身学习的主体。如幼儿通过看看玩玩，在动手操作中获得新知。

（3）幼儿是自身权利的主体。如活动中体现了幼儿的学习权利、游戏权利等。

同步练习

一、选择题

1．（　　）应成为教师对待幼儿的基本态度。

　　A．教给幼儿知识　　　　　　　　　B．尊重幼儿的独特性

　　C．锻炼幼儿技能　　　　　　　　　D．发展幼儿能力

2．（　　）是自身学习的主体。

　　A．教师　　　　　B．幼儿　　　　　C．社会　　　　D．家长

3．（　　）是"教"的对象，是教育的客体。

　　A．幼儿　　　　　B．教师　　　　　C．社会　　　　D．家长

4．幼儿有着独立的社会地位，享有法律所规定的各项社会权利，这说明（　　）。

　　A．幼儿是教育的客体　　　　　　　B．幼儿是自身权利的主体

　　C．幼儿是整体发展的人　　　　　　D．幼儿是自身学习的主体

5．幼儿是具有主观能动性的人，是教育过程中的主动参与者，是客观世界的探索者、发现者，这说明（　　）。

　　A．幼儿是教育的客体　　　　　　　B．幼儿是自身权利的主体

　　C．幼儿是整体发展的人　　　　　　D．幼儿是自身学习的主体

6．幼儿主动与外部环境相互作用的过程，实际上是（　　）。

　　A．游戏　　　　　　　　　　　　　B．交往

　　C．主动参与实践活动　　　　　　　D．摆弄操作

7. "3 岁以前的儿童是按他们自己的大纲进行学习的，3～6 岁的儿童则处于按自身的大纲转向按学校大纲学习的过渡阶段"，这句话是谁的教育观点（　　）。

  A．陶行知　　　　　B．苏霍姆林斯基　　C．维果斯基　　　D．皮亚杰

8. 对幼儿来说，比较重要的学习方式是（　　）。

  A．模仿　　　　　　B．记忆　　　　　　C．图片教育　　　D．意义记忆

9. "人心不同，各如其面"体现了幼儿的哪一特性（　　）。

  A．幼儿是处于发展过程中的人　　　　　B．幼儿是发展中的个人

  C．幼儿是整体发展的人　　　　　　　　D．幼儿是具有主观能动性的人

10. 人们都知道小鸟会飞，但只有幼儿问："我为什么不会飞？"这体现了（　　）。

  A．幼儿是具有巨大发展潜能的人　　　　B．幼儿是发展中的个人

  C．幼儿是处于发展过程中的人　　　　　D．幼儿是完整的人

11. （　　）岁儿童处于按自身的大纲转向按学校大纲学习的过渡阶段。

  A．3　　　　　　　　B．4　　　　　　　　C．3～6　　　　　D．3～4

12. 幼儿发展也受个体因素，主要是（　　）的影响。

  A．遗传素质　　　　B．生活环境　　　　C．社会环境　　　D．后天教育

13. 在教育过程中，幼儿是"教"的对象，是教育的（　　）。

  A．主体　　　　　　B．客体　　　　　　C．中介　　　　　D．中心

14. （　　）是一个人生理心理发育和形成的时期，是一个人生长特别旺盛的时期。

  A．幼儿早期　　　　B．幼儿和婴儿期　　C．学龄前期　　　D．青春期

15. 婴幼儿所具有的巨大学习潜力体现了他们的发展具有极大的（　　）。

  A．真理性　　　　　B．真实性　　　　　C．可塑性　　　　D．经验性

二、简答题

1. 幼儿是一棵棵完整的小树，不是大树上的枝杈，成人不能随心所欲地修剪。请问：这种观点是否尊重了幼儿的特性？幼儿的特性是什么？

2. 简述幼儿在教育过程中的地位。

三、分析论述题

1. 几个幼儿正趴在树下兴致勃勃地观察着什么，李老师看到他们满身是灰的样子，生气地走过去问："你们在干什么？""听蚂蚁唱歌呢。"幼儿们头也不抬，随口而答。"胡说！蚂蚁怎么会唱歌呢？"李老师的声音提高了八度，严厉的斥责让幼儿猛地从"槐安国"里清醒

过来。一个个小脑袋耷拉下来，等待李老师发落，只有一个倔强的小家伙还不服气，小声地嘟囔说："您又不蹲下来怎么知道蚂蚁不会唱歌？"

（1）上述材料反应了李老师没有尊重幼儿的哪一特性？

（2）幼儿的特性还有哪些？

（3）作为幼儿教师，应具备哪些方面的专业素质？

第三节　幼儿园环境

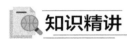 知识精讲

一、幼儿园环境的含义（了解）

1．广义的幼儿园环境

指幼儿园教育赖以进行的一切条件的总和，它包括幼儿园、家庭、社会中一切对幼儿身心发展产生影响的外部因素。

2．狭义的幼儿园环境

指在幼儿园中，对幼儿身心发展产生影响的物质与精神要素的总和。

【注意】

①幼儿园是以环境为中介对幼儿进行教育的。

②幼儿园环境按其性质可分为物质环境和精神环境两大类。

二、幼儿园环境的功能（了解）

（1）促进幼儿良好习惯的养成；

（2）形成幼儿自主的学习氛围；

（3）展示幼儿的活动成果；

（4）提供具有艺术美感的环境；

（5）传递丰富的文化内涵。

【注意】

①幼儿园是一种特别的社会环境，幼儿园环境给予幼儿的影响是有目的、系统性的。

②家庭是幼儿成长最自然的生态环境，也是幼儿的第一所学校。家长是幼儿园环境中的重要教育因素。

③幼儿园、家庭和社区都是对幼儿的发展起重要作用的环境因素，幼儿园教育则是环境中的自觉因素。

三、幼儿园环境创设的原则（掌握）

1．环境与教育目标一致的原则

幼儿园环境是幼儿园课程的一部分，在创设时要考虑它的教育性，应使环境创设的目标与幼儿园教育目标相一致。贯彻时要注意以下内容。

（1）环境创设要有利于教育目标的实现。

（2）要依据幼儿园教育目标，对环境创设进行系统规划。

2．适宜性原则

幼儿园环境创设应与幼儿身心发展的特点和发展需要相适宜。

3．幼儿参与的原则

环境创设的过程是幼儿与教师共同参与合作的过程。

4．开放性原则

开放性原则是指创设幼儿园环境，不仅要考虑幼儿园内环境要素，也要重视园外环境的各要素，两者有机结合，协同一致地对幼儿施加影响。

5．经济性原则

经济性原则是指幼儿园环境应考虑幼儿园自身经济条件，勤俭办园，因地制宜办园。

【注意】

①环境创设的过程：设计—实施—修正—再实施—再修正。

②利用开放的教育环境对幼儿进行教育，是教育者应树立的大教育观。

四、创设幼儿园环境应注意的问题（掌握）

1．创设幼儿园环境应注意的问题

（1）重视精神环境的创设。

①建立良好的师生关系；

②帮助幼儿建立良好的同伴关系。

（2）重视教师在幼儿园环境创设中的作用。

①教师是幼儿园环境的设计者；

②教师是幼儿与环境相互作用的引导者。

2．教师在幼儿园环境创设中的作用

（1）教师是幼儿园环境的设计者。

（2）教师是幼儿与环境相互作用的引导者。

①引导幼儿观察、体验事物性质及关系；

②引导幼儿思考、发现和解决问题。

3．建立良好的师生关系

（1）正确理解教师与幼儿之间的关系。

（2）建立师生之间良好的情感关系。

4．教师是幼儿与环境相互作用的引导者

教师设计与准备环境的根本目的是引发幼儿的活动，在幼儿活动时，教师的主要任务则是引导幼儿与环境相互作用，利用环境激发幼儿活动的积极性，帮助幼儿利用环境条件获得发展。

【注意】

①与物质环境相比较，精神环境是制约教育质量更为重要的因素。

②教师是环境创设中的重要因素，其作用具体体现在环境创设中角色身份的转换和工作任务上。

③教师设计与准备环境的根本目的是引发幼儿的活动。

经典例题解析

【例1】（2020年真题）为了训练幼儿大肌肉动作，幼儿园添置了脚踏车、攀登架等活动器材。幼儿园在环境创设中贯彻的原则是（   ）。

    A．开放性原则　　　　B．适宜性原则　　　　C．经济性原则　　D．参与性原则

【解析】此题考查幼儿园环境创设的原则。

【答案】B

【例2】（2019年真题）教师为了提高幼儿的环保意识，和幼儿们一起制作了"保护环境"的主题墙。这主要体现了幼儿园环境创设的原则是（   ）。

    A．经济性原则　　　　B．适宜性原则　　　　C．开放性原则　　D．幼儿参与的原则

【解析】此题考查幼儿园环境创设的原则。

【答案】D

【例3】（2019年真题）影响幼儿园环境质量的决定因素是（   ）。

    A．师生关系　　　　　　　　　　　　B．幼儿园设施

    C．幼儿的活动质量　　　　　　　　　D．教师的观念和行为

【解析】本题主要考查幼儿园教育基本要素中教师的作用。

【答案】D

【例4】（2017年真题）为幼儿发展有目的、有计划、有组织创设的环境是（   ）。

    A．幼儿园内教育环境　　　　　　　　B．幼儿家庭环境

    C．幼儿社区环境　　　　　　　　　　D．幼儿周围自然环境

【解析】本题主要考查对幼儿园环境的理解。

【答案】A

【例5】（2018年真题）环境是幼儿园对幼儿进行教育的中介。创设幼儿园环境应注意的问题有哪些？

【解析】本题主要考查幼儿园教育基本要素中幼儿园环境的相关知识。

【答案】

（1）重视精神环境的创设：

①建立良好的师生关系；

②帮助幼儿建立良好的同伴关系。

（2）重视教师在幼儿园环境创设中的作用：

①教师是幼儿园环境的设计者；

②教师是幼儿与环境相互作用的引导者。

同步练习

一、选择题

1．幼儿园的环境创设主要是指（　　）。

　　A．购买大型玩具

　　B．建设新校舍

　　C．创建良好师生关系

　　D．创设合格的物质条件和良好的精神环境

2．教育者应树立大教育观，不能关起门来办教育，在创设幼儿园环境时，不仅要考虑幼儿园内环境因素，也要重视园外环境的各要素，即应遵循（　　）。

　　A．参与性原则　　　B．开放性原则　　　C．适宜性原则　　　D．全面渗透原则

3．为幼儿发展有目的、有计划、有组织创设的环境是（　　）。

　　A．幼儿园内教育环境　　　　　　　B．幼儿家庭环境

　　C．幼儿周围自然环境　　　　　　　D．幼儿社区环境

4．在幼儿园教育的基本要素中，发挥中介作用的是（　　）。

　　A．教师　　　　　B．教材　　　　　C．环境　　　　　D．教学内容

5．下列属于幼儿园精神环境的是（　　）。

　　A．社区绿化　　　B．文化氛围　　　C．园舍　　　D．教具

6．创设幼儿园环境应考虑幼儿园自身经济条件，勤俭办园，因地制宜办园，这体现了（　　）。

　　A．经济性原则　　　　　　　　　　B．适宜性原则

　　C．开放性原则　　　　　　　　　　D．幼儿参与的原则

7．与物质环境相比较，制约幼儿园教育质量更为重要的因素是（　　）。

A．自然环境　　　　B．景观环境　　　　C．精神环境　　　D．人文环境

8．同样是玩娃娃家游戏，给小班幼儿提供的玩具数量很多，一式多份；而给大班幼儿提供的是能够一物多用的玩具材料。这体现了幼儿园环境创设的（　　　）。

A．开放性原则

B．适宜性原则

C．环境与教育目标相一致的原则

D．幼儿参与的原则

9．环境创设的过程是（　　　）的过程。

A．教师设计

B．幼儿的参与

C．幼儿与教师共同参与合作

D．教师参与

10．幼儿园、家庭、社区都是对幼儿发展起重要作用的环境因素，环境中的自觉因素是（　　　）。

A．家庭教育　　　　B．社区教育　　　　C．社会教育　　　D．幼儿园教育

11．幼儿喜欢雨水，下雨时就应该给幼儿准备雨具，让幼儿可以在雨中散步；幼儿需要感知春天，就应该组织幼儿观察春天的动植物、人们的生活等。这体现了幼儿园环境创设的（　　　）。

A．适宜性原则

B．开放性原则

C．经济性原则

D．环境和目标一致性原则

12．幼儿园采用自然材料、废旧材料制作玩教具，这种做法遵循了幼儿园环境创设的（　　　）。

A．经济性原则

B．开放性原则

C．环境与教育目标一致性原则

D．适宜性原则

13．请交警来园模拟操练给幼儿介绍交通安全知识符合（　　　）原则。

A．幼儿参与的原则

B．开放性原则

C．经济性原则

D．环境与目标

14．幼儿园是一种特别的社会环境，幼儿园环境给予幼儿的影响是（　　　）。

A．有目的、系统性的

B．有计划、随机性的

C．有意识、计划性的

D．有目的、可操作性的

15．（　　　）是幼儿生活中重要的人际关系。

A．同伴关系　　　B．亲子关系　　　C．师生关系　　　D．同事关系

16．（　　　）是幼儿成长最自然的环境，它是幼儿的第一所学校，对幼儿发展的影响最为直接、强烈和持久。

A．幼儿园　　　　B．托儿所　　　　C．家庭　　　　D．社区

17．从狭义上理解，幼儿园环境是指（　　　）。

A．幼儿园生活环境

B．幼儿园教育理念

C．幼儿园内人际关系

D．幼儿园内一切影响幼儿发展的因素

18．（　　　）是幼儿的第一任教师，也是终生教育者，它是幼儿园环境中重要的教育因素。

A．幼儿教师　　　B．小学教师　　　C．同学　　　　D．家长

19．幼儿园教育目标是"对幼儿实施体、智、德、美等方面全面发展的教育，促进其身心和谐发展"，因此在环境创设时，对幼儿体、智、德、美四育不能重此轻彼，即环境创设时应遵循（　　）。

  A．环境与教育目标一致的原则　　　　B．适宜性原则

  C．幼儿参与原则　　　　　　　　　　D．活动性原则

20．幼儿既是完整的人又是独特的人，因此幼儿园环境创设应与幼儿的身心发展特点和发展需要相适应，环境创设适应遵循（　　）。

  A．适宜性原则　　　　　　　　　　　B．幼儿参与性原则

  C．参与性原则　　　　　　　　　　　D．开放性原则

二、简答题

1．什么是狭义的幼儿园环境？

2．贯彻环境与教育目标一致的原则时应注意什么？

三、分析论述题

1．在某班的商店游戏中，幼儿将商店的商品一下子买完了，商店没有了商品，"顾客们"拿着买来的东西不知干什么，活动难以开展下去，这时候，老师迅速调整计划，增加制作工厂等，重新激起了幼儿游戏的热情。

（1）这体现了幼儿教师在环境创设中的什么作用？

（2）幼儿园环境创设应注意什么问题？

2．在日常生活中，小班的王老师发现班里有一些幼儿会经常不自觉地在墙上、书桌上乱涂乱画。针对这些情况，王老师设计了一系列活动：在教室设置美工区，让幼儿自由作画；教师和幼儿一起装饰教室的墙壁及活动区域；开展保护环境的主题活动等。请结合以上材料分析：

（1）王老师的做法体现了幼儿园环境创设的哪些原则？

（2）如何发挥教师在环境创设中的作用？

3. 幼儿在家自己穿鞋袜，家长认为幼儿穿得慢，耽误时间，于是包办代替帮幼儿穿上，幼儿愿意自己做，说在幼儿园也是自己做的，家长却说："幼儿园有幼儿园的一套，你这是在家里！"一句话就把幼儿园好的教育影响抵消了。

问题：（1）上述案例违背了幼儿园环境创设的什么原则？

（2）如果你是这位幼儿的老师，会怎么做？

（3）幼儿园如何与家庭、社区进行有效合作？

单元测试卷

一、选择题（每小题 2 分，共 60 分）

1. 幼儿园教育的基本要素不包括（　　）。
　　A．教师　　　　　　B．幼儿　　　　　　C．教学内容　　D．幼儿园环境

2. "孟母三迁"的故事说明，影响人成长的重要因素是（　　）。
　　A．环境　　　　　　B．遗传　　　　　　C．家长　　　　D．成熟

3. 影响幼儿园环境质量的决定因素是（　　）。
　　A．教师学历水平　　B．教师观念行为　　C．幼儿园设施　　D．幼儿活动内容

4. 影响幼儿园教育质量最重要的因素是（　　）。
　　A．教师学历水平　　B．教师观念行为　　C．师幼关系　　　D．幼儿园设施

5. 在幼儿园教育的基本要素中，属于教育客体因素的是（　　）。
　　A．幼儿教师　　　　B．幼儿　　　　　　C．家长　　　　D．幼儿园环境

6. 幼儿常说"这是我们老师说的""我们老师就是这样做的"这说明幼儿教师的劳动具有（　　）。
　　A．复杂而富于创造性　　　　　　　　B．示范性
　　C．长期性　　　　　　　　　　　　　D．科学性

7. 幼儿喜欢的老师是"不厉害的""给小朋友系鞋带的"。这说明教师应具有的素质是（　　）。
　　A．有知识　　　　　B．有能力　　　　　C．有修养　　　D．热爱幼儿

8. 幼儿教师对幼儿的教育要因人而异、因材施教，才能让幼儿在各自的基础上得到最大限度的发展。说明教师的劳动具有（　　）。
　　A．复杂性　　　　　B．创造性　　　　　C．示范性　　　D．长期性

9. 关于教师与幼儿的沟通，做法不正确的是（　　）。
　　A．注意倾听幼儿发言　　　　　　　　B．言语专业化，严肃认真
　　C．注意蹲下去与幼儿平等对话　　　　D．用点头、抚摸鼓励幼儿

10. 幼儿教师要具有教育研究能力，幼儿教师教育研究的重点是（　　）。
　　A．解决教育中的实际问题　　　　　　B．解决教育发展中的前沿问题
　　C．提出新的教育理论　　　　　　　　D．为国家重大教育决策提供依据

11. 在教育新时代，幼儿教师的任务是为幼儿创造适宜的环境，激发幼儿的学习欲望，放手让幼儿自主活动、自主学习、主动发展。这要求幼儿教师要承担的角色是（　　）。
　　A．幼儿生活的照料者　　　　　　　　B．幼儿学习的支持者
　　C．幼儿与社会沟通的中介者　　　　　D．幼儿学习的教授者

12．幼儿成长最自然的生态环境是（　　）。

　　A．家庭　　　　　　　B．社会　　　　　　　C．学校　　　　　D．社区

13．有关幼儿特性的表述，不正确的是（　　）。

　　A．幼儿是完整的人　　　　　　　　　B．幼儿是独特的人

　　C．幼儿是发展中的人　　　　　　　　D．幼儿是"小大人"

14．教师不能把自己的意愿强加给幼儿，这是因为（　　）。

　　A．幼儿是整体发展的人　　　　　　　B．幼儿是具有主观能动性的人

　　C．幼儿是处在发展过程中的人　　　　D．幼儿是发展中的个人

15．下列有关幼儿在教育过程中的地位，表述错误的是（　　）。

　　A．在教育过程中幼儿是教的对象，是教育的客体

　　B．在教育过程中幼儿是教育的主体

　　C．幼儿是自身权利的主体

　　D．幼儿是自身学习的主体

16．教师设计与准备幼儿园环境的根本目的是引发幼儿的（　　）。

　　A．活动　　　　　　　B．观察　　　　　　　C．学习　　　　　D．思考

17．幼儿园教育目标是促进幼儿的全面发展，在环境创设时，对幼儿体、智、德、美四育不能重此轻彼。这体现的环境创设原则是（　　）。

　　A．环境与教育目标一致的原则　　　　B．适宜性原则

　　C．幼儿参与原则　　　　　　　　　　D．活动性原则

18．某地盛产竹子，幼儿教师就地取材，用竹子制作了一些积竹、高跷，供幼儿玩游戏。这主要体现的幼儿园环境创设原则是（　　）。

　　A．适宜性原则　　　　　　　　　　　B．经济性原则

　　C．幼儿参与的原则　　　　　　　　　D．开放性原则

19．教师为提高幼儿的环保意识，和幼儿们一起制作了"保护环境"的主题墙。这主要体现的幼儿园环境创设原则是（　　）。

　　A．经济性原则　　　B．适宜性原则　　　C．开放性原则　　D．幼儿参与原则

20．教师从事教育教学工作的根本动力是（　　）。

　　A．事业心　　　　　　　　　　　　　B．良好的师生关系

　　C．学生的尊重　　　　　　　　　　　D．上级的表扬

21．幼儿教师的劳动对象是（　　）。

　　A．幼儿　　　　　　　B．家长　　　　　　　C．幼儿园环境　　D．幼儿园

22．幼儿教师的劳动效果主要取决于（　　）。

　　A．幼儿的配合　　　　　　　　　　　B．幼儿的帮助

　　C．幼儿的发展水平　　　　　　　　　D．其自身的发展水平

23．（　　）是班集体的领导者。

　　A．教师　　　　　　　B．幼儿　　　　　　　C．校长　　　　　D．保育员

24.（　　）是幼儿身心健康发展的重要条件。

  A．热爱幼儿教育事业   B．教师对幼儿的关心和爱护

  C．教师的心理素质健康   D．幼儿的心理素质健康

25．教师对幼儿的爱是一种理智的爱，俗称（　　）。

  A．教育爱   B．真爱   C．关心幼儿 D．理智爱

26．在教育过程中，根据反馈信息，发现和分析存在的问题及原因，及时调节活动的各环节，对下一步活动进行调整和监控，属于（　　）行为。

  A．计划与准备 B．反馈与评价 C．控制与调节 D．反思与校正

27．（　　）是教师个体不断接受新信息，增长专业能力，成为相对成熟的幼儿教育专业人员的过程。

  A．教师的监控能力   B．教师的沟通能力

  C．教师的研究能力   D．教师的专业发展

28．有关幼儿园环境及其创设的说法，正确的是（　　）。

  A．相对而言，幼儿园物质环境对幼儿的影响更加深远

  B．幼儿园应少让幼儿与社会接触，给幼儿一个安全发展的环境

  C．幼儿园环境创设与幼儿身心发展特点和发展需要相适应，即幼儿主张什么，教师就提供什么

  D．环境创设的过程是幼儿与教师共同参与合作的过程

29．（　　）是教师组织管理班级的一个重要方面。

  A．小组教育活动的组织和管理   B．个别教育活动的组织和管理

  C．集体教育活动的组织和管理   D．生活教育活动的组织

30．下列不属于教育监控能力的是（　　）。

  A．沟通能力 B．反思与校正 C．计划与准备 D．控制与调节

二、简答题（共 13 分）

1．幼儿在教育过程中处于什么地位？（3 分）

2．幼儿教师组织管理能力包括哪些方面？（5 分）

3．教师如何做到尊重家长？（5分）

三、论述题（11分）

1．（7分）每个幼儿天生都是一颗神奇的"种子"，请相信这颗内在的"种子"把，如果外在的环境和条件适宜，都会生根、成长。我们要树立正确的幼儿观。请问幼儿的特性是什么？

2．（4分）如何发挥教师在环境创设中的作用？

四、材料分析题（共16分）

1．（8分）赵寄石在《让孩子做学习的主人》一书中提到："在儿童与社会建设人才之间架起一座座桥梁，教师要引导孩子走过桥，首先把孩子放在一个主动迈步的位置，始终注视着孩子的脚步，有时在前引，有时在旁扶，有时在后促，让孩子一步一个脚印地走过桥。"这形象地说明我们已经面临一个教育的新时代，让学习者掌握学习方法，学会学习。学会思考，学会生活，学会创造，已经成为教育的共识，这就意味着教师不再是知识的传授者。

（1）这体现出幼儿教师职业的哪一角色特点？（1分）

（2）在幼儿园教育过程中，幼儿教师职业还具有哪些角色特点？（2分）

（3）作为一名合格的幼儿教师应具备哪些能力素质？（5分）

2．（8分）人们对幼儿园环境创设认识：有人认为摆放一些儿童玩具就可以；有人认为只要搞好班级活动室内的墙面装饰，就已达到了美化环境的目的；还有人认为在墙面上画一些卡通形象、挂几幅画或手工作品就可以了。

（1）材料中的做法违背了幼儿园环境创设的哪一原则？（2分）

（2）幼儿园环境创设的原则还有哪些？（2分）

（3）创设幼儿园环境应注意哪些问题？（4分）

第五章

幼儿园课程

考试说明

（1）了解幼儿园课程的基本要素。

（2）了解幼儿园课程内容的编制方式。

（3）理解幼儿园课程的含义、性质及特点。

（4）理解幼儿园课程目标的表述及作用。

（5）理解幼儿园课程评价的原则。

（6）掌握幼儿园课程目标的制定依据。

（7）掌握选择和确定幼儿园课程内容的原则。

（8）掌握幼儿园教育活动组织与指导方式选择的有关知识。

知识结构图

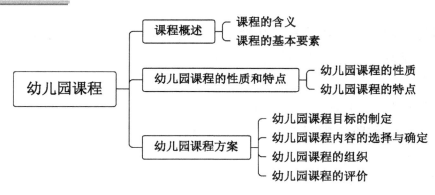

第一节 课程概述、幼儿园课程的性质和特点

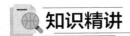

知识精讲

一、课程和幼儿园课程的含义（理解）

1. 课程的含义

课程是指在学校教师的直接和间接指导之下出现的学习者与教育环境相互作用的学习活动的总体。它不仅包括课程表所列的各学科的教学活动，还包括教师有计划组织的和学生自动自发的所有课外活动，甚至课间活动。

2. 幼儿园课程的含义（理解）

幼儿园课程是实现幼儿园教育目标的手段，是帮助幼儿获得有益的学习经验，以促进其身心全面和谐发展的各种活动的总和。

幼儿园课程不仅包括专门的教学活动，还包括幼儿自选和自发的各种游戏活动，以及幼儿的日常生活活动等，也就是说幼儿园所进行的一切活动，都属于幼儿园的课程。

【注意】

幼儿园教育活动指的是幼儿在园内参与的所有活动，包括专门组织的教学活动、游戏、日常生活和节日娱乐活动，它是幼儿园课程实施的具体途径。

二、课程的基本要素（了解）

作为将教育目标转化为学习者发展的中间环节，课程的基本要素通常包括课程目标、课程内容、课程组织、课程评价。

1. 课程目标

（1）课程目标是课程的其他要素的抉择依据和标准，并对整个教育过程起导向作用。

（2）课程目标是教育目标在教育过程中的具体化。

2. 课程内容

课程内容是课程目标的载体，是学习者应该学、能够学并适宜学的知识和经验。它是根据课程的目标和相应年龄阶段学习者的身心发展规律和特点而选定的。

3. 课程组织

课程组织能使课程活动有序化、结构化、适宜化，从而产生最优的教育效应，最大化实现课程目标的工作。

4. 课程评价

课程评价为课程实践者完善课程、提高课程的适宜性提供调整的信息，并为教育行政部门鉴定课程方案提供决策依据。

三、幼儿园课程的性质（理解）

1．幼儿园课程的性质

（1）幼儿园课程是终生教育的根基课程。

幼儿园课程是整个教育课程的根基部分，幼儿园课程为幼儿今后的发展打下良好的根基，必须注意幼儿园课程的启蒙性和奠基性。

①课程的启蒙性是指幼儿园课程要与幼儿的现实发展需要联系起来，要启于未发、适时而教、循序而育，以免损伤"幼嫩的芽"，促进其茁壮成长。

②课程的奠基性是指幼儿园课程要与幼儿的未来发展需要联系起来，为幼儿奠定良好的素质基础，为其今后的发展提供保障。

（2）幼儿园课程是基础素质教育课程。

①素质具有以下特性：基础性、整体性、潜在性、相对的稳定性、可变性或发展性。

②幼儿教育是基础教育的基础，应以素质教育为基本价值取向。

③人早期的素质具有自然性、易塑性。

④幼儿园课程促进幼儿素质发展，其关键是促进幼儿身心的全面和谐发展，培养他们的独立性、主动性、创造性，并提高其自制能力。

（3）幼儿园课程是基础教育课程的基础部分。

我国的基础教育由幼儿园教育、小学教育、初中教育、高中教育四个阶段构成。幼儿园阶段是整个基础教育的基础阶段，主要是打基础，特别是要为小学教育打基础。

（4）幼儿园课程是非义务教育课程。

幼儿教育还不属于义务教育，因此幼儿园的课程也不是义务教育课程。

教师在幼儿园不需要强迫幼儿学习，不可留作业，进行考试或对因故未上幼儿园的幼儿进行补习。幼儿园课程虽然是非强制性的，但教师对幼儿体、智、德、美四方面的和谐发展是有教育、引导和促进责任的。

2．幼小课程衔接应该遵循的基本原则

（1）衔接工作应该由双方共同来完成。

（2）两者都必须站在整个基础教育甚至整个终身教育的高度，把价值追求共同指向于人今后的发展。

（3）幼儿园教育为幼儿入小学做准备，最根本的是素质方面的准备，以有利于幼儿进入小学后持续学习和发展。

（4）幼儿园课程要促进幼儿各方面全面发展，不能顾此失彼，要为幼儿入小学做全面的准备。

四、幼儿园课程的特点（理解）

幼儿园课程的内容和形式是由幼儿身心发展特点决定的，它与小学课程相比，具有以下特点：

（1）幼儿园课程融合于幼儿在园内的一日活动之中，具有生活化的特点，并以游戏为基本形式；

（2）幼儿园课程以促使幼儿获得对生活环境的直接经验为主要目的。

【注意】

①幼儿园中课程实施的基本形式是游戏。幼儿园应保证以游戏为基本活动，拒绝幼儿园课程"小学化"。

②幼儿学习的主要是来源于生活环境的直接经验。认识事物主要是通过感官和动作获取直接经验。他们的思维方式主要是具体形象思维。

经典例题解析

【例1】（2018年真题）制定幼儿园课程目标的根本依据是（　　）。

　　A．国家关于幼儿园的教育目标　　　　B．幼儿的兴趣和需要

　　C．幼儿园的环境条件　　　　　　　　D．幼儿的身心发展规律和特点

【解析】制定幼儿园课程目标的根本依据是国家关于幼儿园的教育目标。

【答案】A

【例2】（2018年真题）对整个教育过程起导向作用的课程要素是（　　）。

　　A．课程目标　　　B．课程内容　　　C．课程组织　　　D．课程评价

【解析】本题考查的是幼儿园课程目标的作用。

【答案】A

【例3】（2017年真题）幼儿园课程以促使幼儿获得对生活环境的经验为主要目的，这里的经验是指（　　）。

　　A．间接经验　　　B．抽象经验　　　C．直接经验　　　D．理论经验

【解析】此题考查幼儿园课程的特点。幼儿园课程以促使幼儿获得对生活环境的直接经验为主要目的。

【答案】C

【例4】对幼儿来说，进餐、盥洗、午睡等都是重要的学习活动，都属于幼儿园课程内容。这体现了幼儿园课程的（　　）。

　　A．生活化　　　　B．游戏化　　　　C．启蒙性　　　　D．科学性

【解析】此题考查幼儿园课程的特点。

【答案】A

【例5】幼儿园课程实施的基本形式是（　　）。

　　A．游戏　　　　　B．上课　　　　　C．学习　　　　　D．自由活动

【解析】此题考查幼儿园课程实施的形式。

【答案】A

同步练习

一、选择题

1．幼儿园课程实施的具体途径是（　　）。

 A．幼儿园教育活动　　　　　　　　B．日常生活活动

 C．幼儿园教学活动　　　　　　　　D．游戏活动

2．幼儿园课程主要目的是促使幼儿获得对生活环境的（　　）。

 A．直接经验　　　B．间接经验　　　C．理性知识　　D．抽象概念

3．以下属于幼儿园课程目标载体的是（　　）。

 A．课程内容　　　B．课程组织　　　C．课程编排　　D．课程评价

4．幼儿园课程中幼儿的知识来源主要是（　　）。

 A．间接经验　　　B．直接经验　　　C．生活常识　　D．教师的讲解

5．幼儿园课程实施的基本形式是（　　）。

 A．游戏　　　　　B．上课　　　　　C．学习　　　　D．自由活动

6．下列关于幼儿园课程的说法，错误的是（　　）。

 A．幼儿自选和自发的各种游戏活动、幼儿的日常生活活动等，都属于幼儿园课程

 B．幼儿园课程是帮助幼儿获得有益经验，促进其身心全面和谐发展的活动总和

 C．幼儿园课程即课程表

 D．幼儿园课程是实现幼儿园教育目标的手段

7．幼儿园课程要与幼儿的现实发展需要联系起来，要启于未发、适时而教、循序而育，以免损伤"幼嫩的芽"，这充分体现了幼儿园课程的（　　）。

 A．启蒙性　　　　B．差异性　　　　C．特殊性　　　D．整体性

8．幼儿园课程要与幼儿的未来发展需要联系起来，为幼儿奠定良好的素质基础，为其今后的发展提供保障，表明幼儿园课程具有（　　）。

 A．启蒙性　　　　B．奠基性　　　　C．基础性　　　D．科学性

9．对整个教育过程起导向作用的是（　　）。

 A．课程目标　　　B．课程内容　　　C．课程组织　　D．课程评价

10．（　　）是课程的轴心，它决定课程的方向和状态。

 A．课程目标　　　B．课程内容　　　C．课程组织　　D．课程评价

11．课程的基本要素包括（　　）。

 A．课程目标、课程内容

 B．课程内容、课程组织

 C．课程组织、课程目标、课程评价

 D．课程目标、课程内容、课程组织、课程评价

12．幼儿园课程要与幼儿的未来发展需要联系起来，为幼儿奠定良好的素质基础，表明

幼儿园课程具有（　　　）。

    A．启蒙性   B．奠基性   C．基础性   D．义务性

13．下列不属于素质特性的是（　　　）。

    A．潜在性   B．稳定性   C．基础性   D．启蒙性

14．关于幼儿园课程的性质，说法错误的是（　　　）。

    A．幼儿园课程是义务教育课程

    B．幼儿园课程是基础素质教育课程

    C．幼儿园课程是基础教育课程的基础部分

    D．幼儿园课程是终生教育的根基课程

15．在适当的条件下，素质所蕴含的潜能能释放出来，说明素质具有（　　　）。

    A．基础性   B．潜在性   C．稳定性   D．发展性

16．（　　　）是课程的其他要素的抉择依据和标准。

    A．课程目标   B．课程内容   C．课程组织   D．课程评价

17．下列选项中不属于幼儿园课程实施的具体途径的是（　　　）。

    A．上课   B．娱乐活动   C．游戏   D．教学活动

18．幼儿园课程中，幼儿学习的主要是来源于（　　　）的直接经验。

    A．日常生活   B．学校   C．社会   D．生活环境

19．（　　　）为教育行政部门鉴定课程方案提供决策依据。

    A．课程组织   B．课程评价   C．课程内容   D．课程目标

20．人生早期的素质具有（　　　）。

    A．可变性   B．易塑性   C．发展性   D．稳定性

二、简答题

1．幼儿身心发展的规律、特点及幼儿教育的性质，决定了幼儿园课程有其自己的性质和特点。幼儿园课程的性质和特点各有哪些？

2．幼儿园课程的含义？

第二节 幼儿园课程方案

知识精讲

一、幼儿园课程目标的制定

1. 幼儿园课程目标的表述（理解）

教育目标和课程目标都是教育目的的具体化。由于课程体现的是教育的具体过程，因此课程目标与教育目标实质是一回事。

（1）教育目标的表述一般有两个角度：一是从教师的教育出发，表述期望通过教育活动帮助幼儿获得的学习成果；二是从幼儿的学习出发，指出幼儿在学习以后应该知道的和能够做到的。

（2）对教育目标的表述分为两种情况：

①阶段性目标：分层次描述幼儿的全面发展要求，具有全面性和概括性。包括幼儿园教育目标、年龄班教育目标、学期教育目标、月（周）教育目标。

②一日活动和具体单个活动，表述应具体而具有可操作性。

2. 制定幼儿园课程目标的依据（掌握）

（1）国家关于幼儿园的教育目标。

幼儿园的教育目标是幼儿园制定课程目标的根本依据。如指令性文件：1996年颁发的《幼儿园工作规程》所提的目标。

（2）幼儿的身心发展规律和特点。

每个幼儿的发展水平和特点是不同的，应为不同幼儿制定不同的课程目标，特别要注意为特殊幼儿制定个别化课程目标。

（3）幼儿园的环境条件。

幼儿园本身的园内环境条件（设备、材料、师资等）和幼儿园园外环境条件（家庭和社区可利用的教育资源）制约着教育的效果。不同环境条件的幼儿园应提出不同的课程目标。

【注意】

幼儿园的教育目标是幼儿园制定课程目标的根本依据。

3. 幼儿园课程目标的作用（理解）

（1）是选择和确定幼儿园课程内容的依据；

（2）是制订教育活动计划的依据；

（3）引导教育活动过程的方向；

（4）是评价教育活动效果的依据。

【注意】

①课程目标决定课程的方向和状态，是课程的轴心。

②课程内容是课程目标的载体，课程目标对课程内容进行了两方面的规定：一是规定了课程内容的范围；二是规定了课程内容的深度。

③教育活动是课程的具体体现，教育活动计划一般包括某年龄班全年计划、学期计划、月周计划、一日活动安排和具体教育活动计划。

④具体的教育活动过程是将课程目标转化为幼儿发展最直接的环节，课程目标对它的展开起着导向作用。

⑤课程目标是建立教育活动评价体系的标准。

⑥一个幼儿园的课程工作主要涉及两方面：一是课程设计，二是课程实践。

4．幼儿园教育者在编制课程方案时最根本的依据

（1）国家的教育目的和幼儿园的教育目标；

（2）幼儿身心发展的规律和特点；

（3）本园的环境条件；

（4）幼儿教育和课程的基本规律。

二、幼儿园课程内容的选择与确定（理解）

1．幼儿园课程内容的形态（理解）

（1）知识与经验；

（2）人、事、物的现象与情境；

（3）活动。

【注意】

①知识与经验是幼儿园课程内容最内在的形态。

②情境分为现实生活情境和人为创设的教育情境两种，其中，现实生活情境是幼儿最主要的学习情境。

③幼儿的活动分为两大类：一是指向于物的实物操作活动，二是指向于人的交往活动。

总体上说，幼儿通过活动，在情境中与人、事、物相互作用，最终获得知识和经验，实现发展。

2．选择与确定幼儿园课程内容的原则（掌握）

（1）满足幼儿全面发展的整体需要，有效发挥各领域内容的教育作用。

幼儿园课程内容相对划分为健康、语言、科学、社会、艺术等领域。每一领域的内容对幼儿身心的相关方面的发展都具有特殊的教育作用，彼此不能代替，要注意整体的范围，考虑各领域内容的平衡，不能偏重于某一领域而忽视其他领域。

（2）符合幼儿的发展规律与特点，对幼儿来说是必要和有效的学习内容。

把未来需要的知识技能简单地加在幼儿身上，进行超前教育，使幼儿难以理解和接受，这样的学习是无效的。

（3）联系幼儿的实际生活，符合幼儿的兴趣，有利于形成一定的知识结构。

提供给幼儿的学习内容，应尽可能是幼儿看得见、摸得着的，要让他们能够亲身体验和感受，正如陈鹤琴先生所说"大自然、大社会，都是活教材"。

（4）适合幼儿发展需要，对幼儿的学习具有挑战性。

选择与确定课程内容时，教育者应以深入观察研究幼儿为前提，充分了解幼儿的已有经验，选择对幼儿具有挑战性的新经验，使课程内容真正具有促进幼儿发展的价值。

三、幼儿园课程的组织（了解）

幼儿园课程组织包括编制幼儿园课程内容、制订幼儿园教育计划、选择幼儿园教育活动的组织与指导方式三个层面的工作内容。

1. 幼儿园课程内容的编制（了解）

编制幼儿园课程内容的方式包括分科课程、核心课程、活动课程。

（1）分科课程

分科课程是以科目为单位对课程内容进行编制的一种方式。对课程内容分学科组织和分领域组织都属于分科目组织的方式。

①优点：这种方式有利于幼儿获得系统的知识。

②缺点：易造成忽视各科目间的联系及组织教育教学活动时忽视幼儿的生活经验和兴趣。

（2）核心课程

核心课程又称生活中心课程或单元课程，是指在一定时期内，幼儿的学习有一个中心，所有学习活动都围绕着这个中心来进行，这个中心即"核心"。如"主题综合课程"。核心课程有两种含义：一是指各种课程中最基本最核心的课程；二是指轮形课程，即以生活中的主题为轴心设计的课程。

①优点：核心课程有利于幼儿获得完整的生活经验。

②缺点：不利于幼儿掌握系统的知识。

（3）活动课程

活动课程又称经验课程，强调以幼儿的活动为中心，以幼儿的兴趣、需要和能力为编制的起点，重视依据幼儿的兴趣、需要和能力的变化不断调整和组织课程内容。如"方案教学""探索性主题课程"。

①优点：有利于幼儿个人直接经验的发展。

②缺点：通常容易忽视学习内容本身的知识体系及传统文化的价值。

2. 幼儿园教育计划的制订（了解）

制订幼儿园教育计划是指依据课程目标，对一定时段内的教育工作系统地进行设计和安排。幼儿园教育计划分为：

（1）年龄班（全年）计划：由园领导组织有关教师集体制订。

（2）学期计划：由班级教师共同制订。

（3）月（周）计划：由班级教师共同制订。

（4）具体教育活动计划：包括一日活动安排和活动设计，由班级教师共同制订，是计划拟定的重点。

四、幼儿园教育活动组织与指导方式的选择（掌握）

1．按教师的指导方式分

依据教师的指导方式，幼儿园教育活动分为直接教学活动和间接教学活动

（1）直接教学。

含义：直接教学包含教师的直接教和幼儿的接受学习。教师直接教是指教师按照教育目标，直接把教育内容传递给幼儿；幼儿的接受学习是指幼儿主要通过教师的言语讲授获得知识的学习方式。

优点：这种方式清楚明确、系统有序、省时经济。

缺点：①因为知识和理解能力缺乏，幼儿对"教"的内容难以真正理解和运用；

②教师和幼儿之间难以双向交流，容易形成教师向幼儿的单向灌输的局面；

③幼儿自主学习机会少，其主动性、创造性难以得到发挥。

适用范围：

①对幼儿进行优秀传统文化教育，如古今中外故事、科学家的发现等。

②讲解必要的规范、规则和社会生活常识等，如交通规则、安全和卫生常识等。

③教给幼儿有一定难度但是必需的知识和概念，如哺乳动物的概念和生活习性、数的加减运算方法等。

④某些技能、技巧，如工具和物品的使用方法、画画涂色的技巧等。

⑤传递必要的信息，如国家大事、新闻信息等。

（2）间接教学。

含义：间接教学包含教师的间接教和幼儿的发现学习。间接教是指教师不把教育内容直接讲给幼儿听，而是通过物质环境和人际环境，利用适当的中介，让幼儿与它们相互作用，迂回地达到教育目的。幼儿的发现学习是指幼儿通过动手操作、亲自实践、与人交往等方式去发现自己原来不知道的东西，从而获得各种直接经验、体验及思维方法的学习方式。

优点：

①充分发挥幼儿的自主性，通过尝试主动学习和发展。

②有利于从根本上发展幼儿的兴趣、情感、能力；

③教师以平等姿态参与幼儿活动，丰富了幼儿的交往，有利于提高活动的效果。

④以自然的方式接近幼儿的生活，甚至与幼儿的生活完全融合，幼儿不知不觉地接受教育影响。

缺点：

①幼儿获得的知识、经验容易零散，缺乏系统，有时甚至会得出错误结论。

②与直接教学相比，间接教学的指导困难得多，要求教师有较高的技能技巧，特别是需要教育的灵活性、随机性。

2．按组织形式分

依据组织形式，幼儿园教育活动分为集体活动、小组活动和个别活动

（1）集体活动。

集体活动是指全班幼儿在同一时间以统一要求、统一步骤和方法进行同一内容的活动。

优点：是最为经济的组织形式。

缺点：难以照顾到每个幼儿的需要，难以让每个幼儿都积极参与，在幼儿园过多采用集体活动是不合适的。

（2）小组活动。

小组活动是指由少数幼儿组成小组进行活动。

优点：幼儿能主动积极地操作材料，和同伴、教师谈论交流，可按自己的速度和方式去做需要做的事。在小组活动中，以幼儿的主动学习为主。

缺点：如果只是采用了小组的形式，而活动过程仍然是统一要求、统一步骤、统一方法就不可能做到照顾差异、因人施教，所谓小组活动便与集体活动无异。

分组依据：

①不同的具体活动内容；

②幼儿的经验水平；

③活动场地的划分及幼儿和教师的人数。

（3）个别活动。

个别活动是指幼儿单独或一两个幼儿在一起进行活动。它是幼儿个别化程度最高的活动，教师应根据个别幼儿的特殊情况进行专门指导。

【注意】

①教师在组织具体活动时，通常需要三种组织形式穿插综合运用。

②教师有计划安排并专门组织的活动是教育结构性最高的活动，幼儿的自发自主的活动是教育结构性最低的活动。

五、幼儿园课程的评价（理解）

1．幼儿园课程评价的目的

为现有课程的发展与完善或为开发新的课程提供依据，是课程评价的总目的。

具体表现：

（1）了解幼儿的实际发展状况，使教师能够针对幼儿的需要、特点及个体差异，决定教育活动的目标、内容及活动形式、指导方式等。

（2）了解课程的目标、内容、实施过程，以及幼儿整体的发展状况，从而评价课程是否符合教育目的和是否适合幼儿。

2．幼儿园课程评价的内容

（1）对幼儿的评价。

（2）对教育活动和教师的评价。

3．幼儿园课程评价的原则（理解）

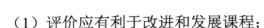

（1）评价应有利于改进和发展课程；

（2）评价中要发挥教师的主体性；

（3）评价要有利于幼儿的发展；

（4）评价要具有客观性。

【注意】

在涉及对课程目标、课程内容、教育计划、课程实施方面的评价时，要把"与幼儿的发展是适宜的""有效促进幼儿的发展"作为根本标准。

4．教师对幼儿的学习和发展进行评价的要点

（1）评价目标要符合幼儿身心整体发展规律；

（2）评价内容及方法要符合幼儿的特点，评价应尽量在日常活动中进行；

（3）要认识到幼儿的发展是各具特色的，评价要找出幼儿的优点，发现幼儿的潜能，以提供适宜的教育方案；

（4）评价时要给予幼儿足够的参与机会，要接纳幼儿的看法，发展幼儿的自我评价能力，让幼儿看到自己的优点和进步；

（5）评价要收集不同方面的资料，客观地加以整理和分析，不存偏见；

（6）评价的结果要清楚、有系统，并正面告诉家长，使他们了解幼儿的发展进度，增强其对幼儿发展的认识，以利于家园合作。

经典例题解析

【例1】（2018年真题）制定幼儿园课程目标的根本依据是（　　）。

A．国家关于幼儿园的教育目标　　　　B．幼儿的兴趣和需要

C．幼儿园的环境条件　　　　　　　　D．幼儿的身心发展规律和特点

【解析】制定幼儿园课程目标的根本依据是国家关于幼儿园的教育目标。

【答案】A

【例2】（2018年真题）下列说法不属于间接教学优点的是（　　）。

A．充分发挥幼儿的自主性，通过尝试主动学习和发展

B．幼儿获得的都是有意义的直接经验

C．清楚明确、系统有序、省时经济

D．以自然的方式接近幼儿的生活，使幼儿不知不觉地接受教育影响

【解析】本题考查的是间接教学的优缺点。

【答案】C

【例3】（2019年真题）下列关于幼儿园课程的表述，正确的是（　　）。

A．活动课程易忽视学习内容本身的知识体系

B．核心课程有利于幼儿掌握系统的知识

C．核心课程有利于幼儿直接经验的获得

D．分科课程有利于幼儿获得完整的生活经验

【解析】此题考查编制幼儿园课程内容的方式。

【答案】A

【例4】（2019年真题）幼儿园课程内容最内在的形态是（　　）。

A．活动　　　　　　　　　　　　B．知识与经验

C．环境　　　　　　　　　　　　D．人、事、物的现象与情境

【解析】此题考查幼儿园课程内容的编制方式。

【答案】B

【例5】（2019年真题）幼儿园教育活动最为经济的组织形式是（　　）。

A．个别活动　　　B．小组活动　　　C．集体活动　　　D．自由活动

【解析】此题考查幼儿园教育活动的组织形式。

【答案】C

【例6】（2020年真题）下列关于幼儿园教育活动指导方式的表述，正确的是（　　）。

A．间接教学的优点是省时经济

B．直接教学的优点是清楚明确、系统有序

C．间接教学包括教师间接教和幼儿接受学习

D．直接教学包括教师直接教和幼儿发现学习

【解析】此题考查幼儿园教育活动的组织形式直接教学、间接教学的相关知识。

【答案】B

【例7】（2020年真题）幼儿园课程评价的根本标准是（　　）。

A．有效促进教师发展　　　　　　B．有效改进教学过程

C．有效促进课程发展　　　　　　D．有效促进幼儿发展

【解析】此题考查幼儿园课程评价原则的相关知识。

【答案】D

【例8】（2018年真题）分析论述题：

大班活动室里收集了纸板箱、鞋盒、牙膏盒、药品盒等大大小小、数量众多的盒子，这些盒子吸引了幼儿，幼儿利用盒子自发地开展了很多活动，小强用鞋盒做了一辆漂亮的汽车，其他幼儿也想用纸盒做汽车，但不会做。小刚想玩一玩小强做的汽车，但小强不让小刚玩，小刚就把小强的汽车踩烂了……看到幼儿对纸盒汽车感兴趣，张老师也利用鞋盒制作了两辆汽车，让幼儿先观察，然后比着做。幼儿们在老师的指导帮助下，利用纸盒制作了各种各样的汽车。

请根据以上材料完成下列问题：

（2）张老师对课程内容的选择，主要体现了选择与确定幼儿园课程内容的哪一个原则？选择与确定幼儿园课程内容的原则还有哪些？

【解析】此题主要考查选择与确定幼儿园课程内容的原则。

【答案】体现了联系幼儿生活实际，符合幼儿兴趣、有利于形成一定的知识结构。

还有：（1）满足幼儿全面发展的整体需要，有效发挥各领域内容的教育作用。

（2）符合幼儿发展规律与特点，选择必要和有效的内容。

（3）适合幼儿发展需要，对幼儿学习有挑战性。

同步练习

一、选择题

1. 关于教师的指导方式，下列运用间接教学的是（　　　）。

　　A. 给幼儿讲解必要的规则、规范和社会生活常识

　　B. 对幼儿进行传统优秀文化教育

　　C. 教给幼儿工具、物品的使用方法和注意事项

　　D. 让幼儿认识动物，讨论动物的饲养问题

2. "方案教学""探索性主题课程"属于（　　　）。

　　A. 分科课程　　　　B. 核心课程　　　　C. 活动课程　　　D. 主题综合课程

3. 幼儿园课程内容最内在的形态是（　　　）。

　　A. 知识与经验　　　　　　　　　　B. 活动

　　C. 人、事、物的现象与情境　　　　D. 现实生活情境

4. 幼儿园制定课程目标的根本依据是（　　　）。

　　A. 幼儿身心发展规律和特点　　　　B. 国家关于幼儿园的教育目标

　　C. 幼儿园的环境条件　　　　　　　D. 当地教育主管部门的要求

5. 下列关于幼儿园课程的表述，正确的是（　　　）。

　　A. 活动课程容易忽视学习内容本身的知识体系

　　B. 核心课程有利于幼儿掌握系统的知识

　　C. 核心课程有利于幼儿直接经验的获得

　　D. 分科课程有利于幼儿获得完整的生活经验

6. 关于直接教学活动的描述，不正确的是（　　　）。

　　A. 包含教师的直接教和幼儿的发现学习

　　B. 清楚明确、系统有序、省时经济

　　C. 容易形成单向灌输

　　D. 幼儿自主学习机会少，难以发挥其创造性

7. "主题综合课程"属于（　　　）。

　　A. 分科课程　　　　B. 核心课程　　　　C. 活动课程　　　D. 经验课程

8. 如实描述从活动中获取的资料和数据，并依据正确的教育观做出分析和判断。这体现了幼儿园课程评价原则中的（　　　）。

　　A. 评价应有利于改进和发展课程　　B. 评价要有利于幼儿的发展

　　C. 评价要具有客观性　　　　　　　D. 评价要注意发挥教师的主体性

9. 下列哪种做法，违背了幼儿园课程评价的原则（   ）。

    A．课程评价就是检查教师所采取的教育措施是否有效地实现了预定的目标

    B．评价包括幼儿的发展情况和教师工作情况两方面

    C．要做出客观的评价，首要的是收集的资料和数据要真实

    D．教育过程中的评估活动需要教师发挥自身的主体作用

10. 对幼儿实施优秀文化传统教育，最好的学习方式是.（   ）。

    A．间接教学　　　　B．直接教学　　　　C．发现学习　　D．集体教学

11. 幼儿园教育计划拟定的重点是（   ）。

    A．学年计划　　　　　　　　　　B．学期计划

    C．一日计划　　　　　　　　　　D．具体教育活动计划

12.（   ）在幼儿园课程编制形式中，有利于幼儿直接经验的发展。

    A．分科课程　　　　B．核心课程　　　　C．选修课程　　D．活动课程

13. 幼儿园教育活动中，最为经济的组织形式是（   ）。

    A．集体活动　　　　B．小组活动　　　　C．个别活动　　D．自主活动

14. 利用物质、人际环境引导幼儿发现学习为主要特征的教学是（   ）。

    A．最优质的教学　　　　　　　　B．最劣质的教学

    C．直接教学　　　　　　　　　　D．间接教学

15. 春天到了，围绕"春天"这个主题所开展的综合课程，属于（   ）。

    A．经验课程　　　　B．活动课程　　　　C．分科课程　　D．核心课程

16. 让幼儿观察小兔子，以下哪种方式为最好（   ）。

    A．直接教学　　　　B．接受学习　　　　C．发现学习　　D．课堂教学

17. 活动课程又称为（   ）。

    A．经验课程　　　　B．分科课程　　　　C．主题课程　　D．单元课程

18. 活动计划是以（   ）方式呈现的。

    A．上课　　　　　　B．教案　　　　　　C．游戏　　　　D．自由活动

19.（   ）是幼儿的个别化程度最高的活动。

    A．集体活动　　　　B．小组活动　　　　C．个别活动　　D．分组活动

20. 以下属于幼儿园课程评价内容的是（   ）。

    A．对幼儿的评价　　　　　　　　B．对教育目标的评价

    C．对教育内容的评价　　　　　　D．对活动的评价

21. 幼儿要掌握的主要是（   ）。

    A．简单知识　　　　B．学科知识　　　　C．游戏玩法　　D．生活常识

22.（   ）是幼儿最主要的学习情景。

    A．现实生活情景　　　　　　　　B．人为设置的教育情境

    C．游戏　　　　　　　　　　　　D．外部环境

23.（   ）可以让幼儿按自己的速度和方式去做需要做的事。

A．直接教学　　　　　B．间接教学　　　　　C．小组活动　　　　D．集体活动

24．核心课程又被称为（　　　）。

A．生活中心课程　　　B．经验课程　　　　　C．方案教学　　　　D．探索性主题课程

25．幼儿园课程内容形态不包括（　　　）。

A．知识与经验　　　　　　　　　　　　　B．人事物的现象与情景

C．活动　　　　　　　　　　　　　　　　D．游戏

二、简答题

1．为了给幼儿提供更加适宜的教育机会和条件，应适时对幼儿园的课程进行评价。那么幼儿园课程评价的内容主要包括哪两个方面？课程评价应遵循哪些原则？

2．什么是直接教学？教师在哪些情况下可采用直接教学？

三、分析论述题

1．陈鹤琴提出幼儿的学习内容应该以大自然、大社会为活教材，与实践紧密结合，同时，幼儿"做"的过程本身就是幼儿园最好的教育内容。请问：

（1）这体现了选择与确定幼儿园课程内容的哪一原则？

（2）选择与确定幼儿园课程内容还有哪些原则？

2．每个幼儿的发展水平和特点是不同的，因此，应为不同幼儿制定不同的课程目标，特别要注意为特殊幼儿制定个别化课程目标。

（1）这说明了制定幼儿园课程目标的依据是什么？

（2）制定幼儿园课程目标的依据还有哪些？

单元测试卷

一、选择题（每小题 2 分，共 60 分）

1. 关于幼儿园课程，下列说法错误的是（　　）。

　　A．幼儿自选和自发的各种游戏活动、幼儿的日常生活活动等，都属于幼儿园的课程

　　B．幼儿园课程是帮助幼儿获得有益经验，促进其身心全面和谐发展的活动总和

　　C．幼儿教师是幼儿园课程指导的主体，幼儿是课程的客体

　　D．幼儿园课程是幼儿教师与幼儿双向互动的实践活动过程

2. 幼儿园课程实施的具体途径是（　　）。

　　A．幼儿园教育活动　　　　　　　　B．幼儿园教学活动

　　C．上课　　　　　　　　　　　　　D．游戏

3. 对整个教育过程起导向作用的课程要素是（　　）。

　　A．课程组织　　　B．课程内容　　　C．课程目标　　　D．课程评价

4. 将教育目标转化成幼儿发展的中间环节是（　　）。

　　A．幼儿园教师　　B．幼儿园课程　　C．幼儿园环境　　D．课程内容

5. 为课程实践者完善课程、提高课程的适宜性提供调整的信息，并为教育行政部门鉴定课程方案提供决策依据的是（　　）。

　　A．课程评价　　　B．课程组织　　　C．课程内容　　　D．课程目标

6. 课程的轴心是（　　）。

　　A．课程目标　　　B．课程内容　　　C．课程评价　　　D．课程组织

7. 下列关于幼儿园课程性质的说法，不正确的是（　　）。

　　A．幼儿园课程是终身教育的根基课程

　　B．幼儿园课程是基础素质教育课程

　　C．幼儿园课程是基础教育课程的基础部分

　　D．幼儿园课程是义务教育课程

8. 下列做法符合幼儿园课程素质教育要求的是（　　）。

　　A．小班开始教授幼儿学拼音、认汉字、做算术题

　　B．根据幼儿兴趣和家长要求开展特长教育

　　C．教育教学活动中更加关注幼儿是否知道正确答案

　　D．重视为幼儿创设环境，提供材料，使幼儿在活动中操作、探索等

9. 幼儿园课程的主要目的是促进幼儿获得对生活环境的（　　）。

　　A．间接经验　　　B．直接经验　　　C．系统知识　　　D．感知操作

10. 实施幼儿园课程的基本形式是（　　）。

A．上课   B．教学   C．游戏   D．日常活动

11．课程目标的载体是（   ）。

     A．课程评价   B．课程组织   C．课程编排   D．课程内容

12．制定幼儿园课程目标的根本依据是（   ）。

     A．教育目的   B．幼儿园教育目标   C．教育方针   D．教育政策

13．关于幼儿园课程组织的说法，不正确的是（   ）。

     A．课程内容编制的目的是使幼儿获得的知识经验系统化，即学习系统的学科知识

     B．幼儿园采用的编制课程内容的方式有分科课程、核心课程、活动课程

     C．核心课程有利于幼儿获得完整的生活经验，但不利于幼儿掌握系统的知识

     D．教师采用直接教学活动，幼儿自主学习机会少，其主动性、创造性可能难以发挥

14．幼儿园课程编制形式中，有利于幼儿直接经验发展的是（   ）。

     A．分科课程   B．核心课程   C．活动课程   D．选修课程

15．下列内容适宜采用间接教学的是（   ）。

     A．冬季消防安全知识   B．科学家的最新发现

     C．哺乳动物的概念   D．认识青蛙

16．幼儿学习社会生活常识，最好的开展方式是（   ）。

     A．直接教学   B．间接教学

     C．个别活动   D．幼儿自发自主的活动

17．在幼儿园教育活动中，最为经济的组织形式是（   ）。

     A．集体活动   B．间接教学   C．小组活动   D．个别活动

18．利用物质、人际环境引导幼儿发现学习为主要特征的教学是（   ）。

     A．最优质的教学   B．最劣质的教学   C．直接教学   D．间接教学

19．幼儿个别化程度最高的活动是（   ）。

     A．班级活动   B．集体活动   C．小组活动   D．个别活动

20．关于幼儿园课程评价，下列观点不正确的是（   ）。

     A．评价是为了发现问题和解决问题

     B．课程评价中教师既是评价者又是被评价者

     C．在评价过程中要尊重教师的主体地位

     D．评价应尽量在教学活动中进行

21．一个幼儿园的课程工作主要涉及（   ）两方面。

     A．课程目标和课程组织   B．课程设计和课程实践

     C．教育目标和课程目标   D．课程组织和课程实践

22．（   ）可以让幼儿按自己的速度和方式去做需要做的事。

     A．直接教学   B．间接教学   C．小组活动   D．集体活动

23．评价应尽量在（   ）中进行。

     A．日常活动   B．教学活动   C．教室   D．活动

24．对课程实施的各因素包括教育内容、活动、材料和环境、教育者和学习者的互动方式等加以编排组合、平衡，以使课程活动有序化、结构化、适宜化，从而产生最优的教育效应。指的是（　　　）。

    A．课程组织   B．课程评价   C．课程目标   D．课程内容

25．课程的基本要素不包括（　　　）。

    A．课程目标   B．课程内容   C．课程教学   D．课程评价

26．教育目标在教育过程中的具体化是（　　　）。

    A．课程内容   B．课程评价   C．课程组织   D．课程目标

27．对学习者的学习过程和学习结果进行测量和描绘指的是课程的（　　　）。

    A．课程内容   B．课程目标   C．课程教学   D．课程评价

28．（　　　）是实现幼儿教育目标的手段，帮助幼儿获得有益的学习经验，以促使其身心全面和谐发展的各种活动的总和。

    A．幼儿园课程   B．幼儿园教学活动

    C．幼儿园游戏   D．幼儿园上课

29．幼儿园课程的主要目的是（　　　）。

    A．使幼儿学会生活自理能力

    B．使幼儿有效适应小学生活

    C．使幼儿获得间接经验

    D．促使幼儿获得对生活环境的直接经验

30．幼儿园课程的宗旨是（　　　）。

    A．促进幼儿身心全面和谐发展   B．帮助幼儿适应小学生活

    C．促进幼儿智力的发展   D．让幼儿学会自我服务

二、简答题（共 11 分）

1．直接教学的优缺点有哪些？（4 分）

2．幼儿园课程目标有哪些作用？（4 分）

3．什么是间接教学？（3 分）

三、论述题（10分）

1.（5分）张老师在选择教育内容时总是反复推敲，力求让幼儿"跳一跳就能摘到桃子"。

（1）材料中张老师贯彻的是选择与确定幼儿园课程内容的哪一原则？（2分）

（2）选择与确定幼儿园课程内容的原则还有哪些？（3分）

2.（5分）如实描述从活动中获取的资料和数据，并依据正确的教育观做出分析和判断。

（1）这体现了幼儿园课程评价的哪种原则？（2分）

（2）幼儿园课程评价的原则还有哪些？（3分）

四、材料分析题（共19分）

1.（7分）在幼儿园科学发现室的"磁铁"区域中，教师设计了一个以"磁铁的秘密"为主题的科学探究活动，让幼儿通过游戏、操作、探究等活动来感知磁铁吸铁的特性，磁铁的穿透性及穿透性与磁性大小的关系等问题。

（1）案例中教师运用了哪种教学指导方式？（1分）

（2）这种教学指导方式有哪些优点？（4分）

（3）这种教学指导方式有什么缺点？（2分）

2.（7分）陈鹤琴先生认为，幼儿园的教育内容应该以大自然、大社会为活教材，与实际紧密地结合；同时，幼儿"做"的过程本身就是幼儿园最好的教育内容。

（1）这体现了幼儿园课程的哪一特点？（2分）

（2）幼儿园课程还有什么特点？（1分）

（3）简述幼儿园课程的性质。（4分）

3.（5分）阅读下面关于科学领域中一条目标的两种不同的表述，回答下面的问题：（12分）

A的表述为：激发幼儿对事物的好奇心，通过引导幼儿主观地观察、操作、分析和发现，培养其开放的研究态度。

B的表述为：对事物有好奇心，学会观察、操作、分析和发现的方法，养成开放的研究态度。

请问：

（1）该材料体现了幼儿园课程目标表述的哪一方面？试阐述说明这一问题。（3分）

（2）幼儿园课程目标的表述分为哪两种情况？（2分）

第六章

幼儿园教学活动

考试说明

（1）了解幼儿园教学活动的构成要素。
（2）理解幼儿园教学活动的含义、特点。
（3）理解幼儿园教学活动设计的类型。
（4）掌握幼儿园教学活动的原则。
（5）掌握幼儿园教学活动的组织与指导策略。

知识结构图

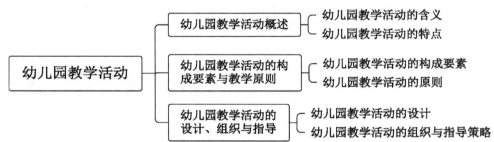

第一节 幼儿园教学活动概述

知识精讲

一、幼儿园教学活动的含义（理解）

1. 幼儿园教学活动的含义

幼儿园教学活动是指教师从幼儿的兴趣和实际水平出发，根据幼儿园教育目标，有目的、有计划地组织和指导幼儿主动学习，以增进幼儿对周围环境的认识，培养学习兴趣，帮助幼儿获取有利于其身心发展经验的活动。幼儿园教学活动是由教师的"教"和幼儿的"学"组成的双边活动。

2．幼儿园教学活动与中小学上课的区别

（1）由于幼儿没有学习系统学科知识的任务，所以学习内容没有任何强制性。

（2）教学活动是幼儿通过在具体活动中的感知和体验来学习的过程，而不是坐着听和看的过程。在教学活动中，幼儿是以学习直接的知识和经验为主的。

（3）在教学活动过程中，即使事先有计划，仍需要教师根据幼儿的需要和反应随时调整既定的方案。

【注意】

①幼儿园教学活动是教师创造和体验的过程。

②幼儿园教学活动具有游戏不能取代的作用，是实施课程目标的重要手段。

二、幼儿园教学活动的特点（理解）

1．生活性与启蒙性

（1）生活性。

幼儿园教学要从积累幼儿生活的感性经验出发，其内容和途径必须贴近幼儿的实际生活，教学设计必须针对幼儿生活的实际需要，以促进幼儿适应和认识生活为重要目标。

（2）启蒙性。

在幼儿园教学中，注重在认识简单事物和现象中，引导幼儿认识事物之间的关系，帮助幼儿学习并适应生活，获得粗浅的知识，使他们的经验和视野得以拓展。

2．活动性与参与性

幼儿主要通过感官来接触环境中的事物，通过在环境中与他人共同活动来获得直接经验。

3．游戏性与情境性

教师在组织教学时需要借助一定的游戏或情境，让幼儿在玩中学。离开游戏性和情境性，幼儿园的教学活动就容易小学化。

【注意】

幼儿园教学活动以帮助幼儿获取大量的感性经验为主要任务。

经典例题解析

【例1】（2016年真题）关于幼儿园教学活动，下列表述正确的是（　　）。

A．教学活动等同于上课　　　　　　B．教学活动以教师传递知识为主

C．幼儿的"学"为教师的"教"服务　D．幼儿以学习直接知识和经验为主

【解析】此题考查的是幼儿园教学活动及与中小学上课的区别。

【答案】D

【例2】（2016年真题）在开展"沉与浮"的活动中，教师引导幼儿尝试探索"怎样使浮起来的东西沉下去，怎样使沉下去的东西浮起来"，却不必解释其中的原因。这体现了幼儿园教学活动的（　　）。

A．综合性　　　　B．游戏性　　　　C．启蒙性　　　　D．情境性

【解析】此题考查的是幼儿园教学活动的特点。

【答案】C

【例 3】（2017 年真题）实习的王丽老师在向幼儿系统介绍空气时，幼儿对老师的讲解没有兴趣，乱作一团，老师还是继续讲解。在这个教学过程中，王丽老师忽视了幼儿园教学活动的（　　）。

①系统性　②参与性　③活动性　④双边性

A．①②③　　　　B．①②④　　　　C．②③④　　　　D．①③④

【解析】此题考查的是幼儿园教学活动的特点。幼儿没有学习系统学科知识的任务，显然①是错误的。

【答案】C

同步练习

一、选择题

1．幼儿教师教幼儿学唱歌曲《小树叶》时，让幼儿将自己假想成一片小树叶，在歌声中自由表现，这体现了幼儿园教学活动的（　　）。

A．生活性　　　　B．启蒙性　　　　C．活动性　　　　D．情境性

2．由于幼儿没有学习系统学科知识的任务，所以学习内容没有任何（　　）。

A．系统性　　　　B．强制性　　　　C．科学性　　　　D．知识性

3．幼儿园教学内容是粗浅的，体现了幼儿园教学活动的（　　）。

A．游戏性　　　　B．情境性　　　　C．启蒙性　　　　D．生活性

4．关于幼儿园教学活动，表述正确的是（　　）。

A．教学活动主要是幼儿坐着听和看　　　B．接受系统的科学知识

C．是教师和幼儿的双边活动过程　　　　D．使用的教具多多益善

5．教师"必须接住幼儿抛过来的球，并以某种方式推挡给他们"，这表明（　　）。

A．需要双向合作　　　　　　　　　　　B．教学应以教师为主

C．教学应以上课为主　　　　　　　　　D．教学应以教材为主

6．在幼儿园教学活动中，幼儿学习的过程是通过在具体的活动中的（　　）。

A．练习　　　　B．感知和体验　　　　C．认知　　　　D．讨论

7．利用每天吃点心的环节引导幼儿感知"1 和许多""大和小"，认识各种食物和水果，以及感受分享的快乐情感，体现的幼儿园教学活动特点是（　　）。

A．生活性和启蒙性　　　　　　　　　　B．活动性和参与性

C．游戏性和情境性　　　　　　　　　　D．科学性和发展性

8．下列关于幼儿园教学活动的说法，不正确的是（　　）。

A．幼儿园的学习内容对幼儿没有任何强制性

B．幼儿是以学习间接的知识和经验为主的

C．幼儿园教学活动是教师创造和体验的过程

D．幼儿园教学活动具有游戏不能取代的作用，是实现课程目标的重要手段

9．一般来讲，幼儿并不知道什么是"摩擦力"，教师却在比赛中引导幼儿注意到"在不同材质路面上玩具车的车速有变化"，说明幼儿园教学活动具有的特点是（   ）。

  A．生活化和启蒙性　　　　　　　　B．活动性和参与性

  C．思想性和教育性　　　　　　　　D．游戏化和情境性

10．幼儿园通过教学活动引导幼儿认识周围环境、人际关系，获得基本经验，这主要体现了幼儿园教学活动的（   ）特点。

  A．生活性　　　　B．游戏性　　　　C．情境性　　　　D．活动性

11．以下不属于幼儿园教学活动特点的是（   ）。

  A．生活性与启蒙性　　　　　　　　B．游戏性与情境性

  C．活动性与参与性　　　　　　　　D．虚构性与系统性

12．幼儿园教学活动的构成要素不包括（   ）。

  A．教师　　　　　　B．幼儿　　　　　　C．教学内容　　　　D．教学目标

13．在幼儿园教育活动中基本活动是（   ）。

  A．教学活动　　　　B．游戏　　　　　　C．生活活动　　　　D．节日活动

14．关于幼儿园教学活动，下列表述正确的是（   ）。

  A．教学活动等同于上课　　　　　　B．教学活动以教师传递知识为主

  C．幼儿的"学"为教师的"教"服务　　D．幼儿以学习直接知识和经验为主

15．幼儿园教学活动的主要任务是（   ）。

  A．帮助幼儿获得大量的感性经验　　B．学习生活中的粗浅知识

  C．帮助幼儿进行社会化　　　　　　D．游戏

二、简答题

1．什么是幼儿园教学活动？

2．幼儿园教学活动与中小学上课有哪些不同？

三、分析论述题

1．幼儿园某个大班组织幼儿玩打电话的游戏。参加游戏的幼儿分成人数相等的两队。教

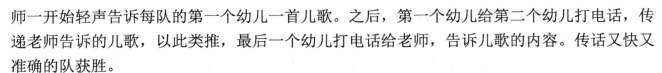

师一开始轻声告诉每队的第一个幼儿一首儿歌。之后，第一个幼儿给第二个幼儿打电话，传递老师告诉的儿歌，以此类推，最后一个幼儿打电话给老师，告诉儿歌的内容。传话又快又准确的队获胜。

这体现了幼儿园教学活动的什么特点？除此之外，幼儿园教学活动还有哪些特点？

2．对幼儿来说，告诉他关于水果的知识，不如和他一起去市场欣赏并购买苹果、梨、香蕉、葡萄，和他一起清洗并品尝这些水果的味道，和他一起尝试用各种方式挤榨出果汁。这体现了幼儿园教学活动的哪一特点？幼儿园教学活动还有哪些特点？

第二节　幼儿园教学活动的构成要素与教学原则

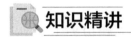
知识精讲

一、幼儿园教学活动的构成要素（了解）

幼儿园教学活动是由教师的"教"、幼儿的"学"、教育内容与方法手段等几个基本要素构成的。教师和幼儿是这个过程中的主动因素。

1．教师

（1）教师是教学活动的组织者、指导者和支持者。

（2）教师是教学活动过程的主导因素，是教的主体。教学活动是教师体验和创造的过程。

2．幼儿

教学活动中，幼儿是学习的主体。

具体体现：

（1）幼儿是主动的学习者；

（2）幼儿在学习方式上存在着种种差别。

【注意】教师应将作为学习者的幼儿和幼儿的学习视为教学活动中的关键因素。

3．幼儿园教学活动的内容

教学活动的内容是教师对幼儿施加教育影响，完成教育目标的中介，教师所选择的教学内容合适与否，直接影响到教育目标的实现程度。

从幼儿活动的角度看，幼儿园教学活动可分为健康、语言、社会、艺术和科学五个领域的内容。

4．幼儿园教学活动的方法

幼儿园教学活动的方法是教师激发幼儿的学习兴趣、有效传递信息、帮助幼儿理解学习内容，保证教学活动的顺利进行，实现教育目标的一个重要的中介因素。

二、幼儿园教学活动的原则（掌握）

1．科学性和思想性相结合的原则

（1）含义：

科学性是指教师在教学活动中向幼儿传授的知识技能应该正确、符合客观规律，所采用的组织形式和方法应符合幼儿的认识特点。

思想性是指教师在教学活动过程中应实施德育，促进幼儿的品德和社会性发展。

（2）贯彻这一原则应注意的问题：

①教师加强学习，以保障教给幼儿科学的知识，引导幼儿获得正确的经验；

②发挥教师的榜样作用，科学地回答幼儿的提问，帮助幼儿形成对待科学的正确态度；

③注重情感渗透，切忌说教。

2．积极性原则

（1）含义：

积极性原则是指教师在教学活动中应注意激发幼儿主动学习的愿望，引发和促进幼儿积极地与环境相互作用，得到发展。

（2）贯彻这一原则应注意的问题：

①科学选材、精心设计、灵活调整教学活动计划；

②加强交流、建立平等的师生关系，鼓励幼儿多方面地参与和创造；

③关注幼儿与众不同的行为，允许幼儿出错，促使幼儿在学习过程中得到积极的情感体验。

3．发展性原则

（1）含义：

发展性原则是指教学活动要能使每一个幼儿在原有的基础上得到最大限度的发展。一切教学活动必须以促进幼儿的发展为追求的目的。

（2）贯彻这一原则应注意的问题：

①树立终身可持续发展的观念；

②了解幼儿的发展需要，科学选材。

4．直观性原则

（1）含义：

直观性原则是指在教学活动的过程中，教师应当利用实物或教具材料，充分调动幼儿的各种感官，丰富其感性经验，使他们获得直接具体的感知。

（2）贯彻这一原则应注意的问题：

①根据教育目标、内容及幼儿实际恰当选择和运用直观手段；

②直观手段要与训练幼儿感官和动作相结合。

（3）幼儿园直观手段：

①实物直观：实物、标本、实地参观、小实验等；

②模具直观：图片、图书、模型、贴绒教具、沙盘、玩具等；

③电化教具直观：幻灯、录像、录音、唱片、电视、电影、多媒体课件等；

④语言直观：教师的情境性语言。

5．活动性原则

（1）含义：

活动性原则是指在教学活动中应保证幼儿有充分的活动，以使他们在主动的活动中学习并获得发展。

（2）贯彻这一原则应注意的问题：

①教师在教学活动中要为幼儿提供丰富的材料、充分的活动时间，以及较多的同伴交往机会，吸引幼儿选择参加，让他们成为活动的主人；

②教师组织的活动要全面多样。

【注意】

①教师的思想水平和专业能力是实现教学活动的科学性与思想性相结合原则的条件。

②在教学活动中教师是外部条件，幼儿是学习的主体，是内因，是最后起决定作用的因素。

③一切教学活动必须以促进幼儿的发展为追求的目的。

经典例题解析

【例1】（2018年真题）教师在教学活动中应注意激发幼儿主动学习的愿望，这体现的幼儿园教学活动的原则是（　　　）。

A．科学性原则　　　　　　　　　　B．积极性原则

C．发展性原则卫　　　　　　　　　D．活动性原则

【解析】本题主要考查幼儿园教学活动的原则。

【答案】B

【例2】（2020年真题）下列属于实物直观的是（　　　）。

A．标本　　　　　B．图片　　　　　C．模型　　　　　D．多媒体课件

【解析】本题主要考查幼儿园教学活动直观手段的相关知识。

【答案】A

【例3】（2016年真题）幼儿园教学活动过程的主导因素是（　　　）。

A．教师　　　　　B．幼儿　　　　　C．教学内容　　　　　D．教学方法

【解析】本题考查幼儿园教学活动构成要素中教师的地位。

【答案】A

【例4】李老师将一只兔子带到活动室，让幼儿通过看一看、摸一摸等活动认识兔子的特征。这体现了幼儿园教学活动的（　　）原则。

  A．思想性原则 B．发展性原则 C．直观性原则 D．科学性原则

【解析】此题考查幼儿园教学活动的原则。

【答案】C

【例5】（2020年真题）

诗歌《小熊过桥》描述的是一只小熊害怕过桥，在得到鲤鱼的鼓励和帮助后，勇敢地过了桥。孙老师在指导幼儿欣赏诗歌时，没有简单生硬地教育幼儿应该勇敢，而是首先布置了独木桥的情境，让幼儿尝试过桥，然后说说自己是怎样过桥的，是否得到了朋友的帮助，得到帮助后的心情怎样。在孙老师的引导下，幼儿通过体验感悟，学习如何变得勇敢和乐于助人。

（1）这一活动主要贯彻了幼儿园教学活动的哪一原则？

（2）贯彻这一教学活动原则时应注意哪些问题？

【解析】本题主要考查幼儿园教学活动的原则及贯彻时应注意的问题。

【答案】（1）科学性和思想性相结合的原则。

（2）贯彻科学性和思想性相结合的原则应注意的问题：

①教师加强学习，以保障教给幼儿科学的知识，引导幼儿获得正确的经验；

②发挥教师的榜样作用，科学地回答幼儿的提问，帮助幼儿形成对待科学的正确态度；

③注重情感渗透，切忌说教。

同步练习

一、选择题

1．在教学活动中，学习的主体是（　　）。

  A．教师 B．幼儿 C．教学评价 D．教学内容

2．教师调动幼儿的多种感官通道，使幼儿利用看、听、说、摸、闻、尝等多种途径学习，并在此过程中极大地发挥他们的创造性。这遵循了幼儿园教学活动的（　　）。

  A．科学性原则 B．参与性原则 C．积极性原则 D．发展性原则

3．"幼儿是学习的主体，是内因，是最后起决定作用的因素"，这说明在幼儿园教学活动中应坚持（　　）。

  A．科学性原则 B．活动性原则 C．积极性原则 D．直观性原则

4．一切教学活动的追求的目的必须是（　　）。

  A．促进幼儿发展   B．使幼儿获得知识

  C．培养幼儿能力   D．培养幼儿的创造性

5．在教学活动中幼儿是学习的（　　）。

　　A．客体　　　　　　B．主体　　　　　　C．中心　　　　　D．主导

6．教师对幼儿施加教育影响，完成教育目标的中介是（　　　）。

　　A．教学方法　　　　B．教师的"教"　　C．教育环境　　　D．教育活动的内容

7．组织教学活动必须遵循的基本原则是（　　　）。

　　A．教学内容　　　　　　　　　　　　B．教学方法

　　C．教学组织形式　　　　　　　　　　D．教学活动原则

8．一般来说，在教育内容需要直接指导，而且幼儿对该内容具有大致相同的经验和水平时，宜采用的组织形式是（　　　）。

　　A．集体活动　　　　B．小组活动　　　C．个别活动　　　D．都可以

9．幼儿园教学活动的构成要素不包括（　　　）。

　　A．教学内容　　　　B．教学方法　　　C．教师　　　　　D．教学目标

10．教师在组织幼儿练习平衡木的活动中，根据活动内容的特点，运用激励和表扬的方法培养幼儿勇敢的品质和意志力，即在教学活动中运用了（　　　）。

　　A．思想性原则　　B．积极性原则　　C．发展性原则　　D．活动性原则

11．下列属于实物直观的是（　　　）。

　　A．图片　　　　　　B．模型　　　　　C．标本　　　　　D．多媒体课件

12．从幼儿活动的角度来看，幼儿园教学活动的内容可以相对划分为五个领域，即健康领域、语言领域、社会领域、科学领域和（　　　）。

　　A．情感领域　　　　B．能力领域　　　C．知识领域　　　D．艺术领域

13．教学活动的关键因素是（　　　）。

　　A．教学内容与方法　　　　　　　　　B．环境

　　C．幼儿和幼儿的学习　　　　　　　　D．游戏

14．教学中"拔苗助长""原地踏步"违背了（　　　）。

　　A．活动性原则　　B．积极性原则　　C．发展性原则　　D．直观性原则

15．参观鞋店并观察买鞋的过程，欣赏儿歌《我的鞋子像小猫》和故事《爷爷买鞋》等活动，让幼儿感兴趣，这体现了教学活动（　　　）原则。

　　A．积极性原则　　B．直观性原则　　C．活动性原则　　D．科学性原则

16．教师既教给幼儿正确可靠的知识，又进行品德教育，才能完成幼儿园教育的任务。这遵循了幼儿园教学活动的（　　　）。

　　A．科学性原则　　　　　　　　　　　B．思想性原则

　　C．科学性和思想性相结合的原则　　　D．积极性原则

17．教师组织幼儿学画画，让幼儿按他画的样子临摹，对画得不好的幼儿表示出不满意并要求其重画，这种教师活动明显违背了幼儿园教学活动的（　　　）原则。

　　A．积极性原则　　B．直观性原则　　C．活动性原则　　D．发展性原则

18．教师这样来解释雨的形成：云彩在天上挤呀挤呀，挤在一起遇到冷空气，就变成雨降落下来了，教师遵循了（　　　）。

A．科学性和思想性相结合的原则　　　　B．积极性原则

C．发展性原则　　　　D．直观性原则

19．著名教育心理学家奥苏泊尔说：影响学习的唯一重要因素，就是学习者已经知道了什么，教师应据此进行教学。这主要体现了幼儿园教学活动的（　　　）。

A．活动性原则　　　　B．积极性原则

C．发展性原则　　　　D．科学性和思想性相结合的原则

20．某教师在实验操作中将水蒸气说成白色的烟雾，违背了幼儿园教学活动的（　　　）原则。

A．科学性原则　　B．思想性原则　　C．发展性原则　　D．直观性原则

21．（　　　）是教学活动过程中的主导因素，是教的主体。

A．家长　　　　B．幼儿　　　　C．教师　　　　D．社区

22．（　　　）是实现教学活动的科学性与思想性相结合原则的条件。

A．教师的思想水平和专业能力　　　　B．教师的专业素养

C．教师的榜样作用　　　　D．环境

23．（　　　）原则是指教学活动要能使每个幼儿在原有的基础上得到最大限度的发展。

A．积极性　　　　B．直观性　　　　C．活动性　　　　D．发展性

24．（　　　）对于帮助幼儿理解学习内容、激发其学习动机有较好的作用。

A．教师创设的环境　　　　B．教师的教

C．幼儿的学　　　　D．教师的情景性语言

25．下列因素中不属于智力因素的是（　　　）。

A．注意　　　　B．思维　　　　C．创造　　　　D．主动性

二、简答题

1．幼儿园教学活动由哪些要素构成？

2．幼儿园教学活动的原则有哪些？

3．有些教师认为幼儿在活动中与众不同的行为是淘气的表现。你认为这种说法对吗？这体现了幼儿园教学活动的哪一项原则？在贯彻这一原则时应注意哪几点？

4．什么原则是指教师应当利用实物或教具材料，充分调动幼儿的各种感官，丰富其感性经验？贯彻这一原则应注意的问题是什么？

5．幼儿园教学的直观手段有哪些？请举例说明。

三、分析论述题

1．在"认识挂历"教学活动中，小雪老师首先让幼儿猜谜语，导入主题"认识挂历"；然后，组织幼儿看幼儿用书，引导幼儿说出挂历上的大数字表示月份，小数字表示日期；第三步引导幼儿学习挂历上的月份、日期、星期的查看方法；第四步通过"又对又快"的游戏，让幼儿在挂历上分别找出元旦、"六一"儿童节、"十一"国庆节分别在几月，是星期几；第五步谈话交流，让幼儿明白今天的事情今天做，要快快乐乐过好每一天……

结合案例具体分析，小雪老师在组织教学活动中，主要贯彻了幼儿园教学活动的哪些原则？

2．在组织幼儿认识玉米时，李老师直接讲解玉米的外形和生长过程。张老师利用挂图和模型帮助幼儿认识玉米，还和幼儿一起在小院里种了玉米，并定期组织幼儿观察。

（1）你认为哪一位老师的教学方式适宜？

（2）这位老师主要贯彻了幼儿园教学活动的哪一原则？贯彻这一原则应注意哪些问题？

3．为激发学习兴趣，让幼儿理解诗歌，孙老师在教幼儿学习诗歌《春天的颜色》时组织了两次教育活动。第一次教育活动带幼儿到公园寻找春天。第二次教学活动，让幼儿创编诗歌，幼儿创编出很多诗句。

试结合以上材料分析：

（1）教师在幼儿园教学活动中处于什么地位？

（2）幼儿在幼儿园教学活动中处于什么地位？

（3）孙老师的教学活动主要贯彻了哪些教学原则？

第三节　幼儿园教学活动的设计、组织与指导

 知识精讲

一、幼儿园教学活动设计（理解）

1．幼儿园教学活动设计的类型：预演设计、现场设计、反思设计。

（1）预演设计。

①含义：

预演设计是指教师在分析幼儿目前的知识能力发展特点和需要的基础上，结合教育目标的要求，选择适当的内容和方法，设想活动的进程、步骤、可能出现的问题及解决方法等，写出计划并预演的过程。

②预演设计的一般步骤：

确定目标—选择内容—根据目标和内容选择相应的方法与手段—书写计划—进行预演—修订计划。

（2）现场设计。

①含义：

现场设计是指教师在教学活动现场，针对活动中出现的问题、现象和价值，为决定接下来所要进行的有针对性的教学活动而进行的临时设计。

②现场设计的一般步骤：

分析幼儿某种活动所蕴含的教育价值，确定活动目标—选择活动起点，设计由此引发的系列活动—通过谈话引导幼儿自然地过渡到接下来的活动中。

（3）反思设计。

含义：

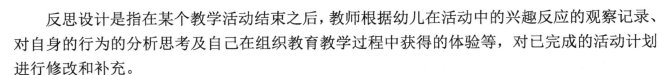

反思设计是指在某个教学活动结束之后，教师根据幼儿在活动中的兴趣反应的观察记录、对自身的行为的分析思考及自己在组织教育教学过程中获得的体验等，对已完成的活动计划进行修改和补充。

2．活动计划的结构与书写要求

（1）活动目标。

（2）活动准备：物质准备、精神准备，一般是先写精神准备，再写物质准备。

（3）活动过程：包括开始部分、基本部分和结束部分。

①开始部分的主要任务是创设情境、导入活动，激发幼儿参与活动的兴趣。

②基本部分是教师引导幼儿主动学习、积极探索，以实现活动目标的过程。

③结束部分，教师的主要任务是小结幼儿学习的情况，并对幼儿的学习经验给予评价，引起幼儿再学习的愿望。

设计活动过程时，既可以按三个部分书写，可以按照活动进行的先后次序逐条写出。

（4）活动延伸：机动部分是幼儿园教学活动连续性的具体体现。

二、幼儿园教学活动的组织与指导策略（掌握）

1．幼儿园教学活动的组织与指导策略

（1）科学运用直接教学和间接教学方式；

（2）指导幼儿自主学习；

（3）组织形式多样化；

（4）注意教育内容的综合；

（5）将教育任务有机地渗透在游戏和日常生活环节中；

（6）重视家园合作，取得家长对教学活动的支持；

（7）研究教学行为。

【注意】

①组织教学活动需要将集体活动、小组活动和个别活动有机地结合起来。

②为了更好地照顾幼儿的个别差异，调动幼儿学习的主动性，幼儿的小组活动应成为幼儿园教学活动的重要组织形式。

2．运用直接教学时应注意的问题

教师应注意在了解幼儿的兴趣和原有经验的基础上，充分调动幼儿的情感体验，利用直观教具和材料，较多地运用启发、暗示和游戏的方法，和幼儿进行言语和非言语的多种方式的沟通，充分调动幼儿的多种感官，引导幼儿主动思考，切忌简单地灌输。

【注意】

直接教学是以实现知识的直接传授、引导幼儿接受学习为主要特征的教学方式。

3．运用间接教学时应注意的问题

应注意灵活地协调物质环境、幼儿同伴和教师自身的关系，准确把握和抓住幼儿的兴趣所在，给予及时有效的支持。

【注意】

间接教学是以利用物质环境和人际环境，引导幼儿发现学习为主要特征的教学方式。

4．自主学习

自主学习是在学习者能对自己的学习过程进行调控的基础上开展的学习活动。幼儿的自主学习更多是指向学习品质的。

（1）幼儿自主学习的表现：

①幼儿在活动中表现出专注的神情；

②幼儿感到疑惑并向教师或同伴发问；

③幼儿出现探索行为；

④幼儿之间就某个问题产生争论或协商行为。

（2）教师应从以下几方面为幼儿的自主学习创造条件：

①教师应充分利用和创设环境，根据幼儿的兴趣和原有的经验提供不同的可操作材料，力求通过幼儿对材料的自由摆弄实现教育目标。

②教师应放手鼓励幼儿探索和操作，关注幼儿在探究过程中的行为表现，使幼儿在活动中能够主动自主、获得愉快的学习体验，不必对幼儿的探究作过高的知识要求。

③教师应观察幼儿操作的情况，了解幼儿的学习兴趣和需要，敏锐感知幼儿在学习中面临的困难，对幼儿的学习给予及时有效的支持。

5．教师对教育内容的综合

（1）教师应挖掘每个活动素材中所蕴涵的各种教育因素，力图在活动中促使幼儿得到多方面的学习和发展。

（2）教师应注意在整体上考虑一定时段内各领域、各方面教育内容的平衡安排。

6．如何将教育任务有机地渗透在游戏和日常生活环节

（1）在游戏和日常生活环节中有机地渗透教育的任务，对巩固幼儿的知识很有好处。

（2）应重视对幼儿游戏和日常生活中学习的指导。

（3）教师应注意利用生活中的突发事件进行随机教学。

经典例题解析

【例1】 教师通过分析思考，对已完成的活动进行修改和补充，这种活动设计的类型属于（　　）。

  A．预演设计 B．现场设计 C．反思设计 D．随机设计

【解析】 此题考查幼儿园教学活动设计的类型。

【答案】 C

【例2】（2017年真题）针对教学活动中出现的问题，对接下来的教学活动进行的临时设计是（　　）。

  A．目标设计 B．预演设计 C．反思设计 D．现场设计

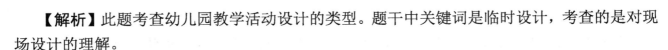

【解析】此题考查幼儿园教学活动设计的类型。题干中关键词是临时设计，考查的是对现场设计的理解。

【答案】D

【例3】（2020年真题）在散文诗《听雨》的教学活动过程中，教师既引导幼儿欣赏了优美的语言，又培养了幼儿乐观的生活态度，还提高了幼儿的声音感受力。这主要体现的幼儿园教学活动组织与指导策略是（ ）。

  A．指导幼儿自主学习   B．组织形式多样化

  C．注意教育内容的综合   D．将教育任务有机渗透到日常生活中

【解析】此题考查幼儿园教学活动的组织与指导策略。

【答案】C

【例4】（2018年真题）

下雪天，教师将幼儿带到户外，让幼儿看一看、摸一摸、闻一闻、比一比、想一想、玩一玩。上述教学活动，让幼儿对雪留下了深刻的印象。请运用所学知识分析：

（1）上述案例体现了哪种幼儿园教学活动的组织与指导策略？

（2）除以上策略，幼儿园教学活动的组织与指导策略还有哪些？

【解析】本题主要考查幼儿园教学活动的组织与指导策略。

【答案】

（1）将教育任务有机地渗透在游戏和日常生活环节中。

（2）①科学运用直接教学和间接教学方式；

②指导幼儿自主学习；

③组织形式多样化；

④注意教育内容的综合；

⑤重视家园合作，取得家长对教学活动的支持；

⑥研究教学行为。

【例5】（2019年真题）综合应用题：

张老师带领中班的幼儿在幼儿园的园子里观察树木，树上成群结队的蚂蚁引起了幼儿的注意，很多幼儿兴致勃勃地观察起来；还有两个幼儿在比赛爬树。张老师发现后，及时劝阻了这两个幼儿的危险行为；然后根据幼儿对蚂蚁的兴趣，组织、引导幼儿进行观察蚂蚁的活动……

请根据以上材料完成下列问题：

张老师组织幼儿观察蚂蚁的活动设计是哪种教学活动设计类型？这种活动设计类型的一般步骤有哪些？

【解析】此题考查幼儿园教学活动设计的类型及步骤。

【答案】现场设计一般步骤为：分析幼儿某种活动所蕴含的教育价值，确定活动目标—选择活动起点，设计由此引发的系列活动—通过谈话引导幼儿自然地过渡到接下来的活动中。

同步练习

一、选择题

1．为了更好地照顾幼儿的个别差异，调动幼儿学习的主动性，应成为幼儿园教学活动的重要组织形式的是（　　）。

　　A．集体活动　　　　B．小组活动　　　　C．个别活动　　　D．班级活动

2．（　　）是指在学习者能对自己的学习过程进行调控的基础上开展的学习活动。

　　A．自主学习　　　　B．自动学习　　　　C．主动学习　　　D．自己学习

3．幼儿园教学活动过程分三部分，其中开始部分的主要任务不包括（　　）。

　　A．创设情境　　　　　　　　　　　B．激发幼儿参与活动的兴趣

　　C．导入活动　　　　　　　　　　　D．引导幼儿主动学习、积极探索

4．教师在教学活动现场，针对活动中出现的问题、现象和价值，为决定接下来所要进行的有针对性的教学活动而进行的临时设计，是幼儿园教学活动设计的（　　）。

　　A．预演设计　　　　B．现场设计　　　　C．反思设计　　　D．过渡设计

5．教师通过预先探索，发现塑料袋有多种有趣的玩法，于是设计了"好玩的塑料袋"的教学活动，这种教学活动设计属于（　　）。

　　A．预演设计　　　　B．现场设计　　　　C．反思设计　　　D．随机设计

6．在组织幼儿进行教学活动时应该（　　）。

　　A．以区域活动为主　　　　　　　　B．以集体活动为主

　　C．以个别活动为主　　　　　　　　D．各种活动有机结合

7．幼儿的下列行为，不属于幼儿自主学习表现的是（　　）。

　　A．幼儿在活动中表现出专注的神情

　　B．幼儿感到疑惑并向教师或同伴发问

　　C．幼儿对教师提供的材料不感兴趣

　　D．幼儿之间就某个问题产生争辩或协商行为

8．（　　）能加强工作的目的性和科学性。

　　A．预演设计　　　　B．现场设计　　　　C．反思设计　　　D．以上都不可以

9．教师有效地传递信息，促使主体和客体相互作用，以发挥主体学习的积极性和主体性的重要因素是（　　）。

　　A．教学原则　　　　B．教学手段　　　　C．教学方法　　　D．教学内容

10．幼儿的自主学习，更多的是指向（　　）。

　　A．学习目标　　　　B．学习过程　　　　C．学习结果　　　D．学习品质

11．下列选项中，可以作为机动部分的是（　　）。

　　A．活动延伸　　　　B．开始部分　　　　C．基本部分　　　D．结束部分

12．实现教学最优化的教学手段是（　　）。

　　A．观看实物教具　　B．观看教学挂图　　C．多媒体课件　　D．幻灯片教学

13. 教学活动计划的结构中，活动准备可以分为（　　　）。

    A．一般准备和特殊准备　　　　　　　B．物质准备和精神准备

    C．室内准备和室外准备　　　　　　　D．设备准备和人员准备

14. 让幼儿在摆弄大小不同的易拉罐的过程中，比较大小、多少，感受物体的稳定和滚动条件，这体现了幼儿园教学活动组织与指导策略中的（　　　）。

    A．组织形式多样化　　　　　　　　　B．指导幼儿自主学习

    C．注意教育内容的综合　　　　　　　D．研究教学行为

15. 一般来讲，幼儿园教学活动过程经历了从提出问题—讨论问题—探索研究—表现和表达—评价的过程，以下关于幼儿园教学活动的认识，不正确的是（　　　）。

    A．活动过程包括开始部分、基本部分、结束部分

    B．活动过程的开始部分，无论使用哪种方法，都应注意调动幼儿已有的经验

    C．教学活动过程只能以提出问题作为过程的起始部分

    D．设计活动过程时，可以只按活动进行的先后顺序逐条写

16. 将教育任务有机地渗透在游戏和日常生活环节中的做法，不正确的是（　　　）。

    A．游戏是完成幼儿园教育目标的唯一途径

    B．在游戏和日常生活环节中有机地渗透教育的任务

    C．应重视对幼儿游戏和日常生活中的学习指导

    D．教师应注意利用生活中的突发事件进行随机教学

17. 实现知识的直接传授，引导幼儿接受学习为主要特征的教学方式是（　　　）。

    A．直接教学　　　　B．主观教学　　　　C．间接教学　　　　D．客观教学

18. 下列内容适合间接学习的是（　　　）。

    A．认识小兔子　　　B．安全知识　　　　C．交通规则　　　　D．科学家的发明

二、简答题

1. 在教育过程中，幼儿是学习的主体，是起决定作用的因素。教育的一个重要使命就是让学生学会学习。因此，如何指导幼儿自主学习，是幼儿教师必须思考的问题，请结合所学知识分析：教师应该怎样指导幼儿自主学习？

2. 如何将教育任务有机地渗透在游戏和日常生活环节中？

三、分析论述题

1. 在"小鸟的家"的案例中，教师注意倾听幼儿之间的对话，适时地加入幼儿的交谈中，

在肯定幼儿对话的教育价值的基础上，根据幼儿的兴趣和问题，设计了关于鸟窝的对话。又根据幼儿对鸟窝的兴趣设计了鸟窝的制作等活动。请问教师运用了哪种设计类型？写出该设计类型的步骤？

2．幼儿在教师设计的"听雨"教学活动中，既可以感受优美的语言，又可以养成乐观的生活态度，还可以感受雨点落在不同物体上的声音，增强了听力，增进了对声音的认识。这主要体现了幼儿园教学活动的哪一个组织和指导策略？幼儿园教学活动还有哪些组织和指导策略？

3．春天的一个早上，早来的幼儿意外地发现自然角的一个花盆开了一道缝，幼儿们觉得很奇怪。"花盆为什么裂了？""花盆里面有什么？"教师并没有直接告诉幼儿，而是引导幼儿探索。幼儿们把土扒开，发现是盆里逐渐长大的小土豆把盆撑破了。"土豆那么小，哪有那么大劲？"老师带幼儿到操场上看大树的根，幼儿们终于明白：根真有劲。

（1）上述老师的做法说明在组织与指导教学活动的什么策略？幼儿园教学活动的组织与指导策略还有哪些？

（2）上述教学是直接教学还是间接教学？在组织时应注意什么问题？

单元测试卷

一、选择题（每小题 2 分，共 60 分）

1. 幼儿园教学活动应更为关注幼儿（　　）。
　　A．获得知识量的多少　　　　　　　　B．获得知识的过程与方法
　　C．身体的发育　　　　　　　　　　　D．生活习惯的形成

2. 下列关于幼儿园教学活动的表述，不正确的是（　　）。
　　A．幼儿园的学习内容对幼儿没有任何强制性
　　B．幼儿是以学习间接的知识和经验为主的
　　C．幼儿园教学活动是教师创造和体验的过程
　　D．幼儿园教学活动具有游戏不能取代的作用，是实现课程目标的重要手段

3. 对教师而言，教学活动的关键因素是（　　）。
　　A．游戏　　　　　　　　　　　　　　B．环境
　　C．幼儿和幼儿的学习　　　　　　　　D．教学内容与方法

4. 关于幼儿园教学活动，表述正确的是（　　）。
　　A．教学活动主要是幼儿坐着听和看　　B．幼儿接受系统的科学知识
　　C．是教师和幼儿的双边活动过程　　　D．使用的教具多多益善

5. 在学习水果知识时，教师与幼儿一起去市场欣赏并购买水果，一起清洗并品尝水果的味道。这体现的幼儿园教学活动特点是（　　）。
　　A．启蒙性　　　　　B．游戏性　　　　　C．情境性　　　　D．活动性

6. 教师运用开公共汽车的游戏，帮助幼儿掌握简单的交通规则。这体现的幼儿园教学活动特点是（　　）。
　　A．生活性和启蒙性　　　　　　　　　B．活动性和参与性
　　C．思想性和教育性　　　　　　　　　D．游戏性和情境性

7. 教育要促进每个幼儿在原有基础上得到最大的发展，这体现的幼儿园教学活动的原则是（　　）。
　　A．活动性原则　　　　　　　　　　　B．积极性原则
　　C．发展性原则　　　　　　　　　　　D．科学性和思想性相结合的原则

8. 下列选项中属于智力因素的是（　　）。
　　A．主动性　　　　　　B．自信心　　　　C．坚持性　　　　D．知识经验水平

9. 直接影响教学目标实现程度的是（　　）。
　　A．幼儿的学习　　　　　　　　　　　B．教学活动内容
　　C．教学活动课程　　　　　　　　　　D．教师的教

10. 教学活动过程的主导因素是（　　）。

    A．教师   B．幼儿   C．游戏   D．环境

11. 教师调动幼儿的多种感知觉通道，使幼儿利用看、听、说、摸、闻、尝等多种途径学习，并在此过程中极大地发挥他们的创造性。这遵循的幼儿园教学活动原则是（　　）。

    A．科学性原则   B．参与性原则

    C．积极性原则   D．发展性原则

12. 完成教育目标的重要的中介因素是（　　）。

    A．教师   B．幼儿

    C．教学活动的内容   D．教学活动的方法

13. 春天来了，某教师教大班幼儿认识春季，活动开始后，教师带幼儿到户外直接感知花草、树木的变化，这主要体现了幼儿园教学的（　　）。

    A．科学性原则   B．思想性原则

    C．积极性原则   D．直观性原则

14. 幼儿园教育活动最为经济的组织形式是（　　）。

    A．个别活动   B．小组活动   C．集体活动   D．自由活动

15. 为了更好地照顾幼儿的个别差异，调动幼儿学习的主动性，应运用的幼儿园教学组织形式是（　　）。

    A．集体活动   B．小组活动   C．个别活动   D．班级活动

16. 下面有关幼儿园教学活动组织和指导的认识，正确的是（　　）。

    A．与直接教学相比，间接教学有更多的优点

    B．"教师讲、幼儿听"就是灌输式的机械教育

    C．集体活动是面向全体，小组和个别活动是照顾个别差异

    D．教师应注意利用生活中的突发事件进行随机教学

17. 张老师在组织幼儿学习认识蔬菜的活动过程中，发现幼儿对蔬菜长在哪里非常感兴趣，于是她对接下来的教学活动进行了修改，这种活动设计类型是（　　）。

    A．目标设计   B．预演设计   C．反思设计   D．现场设计

18. 将教育任务有机地渗透在游戏和日常生活环节中，做法不正确的是（　　）。

    A．游戏是完成幼儿园各教育目标的唯一途径

    B．在游戏和日常生活环节中有机地渗透教育的任务

    C．应重视对幼儿游戏和日常生活中的学习指导

    D．教师应注意利用生活中的突发事件进行随机教学

19. 幼儿的自主学习更多地指向（　　）。

    A．学习品质   B．学习能力   C．学习意识   D．学习习惯

20. 下列不属于间接教学优点的是（　　）。

    A．充分发挥幼儿的自主性，通过尝试主动学习和发展

    B．幼儿获得的都是有意义的直接经验

C．清楚明确、系统有序、省时经济

D．以自然的方式接近幼儿的生活，使幼儿不知不觉地接受教育

21．幼儿园通过教学活动引导幼儿认识周围环境，人际关系，获得基本经验，这主要体现了幼儿园教学活动的（　　）特点。

A．生活性　　　　　B．游戏性　　　　　C．情境性　　　　D．活动性

22．关于幼儿园教学活动中的"教"与"学"，说法不正确的是（　　）。

A．"教"与"学"是矛盾统一的

B．幼儿的"学"为教师的"教"服务

C．幼儿园教学活动包含有中小学上课的因素

D．幼儿园各种教育活动中都蕴含了"教"与"学"的因素

23．直接影响教学目标实现程度的是（　　）。

A．幼儿的学习　　　　　　　　　B．教学活动内容

C．教学活动过程　　　　　　　　D．教师的"教"

24．手工制作活动开展前，教师除要求幼儿自主操作的活动材料做好充分准备外，还亲自动手验证材料的可操作性和操作步骤的合理性。这是幼儿园教学活动设计的（　　）。

A．预演设计　　　B．现场设计　　　C．反思设计　　　D．随机设计

25．教师的情境性语言在（　　）的教学活动中运用较多。

A．托班　　　　　B．小班　　　　　C．中班　　　　D．大班

26．小班教师王莉莉在音乐活动课后，通过分析思考，对已完成的活动进行了修改和补充，这种活动设计的类型是（　　）。

A．预演设计　　　B．现场设计　　　C．反思设计　　　D．随机设计

27．（　　）是教师在情境中的决策活动。

A．预演设计　　　B．现场设计　　　C．反思设计　　　D．随机设计

28．一切教学活动必须以（　　）为追求的目的。

A．促进幼儿发展　　　　　　　　B．使幼儿获得知识

C．培养幼儿能力　　　　　　　　D．培养幼儿的创造性

29．教师将许多玩具一个一个地发给每个幼儿，让幼儿自由地玩玩具，再将幼儿手中的玩具一个一个地收拢来。通过这个过程，幼儿感受到许多可以分成一个一个，一个一个合起来是许多。这体现的幼儿园教学活动特点是（　　）。

A．生活性和启蒙性　　　　　　　B．活动性和参与性

C．游戏性和情境性　　　　　　　D．科学性和发展性

30．当教师不知如何回答幼儿提出的问题时，不妨直接告诉幼儿："你这个问题提得真好！把老师给难住了。让我们一起去查找一些资料好吗？"这体现了幼儿园教学活动的（　　）。

A．科学性和思想性相结合的原则　　B．积极性原则

C．发展性原则　　　　　　　　　　D．直观性原则

二、简答题（共 6 分）

1. 预演设计的一般步骤是什么？（3 分）

2. 教师应如何指导幼儿自主学习？（3 分）

三、论述题（9 分）

1.（6 分）教师在教育教学过程中，应怎样科学运用直接教学和间接教学方式？

2.（3 分）教师在诗歌教学《小熊过桥》中运用录音、多媒体课件、情景性语言等教学手段，这些教学手段体现了哪一教学原则？如何贯彻这一原则？

四、材料分析题（共 25 分）

1.（17 分）阅读《睡吧，小宝贝》，分析回答以下问题

活动过程：

A. 放录像，将幼儿带到夜幕降临的特定环境中，激发幼儿的情感。

B. 出示道具娃娃，告诉幼儿娃娃要睡觉，启发幼儿联想：妈妈在哄你睡觉时都说些什么？唱些什么？做些什么动作？

C. 教师播放歌曲《睡吧，小宝贝》。这是一首哄娃娃睡觉的摇篮曲，老师边唱边做拍娃娃的动作。使幼儿了解作品的内容和表达的情感。

D. 学唱歌曲《睡吧，小宝贝》。

E. 复习歌曲时，采用齐唱、小组唱的形式，请幼儿独唱并抱娃娃表演动作。

（1）以上教学片段体现了幼儿园教学活动具有什么特点？（3 分）

（2）教学片段 A、B、C 体现了幼儿园教学活动的哪一原则？幼儿园教学活动还有哪些原则？（5 分）

（3）以上教学片段体现了幼儿园教学活动的哪种设计类型？（2 分）

（4）教学片段 E 体现了幼儿园教学活动的哪种组织指导策略？幼儿园教学活动的组织与指导策略还有哪些？（7 分）

2.（4 分）诗歌《小熊过桥》描述的是一只小熊害怕过桥，在得到鲤鱼的鼓励和帮助后，勇敢地过了桥。孙老师在指导幼儿欣赏诗歌时，没有简单生硬地教育幼儿应该勇敢，而是首先布置了独木桥的情境，让幼儿尝试过桥，然后说说自己是怎样过桥的，是否得到了朋友的帮助，得到帮助后的心情怎样。在孙老师的引导下，幼儿通过体验感悟，学习如何变得勇敢和乐于助人。

（1）这一活动，主要贯彻了幼儿园教学活动的哪一原则？（1 分）

（2）活动中教师的做法主要体现了贯彻该原则的哪一要求？（1 分）

（3）贯彻这一教学活动的原则时还应注意哪些问题？（2 分）

3.（4 分）这是一节探索食物泡过水后会膨胀的科学课，教师事先准备了水、木耳、黄豆、豆皮干等，通过播放视频让幼儿们通过观察水发黄豆的变化，教师抛出问题：老师准备的这些食物泡水后会怎么样呢？接着幼儿们分组实验，把食物倒入水中，观察其变化并进行讨论。鑫焱兴奋地说："你看白木耳本来硬硬的，放在水里就软了，摸起来软软的、滑滑的。"

晨琳："豆皮干本来是皱皱的，现在都舒展开了。"通过幼儿的自主交流与分享，不知不觉获得知识。

（1）上述教师的做法说明组织与指导幼儿教学活动的什么策略？（1分）

（2）上述案例是直接教学还是间接教学？在组织时应注意什么问题？（3分）

第七章

幼儿园游戏

考试说明

（1）了解幼儿游戏的教育作用。

（2）理解幼儿游戏的含义、特点及其种类。

（3）理解各类幼儿游戏的含义和特点。

（4）掌握各类幼儿游戏的组织与指导策略。

知识结构图

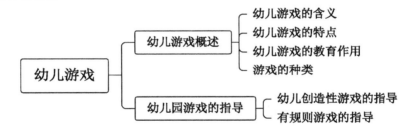

第一节　幼儿游戏概述

知识精讲

一、幼儿游戏的含义（理解）

（1）游戏是幼儿最喜爱的活动，是幼儿生活的主要内容。

（2）游戏符合幼儿身心发展的需要。

（3）游戏是幼儿特有的一种学习方式。

【注意】游戏这种学习方式与其他学习方式相比有以下特点：

①学习的动力来自于幼儿自身，由幼儿的兴趣爱好和探究欲望激发。

②学习没有明显的目的，在"玩"中自然促进发展。

③学习是潜移默化的，在不知不觉中学到东西。

二、幼儿游戏的特点（理解）

（1）游戏是幼儿的自主活动。

（2）游戏是有趣味的活动。

（3）游戏是虚构的活动。

【注意】

①幼儿游戏以活动本身为目的，自主性是幼儿游戏的实质。

②幼儿游戏是其生活的写照，反映其知识经验，不是真实生活的翻版。

三、幼儿游戏的教育作用（了解）

（1）游戏能促进幼儿身体的发展。

（2）游戏能促进幼儿智力和语言的发展。

（3）游戏能促进幼儿良好情感的发展。

（4）游戏能促进幼儿社会性发展。

【注意】

①幼儿期是奠定其智力发展基础的最佳时期，而游戏是幼儿智力发展的动力。

②游戏是幼儿表达情感的一种方式，对幼儿情感的满足和稳定具有重要价值。

③幼儿游戏是以活动本身为目的，它不能创造具有社会意义的价值，无实际功能。它是幼儿的一种独特的、最佳的学习方式，是一种积极的行为。

四、幼儿游戏的种类

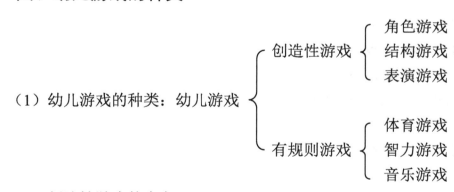

（1）幼儿游戏的种类：幼儿游戏

创造性游戏：角色游戏、结构游戏、表演游戏

有规则游戏：体育游戏、智力游戏、音乐游戏

（2）创造性游戏的含义。

创造性游戏是幼儿从兴趣爱好出发，自主选择，自由自在地操作，不受外显规则的约束，充分表达自己的情感，实现愿望，创造性地解决各种问题的游戏。幼儿的创造性、自主性在这类游戏中获得了极大的发展。按创造性程度分为幼儿完全自发的游戏和幼儿自选的游戏；按内容分为角色游戏、结构游戏、表演游戏。

（3）有规则游戏的含义。

有规则游戏是成人在幼儿自发游戏的基础上，依据一定的教育任务设计编订的，一般都有游戏的目的、玩法、规则和结果四个部分，其中游戏规则是有规则游戏的核心。有规则游戏包括包括体育游戏、智力游戏和音乐游戏等。

【注意】

①创造性游戏和有规则游戏的分类是相对的，创造性游戏也包含规则，而规则游戏又包含一定的创造性。

②在幼儿园教育中，教师根据一定的教育目标和幼儿发展的需要，有目的地采用游戏形式进行教学称教学游戏。

经典例题解析

【例1】（2017年山东春季高考）关于幼儿游戏的特点，表述不正确的是（   ）。

    A．游戏是虚构的活动   B．游戏是有趣味的活动

    C．游戏是创造社会意义价值的活动   D．游戏是幼儿的自主活动。

【解析】 此题考查的是幼儿游戏的特点。

【答案】 C

【例2】 下列不属于幼儿游戏特点的是（   ）。

    A．是幼儿的自主活动   B．是有趣味的活动

    C．有显著的目的性   D．是虚构的活动

【解析】 此题考查幼儿游戏的特点。

【答案】 C

【例3】（2017年真题）幼儿特有的一种学习方式是什么？这种学习方式与其他学习方式相比有哪些不同的特点？

【解析】 此题考查幼儿游戏的特点。

【答案】 游戏是幼儿特有的一种学习方式。

游戏学习方式与其他学习方式相比的特点：

（1）游戏中幼儿学习的动力来自于幼儿本身，由幼儿的兴趣爱好和探究欲望激发；

（2）游戏中幼儿学习没有明显的目的，在"玩"中自然促进发展；

（3）游戏中幼儿学习是潜移默化的，在不知不觉中学到东西。

同步练习

一、选择题

1.（   ）是幼儿最喜爱的活动，是幼儿生活的主要内容。

    A．学习   B．游戏   C．睡觉   D．吃饭

2. 下列哪些是幼儿游戏的特点（   ）。

①游戏是幼儿的自主活动②游戏是幼儿的基本活动③游戏是有趣味的活动

④游戏是虚构的活动

A．①②③④　　　B．①②③　　　C．②③④　　　D．①③④

3．幼儿把玩具丢了一地，在地上划出这是"我的家"，这是"我的商店"，反反复复，乐此不疲。这体现了幼儿游戏（　　　）的特点。

A．自主活动　　　B．有趣味的活动　　　C．虚构的活动　　D．有目的的活动

4．智力游戏、体育游戏和音乐游戏是（　　　）。

A．有规则游戏　　　B．表演游戏　　　C．角色游戏　　D．结构游戏

5．"我们来玩游戏好吗？""好啊，我们来玩《熊出没》吧。"这体现出的幼儿游戏特点是（　　　）。

A．游戏是有趣味的活动　　　　　　B．游戏是幼儿的自主活动

C．游戏是幼儿学习社会的活动　　　D．游戏是符合幼儿年龄的活动

6．下列关于幼儿游戏的说法，不正确的是（　　　）。

A．游戏中的角色、情节、玩具、材料均具有明显的虚构性

B．幼儿游戏活动的发起，源于外部命令或要求

C．幼儿游戏是为活动本身为目的，是为游戏而游戏，它不能创造具有社会意义的价值

D．幼儿游戏是其真实生活的写照，反映其知识经验

7．下列哪个不属于幼儿游戏的特点（　　　）。

A．游戏是幼儿的自主活动　　　　　B．游戏是幼儿的基本活动

C．游戏是有趣味的活动　　　　　　D．游戏是虚构的活动

8．幼儿游戏以（　　　）为目的。

A．活动任务　　　B．活动目标　　　C．活动结果　　D．活动本身

9．在幼儿园教育中，教师根据一定的教育目标和幼儿发展的需要，有目的地采用游戏的形式进行的教学称为（　　　）。

A．表演游戏　　　B．有规则游戏　　　C．教学游戏　　D．智力游戏

10．在游戏时，幼儿将椅子当成汽车，积木当成望远镜，冰淇淋棒当成注射器。这体现了幼儿游戏的（　　　）特点。

A．游戏是幼儿的自主活动　　　　　B．游戏是幼儿的自愿活动

C．游戏是有趣味的活动　　　　　　D．游戏是虚构的活动

11．（　　　）是幼儿智力发展的动力。

A．上课　　　B．游戏　　　C．学习　　D．活动

12．创造性游戏不包括（　　　）。

A．角色游戏　　　B．结构游戏　　　C．表演游戏　　D．有规则游戏

13．（　　　）是有规则游戏的核心。

A．游戏规则　　　B．游戏目的　　　C．游戏方法　　D．游戏结果

14．有规则游戏多半是由（　　　）编制，以规则为中心。

A．成人　　　B．教师　　　C．保育员　　D．家长

15. 幼儿游戏的实质在于它的（　　　）。

  A．自由性   B．自主性   C．游戏性   D．趣味性

16. 明确规定了游戏任务、玩法、规则、结果这四个基本因素的游戏，是下列哪一类游戏？（　　　）。

  A．角色游戏   B．结构游戏   C．创造性游戏 D．有规则游戏

17. 幼儿游戏是其生活的写照，反应其（　　　）。

  A．知识经验   B．知识   C．心理   D．学习

18. 幼儿根据自己的兴趣爱好在有限的条件下做出选择，自由游戏，这种情况称（　　　）。

  A．自选游戏   B．自由游戏   C．结构游戏   D．表演游戏

19. 游戏活动的发起源于（　　　）。

  A．我要玩   B．要我玩   C．我想要   D．教师的命令

20. 游戏中的角色、情节、玩具、材料均具有明显的（　　　）。

  A．虚构性   B．自主性   C．游戏性   D．娱乐性

二、简答题

1. 幼儿在游戏中的学习与其他学习活动相比有什么不同？

2. 游戏是幼儿喜爱的活动，在内容健康的社会性游戏中，幼儿通过扮演角色，模仿社会生活中人们的言语、行动，体验人们对周围实物的感受，实践社会所要求的行动规划。我国著名教育家陈鹤琴先生说过"小孩子生来是好动的，是以游戏为生命的。"这是对幼儿游戏这一现象的正确总结。

（1）如何正确理解幼儿游戏的含义？

（2）幼儿游戏有什么作用？

（3）幼儿游戏有什么特点？

第二节　幼儿园游戏的指导

知识精讲

一、幼儿创造性游戏的指导

（一）创造性游戏的指导要求（掌握）

1．创造性游戏的指导要求

（1）尊重幼儿游戏的自主性，满足幼儿游戏的多种需要。

（2）创造良好的能引发幼儿创造性游戏的环境，保证幼儿创造性游戏的时间。

（3）通过观察确定指导幼儿游戏的方法和途径，引导游戏进程，提高游戏水平。

（4）按照幼儿游戏发展的规律指导游戏。

（5）探索多样化的指导方式。

【注意】

幼儿游戏的实质在于它的自主性。

2．游戏环境创设要注意的问题

（1）教师应该研究幼儿，了解幼儿发展水平、已有的知识经验、能力和需要，还需研究游戏材料的功能，以适合幼儿的发展水平和兴趣需要。

（2）良好的游戏环境应蕴含着教师的教育意图和观念，有目的、有计划地促进幼儿的发展。

（3）游戏材料的投放要注意其适宜性，既不能琳琅满目，又要注意适量有计划地增加可以引起幼儿兴趣的东西，以便长时间激发幼儿的兴趣。

（4）游戏场地的安排应注意相对集中、相互协调、互不干扰。

（5）良好的游戏环境，还应具有参与性。

（6）有了游戏场地和材料，还应保证幼儿游戏的时间。

3．教师指导幼儿游戏的方式

（1）教师作为游戏伙伴的隐性指导，这是创造性游戏的主要指导方式。

（2）以教师身份直接点拨的显性指导。

4．创造性游戏不同年龄班的指导

（1）小班幼儿处在创造性游戏的初期，常从事平行游戏，对于小班幼儿应多丰富其生活经验，帮助幼儿确定游戏主题，了解游戏规则，逐步学会合作游戏。

（2）中班幼儿处于创造性游戏的高峰时期，教师应尽量多地为幼儿提供多种条件，满足其开展各种游戏的需要，引导其有组织、有计划地开展游戏。

（3）大班幼儿创造性水平较高，对大班幼儿可以逐渐减少创造性游戏的时间，增加棋类等竞争性规则游戏的内容，增加幼儿在游戏中思考问题、解决问题的机会。

（二）角色游戏的含义、特点及指导

1．角色游戏的含义（理解）

角色游戏是幼儿通过扮演角色，运用想象，创造性地反映个人生活印象的一种游戏，通常都有一定的主题，又称为主题角色游戏。它是幼儿期最典型、最有特色的一种游戏。

2．角色游戏的特点（理解）

（1）幼儿对社会现实生活的印象是角色游戏的源泉。

（2）想象活动是角色游戏的支柱。

【注意】在角色游戏中，创造性想象主要表现在三个方面：

①对游戏角色的假想（以人代人）；

②对游戏材料的假想（以物代物）；

③对游戏情景的假想（情景转换）。

3．角色游戏的指导（掌握）

（1）丰富幼儿的生活经验。

（2）加强对游戏过程的具体指导。

对于小班幼儿应着重增强他们的角色意识；对于中班幼儿应注重游戏中交往能力的发展；在大班则应注重鼓励幼儿与同伴商量确定角色的分配，并懂得谦让。

（三）结构游戏的种类与指导

1．结构游戏的含义（理解）

凡利用各种结构材料或玩具建构的活动都称为结构游戏。

2．结构游戏的种类（理解）

（1）积木游戏。

（2）积竹游戏。

（3）积塑游戏。

（4）金属构造游戏。

（5）拼棒游戏。

（6）拼图游戏。

（7）玩沙玩水玩雪的游戏。

【注意】

①积木游戏在幼儿园开展较早，也较为普遍。

②传统的七巧板就是拼图游戏。

3．结构游戏的指导（掌握）

（1）丰富和加深幼儿对物体和建筑物的印象。

（2）引导幼儿掌握结构造型的基本技能，培养幼儿结构造型的能力。

（3）针对不同年龄的特点，具体地指导。

①小班应侧重认识结构材料，学习初步的结构技能；

②中班应在进一步掌握结构技能的同时，鼓励幼儿大胆想象、共同构造，并能相互评议结构成果；

③大班应侧重引导幼儿参加大型结构游戏，并引导幼儿进一步美化自己的结构物。

（四）表演游戏的含义、特点及指导

1．表演游戏的含义（理解）

表演游戏是幼儿根据文艺作品中的内容、情节、角色，通过自己的语言、表情、动作创造性地进行表演的一种游戏。

2．表演游戏的特点（理解）

（1）表演游戏是幼儿根据文艺作品的内容进行表演的游戏。

（2）表演游戏是幼儿进行创造性表演的一种游戏。

（3）表演游戏不是以演给别人看为目的的，它是幼儿的一种自娱活动，即使没人看，幼儿也会饶有兴趣地进行表演。

【注意】

表演游戏和角色游戏不同在于：表演游戏中幼儿扮演的是文艺作品中的角色，角色游戏中幼儿扮演的是现实生活中的人物。

3．表演游戏的指导（掌握）

（1）选择内容健康，符合幼儿生活经验，幼儿能理解又适合表演的作品。

首先，要有健康活泼的思想内容，有利于幼儿形成良好的习惯，反面角色及打斗场面过多的作品不宜表演；其次，要具有一定的表演性。

（2）帮助幼儿熟悉文艺作品，充分理解作品内容。

（3）引导幼儿创造性地表演作品内容。

（4）针对不同年龄的特点，具体地指导。

①小班幼儿不会玩表演游戏，教师可以示范表演；

②中、大班幼儿应由他们自愿、自由地玩表演游戏，教师可适当予以帮助。

二、有规则游戏的指导

（一）有规则游戏的种类和特点

1．有规则游戏的种类（理解）

（1）智力游戏。

①感官游戏，如"听听是谁的声音""奇妙的口袋"等；

②比较异同的游戏，如"哪一个""下一样""哪里错了"等；

③分类游戏，如把物品按颜色、形状、大小、性质、作用等标准来分类；

④推理游戏，如谁最矮？谁最高；

⑤记忆游戏，如记忆两张画的异同、记数目字等；

⑥计算游戏，如比多少，看谁算得快等；

⑦语言游戏，如绕口令、谜语等；

⑧纸牌和棋类游戏，等等。

（2）体育游戏。

如"贴烧饼"、"木头人"、"老狼老狼几点了"、捉迷藏、丢手绢、"老鹰捉小鸡"、"小蜜蜂采蜜"、跳房子、滚铁环、滑滑梯、拍皮球、踢毽子等。

（3）音乐游戏。

如"许多小鱼游来了""抢椅子""老猫睡觉醒不了"等。

（二）、有规则游戏的指导要求（掌握）

（1）做好游戏的准备。

①选择和编制适合的游戏；

②教师要熟悉游戏的玩法及规则；

③准备好游戏的场地和材料。

（2）教会幼儿正确地玩游戏。

（3）组织幼儿积极参加各种游戏，有针对性地指导每个幼儿掌握正确的玩法。

①在教幼儿玩游戏的同时，要充分调动幼儿的积极性、主动性，提高幼儿参与游戏的兴趣；

②针对不同年龄的特点，具体地指导。

● 对于小班幼儿游戏规则的讲解要力求生动、简单、形象，要注重讲解与示范相结合。

● 对于中班幼儿在游戏中着重检查游戏玩法的掌握情况及游戏规则的执行情况，可开展简单的竞赛游戏。

● 对于大班幼儿，要求幼儿独立地玩游戏，严格遵守游戏规则，能对游戏的结果进行评价，可开展较为复杂的竞赛游戏。

（4）做好游戏结束工作。

经典例题解析

【例1】（2018年真题）幼儿期最典型、最有特色的游戏是（　　）。

  A．音乐游戏　　　　B．体育游戏　　　　C．角色游戏　　　D．结构游戏

【解析】此题考查的是角色游戏的含义，考纲要求理解的内容。

【答案】C

【例2】（2018年真题）幼儿游戏的实质在于（　　）。

  A．游戏的自主性　　　　　　　　B．游戏的活动性

  C．游戏的趣味性　　　　　　　　D．游戏的虚构性

【解析】此题考查的是幼儿游戏的特点，考纲要求理解的内容。

【答案】A

【例3】（2019年真题）幼儿角色游戏的支柱是（　　）。

  A．间接经验　　　　　　　　　　B．想象活动

C．成人的榜样　　　　　　　　　　　D．对社会现实生活的印象

【解析】此题考查的是角色游戏的特点，考纲要求理解的内容。对社会现实生活的印象是角色游戏的源泉，想象活动是角色游戏的支柱，答案为B项。

【答案】B

【例4】（2020年真题）幼儿在学习《小兔乖乖》后，根据故事分配角色进行游戏。这种游戏属于（　　）。

　　A．角色游戏　　　　B．体育游戏　　　　C．音乐游戏　　　　D．表演游戏

【解析】此题考查的是表演游戏的特点，考纲要求理解的内容。表演游戏是幼儿根据文艺作品的内容进行表演的游戏，答案为D项。

【答案】D

【例5】"老狼老狼几点了"属于下列哪种游戏（　　）。

　　A．智力游戏　　　　B．体育游戏　　　　C．音乐游戏　　　　D．美术游戏

【解析】此题考查幼儿游戏的种类。

【答案】B

【例6】（2016年真题）拼图游戏属于（　　）。

　　A．角色游戏　　　　B．结构游戏　　　　C．表演游戏　　　　D．体育游戏

【解析】此题考查幼儿游戏的种类。

【答案】B

【例7】（2019年真题）在区域活动时，幼儿们用各种材料进行搭建活动。有的幼儿用积木搭建了大楼，有的用积塑插接成了花墙，还有的用冰糕棍、木板拼成了各种图案……

上述活动是哪种创造性游戏？教师该怎样指导这类游戏？

【解析】此题考查的是结构游戏的含义和指导要求，含义为考纲理解内容，指导要求为考纲掌握内容。

【答案】这种游戏是结构游戏。教师指导要求：

（1）丰富和加深幼儿对物体和建筑物的印象；

（2）引导幼儿掌握结构造型的基本技能，培养幼儿结构造型的能力；

（3）针对不同年龄的特点，具体地指导。

【例8】（2020年真题）材料A：小班幼儿在玩"水果店"的游戏，但是"水果店"里冷冷清清，幼儿各玩各的。这时，李老师以顾客的身份加入到游戏中，"你们这里都有什么水果呀？我要买樱桃。"其他幼儿纷纷参与进来，"我要买香蕉""我要买橘子"……水果店里热闹了起来。

材料B：李老师看到幼儿搭建了一艘小船，但是小船没有栏杆，便说："你的小船很漂亮，但它没有栏杆，人会掉到水里去的，快给它加上栏杆吧!"幼儿连忙加上栏杆，使小船更像真的了。

（1）材料A中，幼儿玩的这种游戏有哪些特点？

（2）材料B中，李老师运用了创造性游戏的哪种指导方式？

（3）创造性游戏的指导要求有哪些？

【解析】此题考查的是结构游戏的含义和指导要求，含义为考纲理解内容，指导要求为考纲掌握内容。

【答案】（1）材料 A 中，幼儿玩的角色游戏的特点：

①幼儿对社会现实生活的印象是角色游戏的源泉；

②想象活动是角色游戏的支柱。

（2）材料 B 中，李老师运用的是以教师身份直接点拨的显性指导方式。

（3）创造性游戏的指导要求：

①尊重幼儿游戏的自主性，满足幼儿游戏的多种需要；

②创造良好的能引发幼儿创造性游戏的环境，保证幼儿创造性游戏的时间；

③通过观察确定指导幼儿游戏的方法和途径，引导游戏进程，提高游戏水平；

④按照幼儿游戏发展的规律指导游戏；

⑤探索多样化的指导方式。

同步练习

一、选择题

1．创造性游戏的主要指导方式是（　　）。

　A．显性指导　　　　B．有计划指导　　　　C．隐性指导　　　D．有目的指导

2．关于游戏环境的创设，说法不正确的是（　　）。

　A．游戏材料的投放要注意其适宜性

　B．有了游戏的场地和材料，还应保证幼儿游戏的时间

　C．游戏场地的安排应注意分散，互不干扰

　D．教师需要研究游戏材料的功能以适合幼儿的发展水平

3．教师注重鼓励（　　）幼儿与同伴商量确定角色的分配，并懂得谦让。

　A．托班　　　　　　B．小班　　　　　　　C．中班　　　　　D．大班

4．（　　）是幼儿期最典型、最有特色的游戏。

　A．角色游戏　　　　B．创造性游戏　　　　C．音乐游戏　　　D．智力游戏

5．在幼儿园开展较早，也较为普遍的结构游戏是（　　）。

　A．积木游戏　　　　　　　　　　　　　　　B．积竹游戏

　C．拼图游戏　　　　　　　　　　　　　　　D．玩沙、玩水、玩雪游戏

6．下列属于智力游戏的是（　　）。

　A．丢手绢　　　　　B．小蜜蜂采蜜　　　　C．木头人　　　　D．纸牌和棋牌游戏

7．在角色游戏中，幼儿常常用纸片当"面条"，用冰糕棍当"筷子"，这是创造性想象表现的（　　）。

　A．以人代人　　　　B．以物代人　　　　　C．以物代物　　　D．情境转换

8．角色游戏的源泉是（　　）。

　　A．教师的教育　　　　　　　　　　B．同伴的影响

　　C．电视的影响　　　　　　　　　　D．社会现实生活的印象

9．关于表演游戏的指导，不正确的是（　　）。

　　A．作品由教师挑选，多选一些打斗场面多、幼儿感到刺激的作品

　　B．表演之前，教师要帮助幼儿熟悉作品

　　C．在游戏中，教师针对不同幼儿年龄特点，具体指导

　　D．在游戏过程中，教师可适当给予以帮助，但不能干涉幼儿表演

10．指导中班幼儿角色游戏应注重（　　）。

　　A．增强他们的角色意识

　　B．注重游戏中幼儿交往能力的发展

　　C．注重鼓励幼儿与同伴商量确定角色的分配

　　D．根据幼儿的意愿进行

11．幼儿游戏的实质在于（　　）。

　　A．反映现实生活　　B．有游戏规则　　C．有趣味性　　D．游戏的自主性

12．（　　）是幼儿通过扮演角色、运用想象，创造性反映个人生活印象的一种游戏，通常都有一定的主题。

　　A．表演游戏　　　　B．角色游戏　　　　C．智力游戏年　　D．结构游戏

13．下面有关角色游戏的指导，说法不正确的（　　）。

　　A．幼儿生活内容越丰富，游戏内容就越充实

　　B．小班应着重增强幼儿的角色意识

　　C．中班应注重游戏中幼儿交往能力的发展

　　D．中班要注重鼓励幼儿与同伴商量确定角色的分配，并懂得谦让

14．幼儿根据文艺作品中的内容、情节、角色，通过自己的语言、表情、动作创造性地进行表演的一种游戏是（　　）。

　　A．体育游戏　　　　B．角色游戏　　　　C．智力游戏　　D．表演游戏

15．下列有关幼儿园游戏的说法，正确的是（　　）。

　　A．游戏是幼儿主要的学习方式，幼儿园没有必要进行教学

　　B．教师指导的频率越高，越有助于儿童游戏水平的提高

　　C．教师对游戏的指导必须以保证体现幼儿游戏的特点为前提

　　D．对游戏的显性指导比隐性指导好

16．（　　）班幼儿应在进一步掌握结构技能的同时，鼓励幼儿大胆想象、共同构造，并能相互评议结构成果。

　　A．大班　　　　　　B．小班　　　　　　C．拖班　　　　D．中班

17．（　　）不是以演给别人看为目的的，它是幼儿的一种自娱活动。

　　A．角色游戏　　　　B．表演游戏　　　　C．有规则游戏　　D．体育游戏

18. 教师以游戏参加者的身份用自己的行动及游戏的语言或游戏的材料，暗示幼儿的游戏行为，促进幼儿游戏的发展。这是（ ）的主要指导方式。

    A．创造性游戏　　　　B．有规则游戏　　　　C．自由游戏　　　　D．体育游戏

19.（ ）是幼儿处于创造性游戏的高峰期。

    A．大班　　　　　　　B．中班　　　　　　　C．小班　　　　　　　D．托班

20.（ ）幼儿，应着重增强他们的角色意识。

    A．小班　　　　　　　B．中班　　　　　　　C．大班　　　　　　　D．托班

二、简答题

1. 创造性游戏是幼儿自主选择、自由玩耍的，从中可以充分表达自己的情感，实现自己的愿望，创造性地解决各种问题。

请问：幼儿创造性游戏的指导要求有哪些？

2. 关于游戏环境的创设要注意的问题有哪些？

3. 结构游戏的种类有哪些？

4. 表演游戏的特点是什么？

三、分析论述题

1. 幼儿在玩游戏"拔萝卜"，幼儿自己增加了"小羊、小猴、小兔、小松鼠"等角色，还改变了故事情节，如"萝卜怎么拔也拔不出来，最后请来大力水手帮忙才拔出来"。

（1）幼儿玩的是什么游戏？

（2）这种游戏该如何指导呢？

2．幼儿在一起玩游戏，他们先玩"捉迷藏"，又玩"老鹰捉小鸡"，可开心了。

（1）幼儿玩的是有规则游戏的哪一种游戏？

（2）有规则游戏还有哪几种？

（3）教师应该如何来指导有规则游戏？

3．自由游戏时间，几个幼儿聚在一起，有的扮演医生，用听诊器诊断病情；有的扮演病人，向医生陈述病情；有的扮演护士，给病人打针，并安慰幼儿："小朋友不要害怕，阿姨轻轻地打"。请运用所学知识分析：

（1）上述游戏属于哪种类型？

（2）教师应该如何指导这种游戏？

单元测试卷

一、选择题（每小题 2 分，共 60 分）

1. 幼儿期最典型、最有特色的一种游戏是（   ）。

    A．角色游戏   B．表演游戏   C．智力游戏   D．结构游戏

2. 幼儿玩动物拼图积木，此类游戏属于（   ）。

    A．角色游戏   B．结构游戏   C．表演游戏   D．规则游戏

3. 幼儿角色游戏的支柱是（   ）。

    A．间接经验   B．想象活动

    C．成人的榜样   D．幼儿对社会现实生活的印象

4. 传统的七巧板属于（   ）。

    A．结构游戏   B．表演游戏   C．规则游戏   D．角色游戏

5. 在幼儿园教育中，教师根据一定的教育目标和幼儿发展的需要，有目的地采用游戏的形式进行教学称为（   ）。

    A．创造性游戏   B．有规则游戏   C．教学游戏   D．幼儿园教学活动

6. 下列不属于结构游戏的是（   ）。

    A．拼棒游戏   B．棋类游戏

    C．玩沙玩水游戏   D．金属构造游戏

7. 幼儿利用各种不同的结构材料，经过手的创造来反映现实生活的游戏是（   ）。

    A．结构游戏   B．角色游戏   C．表演游戏   D．智力游戏

8. 创造性游戏的主要指导方式是（   ）。

    A．显性指导   B．具体指导   C．隐性指导   D．直接指导

9. 下列游戏中属于智力游戏的是（   ）。

    A．抢椅子   B．吹泡泡   C．木头人   D．哪里错了

10. 在游戏中，幼儿的角色意识强烈，往往争当同一角色，表现出此特点的年龄班是（   ）。

    A．托班   B．小班   C．中班   D．大班

11. 幼儿角色游戏的源泉是（   ）。

    A．想象活动   B．社会现实生活的印象

    C．成人的榜样   D．教师讲述的经验

12. 判断某种活动是否是幼儿游戏的重要条件在于（   ）。

    A．教师是否给予指导   B．是否有明确的目的

    C．活动是否多样化   D．幼儿是否在自主活动

13. 创造性游戏的高峰期是（　　）。

　　A. 小班　　　　　　　B. 中班　　　　　　　C. 大班　　　　　　D. 托班

14. 教师在指导小班幼儿结构游戏时，应该注重（　　）。

　　A. 认识结构材料，学习初步技能

　　B. 鼓励幼儿大胆想象、共同构造，并能相互评议结构成果

　　C. 引导幼儿进行大型结构游戏

　　D. 鼓励幼儿进一步掌握结构技能

15. 关于游戏环境的创设，说法不正确的是（　　）。

　　A. 良好的游戏环境应蕴含着教师的教育意图和观念

　　B. 游戏材料的投放要注意其适宜性，活动室应准备让幼儿玩一次的游戏材料

　　C. 游戏场地的安排应注意相对集中、互相协调、互不干扰

　　D. 良好的游戏环境，还应具有参与性

16. 应侧重引导幼儿开展参加人数多、持续时间长的大型结构游戏的是（　　）。

　　A. 托班　　　　　　　B. 小班　　　　　　　C. 中班　　　　　　D. 大班

17. 教师在游戏区设置多个主题的游戏场地，幼儿根据自己的兴趣爱好在有限的条件下做出选择自由游戏。这种情况称为（　　）。

　　A. 创造性游戏　　　　　　　　　　B. 幼儿自发游戏

　　C. 幼儿自选游戏　　　　　　　　　D. 有规则游戏

18. 幼儿特有的学习方式是（　　）。

　　A. 日常生活　　　　　　　　　　　B. 自我服务性劳动

　　C. 游戏　　　　　　　　　　　　　D. 感觉训练

19. 幼儿游戏的目的是（　　）。

　　A. 活动任务　　　B. 活动目标　　　C. 活动结果　　　D. 活动本身

20. 在角色游戏中，创造性想象的表现不包括（　　）。

　　A. 以人代人　　　B. 以物代人　　　C. 以物代物　　　D. 情境转换

21. 小班幼儿常从事的游戏是（　　）。

　　A. 合作游戏　　　B. 体育游戏　　　C. 平行游戏　　　D. 电竞游戏

22. 幼儿在学习《三只小猪》后，根据故事分配角色进行游戏。这种游戏属于（　　）。

　　A. 角色游戏　　　B. 体育游戏　　　C. 音乐游戏　　　D. 表演游戏

23. 纸牌、棋类游戏属于（　　）。

　　A. 结构游戏　　　B. 智力游戏　　　C. 体育游戏　　　D. 表演游戏

24. 教师看到幼儿搭了一艘小船没有栏杆，对他说"小船很漂亮，但是没有栏杆太危险了，快加上栏杆吧"，这种指导方式是（　　）。

　　A. 间接指导　　　B. 显性指导　　　C. 隐性指导　　　D. 平行指导

25. "抢椅子"属于（　　）。

　　A. 智力游戏　　　B. 体育游戏　　　C. 音乐游戏　　　D. 表演游戏

26．关于表演游戏，以下说法错误的是（　　　）。

A．应让幼儿充分理解作品内容

B．表演游戏是一种创造性游戏

C．表演游戏是根据文艺作品的内容进行表演的

D．表演游戏一定要有观众，这样幼儿才有表演的欲望

27．"老狼老狼几点了"的游戏类型是（　　　）。

A．智力游戏　　　　B．体育游戏　　　　C．音乐游戏　　　D．表演游戏

28．指导有规则游戏，要求幼儿能够独立玩游戏，严格遵守游戏规则。这种要求针对的年龄班是（　　　）。

A．托班　　　　　B．小班　　　　　C．中班　　　　　D．大班

29．（　　　）幼儿可以逐渐减少创造性游戏的时间，增加棋类的竞争性规则游戏的内容。

A．小班　　　　　B．中班　　　　　C．大班　　　　　D．小中班

30．下列关于幼儿游戏的说法，不正确的是（　　　）。

A．游戏中的角色、情节、玩具、材料均有明显的虚构性

B．幼儿游戏活动的发起，源于外部命令和要求，是要我玩

C．幼儿游戏是为活动本身为目的，是为游戏而游戏，它不能创造具有社会意义的价值

D．幼儿游戏是其真实生活的写照，反映其知识经验

二、简答题（共 13 分）

1．（4分）角色游戏是幼儿期最典型的一种游戏，请问：

（1）什么是角色游戏？（2分）

（2）角色游戏的特点是什么？（2分）

2．（6分）结构游戏是幼儿最喜爱的游戏之一，结构游戏的种类有哪些？教师应如何指导幼儿的结构游戏？

3.（3分）在角色游戏中，创造性想象主要表现在什么方面？

三、论述题（共 10 分）

"捉迷藏""丢手绢""老鹰抓小鸡"等民间流传下来的游戏。

（1）这些属于有规则游戏的哪一种？（1分）

（2）如何指导幼儿的有规则游戏？（9分）

四、材料分析题（共 17 分）

1.（11分）在语言活动"小乌龟开店"的基础上，组织一次表演游戏。教师一一出示早已准备好的道具。介绍完道具，配班老师带领全班幼儿幼儿"开火车"离开活动室去"剧场"看表演，主班老师在活动室里布置场景：一家花店、一家书店、一家气球店。场地布置好了，幼儿由配班老师带领进"剧场"。主班老师提问："谁愿意上来表演？""哗！"几十只小手举了起来。老师挑了五个没有举手而上次语言活动表现又不好的幼儿上来表演。表演时，老师不停地提示幼儿们对话、做动作。第二轮，老师请了五个"坐得好的幼儿"上来表演，五个幼儿表演同一角色。老师还是不时地按照故事情节规范语言，纠正幼儿们的动作。好多幼儿忙着摆弄有趣的道具，忘了表演，老师又不停地提醒……请结合材料回答下列问题：

（1）这位教师这样指导表演游戏对吗？（1分）

（2）表演游戏的指导要求是什么？（4分）

（3）表演游戏的特点是什么？（3分）

（4）教师指导幼儿游戏的方式有哪些？哪一种是创造性游戏的主要指导方式？（3分）

2.（6分）中班幼儿在玩"医院"的游戏，幼儿都抢着扮演医生和护士，因害怕打针，幼儿都不愿扮演病人，结果医院里冷冷清清的，幼儿之间没有互动的行为。这时，教师以病人的身份加入到游戏中："我感冒了，给我量一量体温。"其他幼儿也纷纷参与进来，"我有点头晕，给我量一量血压。""我也感冒了，也要量体温"——医院里开始热闹起来。

（1）本案例中教师使用了哪一种游戏指导方式？（1分）

（2）幼儿玩的是哪一种创造性游戏？（1分）

（3）如何指导这种创造性游戏？（4分）

第八章

幼儿园劳动、节日及娱乐活动

考试说明

（1）了解幼儿劳动的教育作用。

（2）了解幼儿园娱乐活动的基本知识。

（3）理解幼儿劳动的特点、内容及形式。

（4）理解组织幼儿园节日活动的基本要求和形式。

（5）掌握组织幼儿劳动应注意的问题。

知识结构图

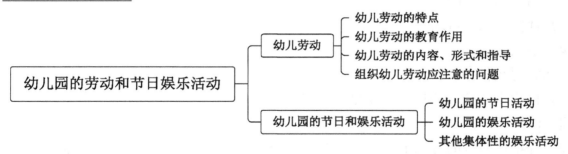

第一节　幼儿劳动

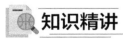 知识精讲

一、幼儿劳动的特点（理解）

1. 游戏性

幼儿劳动具有游戏的性质。幼儿喜欢自己动手参与劳动，但目的性不明确，幼儿是从兴趣出发，以游戏的方式模仿成人劳动，满足于劳动过程中自己的动作。

2．生活性

幼儿劳动的内容是和日常生活紧密联系的生活性劳动，是从生活中的自我服务开始的。幼儿的自我服务劳动是幼儿最容易理解和掌握的劳动内容。幼儿早期的劳动愿望是在生活中产生的。

二、幼儿劳动的教育作用（了解）

（1）幼儿劳动是促进幼儿全面发展的教育手段。

①劳动能增强幼儿的体力；

②劳动是幼儿智育的手段；

③劳动对形成幼儿良好的品德有突出的作用；

④劳动使幼儿产生用自己的劳动追求美的愿望。

（2）劳动对幼儿良好个性的形成有直接的影响作用。

【注意】

组织幼儿参加劳动是向幼儿进行爱劳动、尊重劳动者和劳动成果教育最基本的途径。

三、幼儿劳动的内容、形式和指导（理解）

1．幼儿劳动的内容

（1）自我服务劳动；

（2）为集体服务的劳动；

（3）种植、饲养劳动；

（4）手工劳动。

2．幼儿劳动的形式

（1）自我服务劳动的形式主要包括独立进餐、睡眠、盥洗、如厕、穿脱衣服、鞋袜，清洁整理生活用品等。

（2）为集体服务的劳动形式有集体劳动、个别委托劳动、值日生劳动和家务劳动等。

（3）种植、饲养劳动的形式有种植劳动、饲养劳动等。

（4）手工劳动的形式有自制玩具、其他手工劳作等。

【注意】

①为集体服务的劳动是幼儿爱集体教育的有效途径。

②个别委托劳动是为集体服务的一种常用形式，也是幼儿乐于接受的劳动形式。个别委托的形式为教师提供了因人施教的机会。

③值日生劳动一般从中班开始。

④种植和饲养是幼儿最喜爱的劳动，具有集体劳动的性质。种植和饲养是幼儿在接触自然环境中进行的劳动。

⑤家务劳动也是幼儿劳动的重要形式，它既有自我服务的内容，又有为家庭集体服务劳动的内容。

3．幼儿劳动的指导

（1）自我服务劳动的指导。

可以结合生活活动进行，也可以有计划、有目的地组织专门的劳动。

①指导小班幼儿自我服务的劳动，要从培养兴趣开始，方法具体形象，调动幼儿参加劳动的积极性。

②中、大班幼儿已基本掌握自我服务劳动的各种动作技能，教师可以更多地利用语言进行指导，对幼儿自我服务劳动提出更高的要求，并逐步扩大劳动的范围。

（2）为集体服务的劳动的指导。

①集体劳动：劳动开始时，向幼儿说明劳动的内容和要求；在劳动过程中，要观察了解幼儿情况，适时给予指导帮助；劳动结束前，要求幼儿整理工具，并作简单的评价或总结。

②个别委托劳动：教师要立足于教育，有目的、有计划地安排委托劳动的内容，向幼儿提出明确的要求，讲清注意事项，鼓励幼儿通过自己的努力完成任务。要求幼儿会主动向教师报告任务完成的情况，并听取教师的评价和意见。

③值日生劳动：一般从中班开始。可先从餐桌值日开始，由教师讲解具体的劳动任务和进行的程序，教会幼儿担任值日生的方法和技能，鼓励幼儿独立地、有创造性地完成任务。

④家务劳动：幼儿家务劳动主要靠家长进行指导，教师的任务是要与家长取得共识并积极督促家长让幼儿参与家务劳动。

（3）种植、饲养劳动的指导。

教师可将集体劳动的指导方法和种植饲养劳动的特殊要求结合起来，侧重于引导幼儿学会观察动植物生长变化的方法，学会一些管理动植物的技能。

（4）手工劳动的指导。

①自制玩具：小班幼儿自制玩具时，应突出游戏性的特点，让幼儿在游戏中进行制作活动；中班着重于自制玩具的应用性特点，幼儿要会玩自己制作的玩具；大班则侧重集体制作，会共同制作较大型的玩具，并会共同使用和玩耍等。

②其他手工劳作：要注意充分发挥幼儿的创造性和想象力，让幼儿在制作中运用生活经验和制作技能，主动积极地构思和尝试，完成作品。

四、组织幼儿劳动应注意的问题（掌握）

1．组织幼儿劳动应注意的问题

（1）明确幼儿劳动的目的要求；

（2）为幼儿劳动创设适宜的条件；

（3）科学安排幼儿劳动内容；

（4）劳动形式多样化、有趣味性；

（5）重视劳动过程中的安全和卫生。

【注意】

①组织幼儿参加劳动是为了教育和促进幼儿的发展。不能把幼儿当作劳动力使用，或错

误地把劳动当成惩罚幼儿的手段，不追求经济效益，也不展开无意义的竞赛活动。组织幼儿劳动要坚持一贯性。

②幼儿劳动应在安全卫生的环境中进行，最长的劳动时间不要超过30分钟。

2．科学安排幼儿劳动内容

（1）小班幼儿的劳动内容以培养生活自理能力的自我服务为主，劳动的重点是培养幼儿对劳动的兴趣和习惯。

（2）中班幼儿的劳动内容是提高自我服务劳动的质量，培养他们的独立性，学习相互合作，尊重成人的劳动、爱惜劳动成果。

（3）大班幼儿的劳动内容是为集体的劳动和轮流担任值日生，劳动的重点应放在培养劳动的自觉性、计划性和目的性上。

🔍 经典例题解析

【例1】（2018年真题）根据幼儿身心发展特点，幼儿劳动时间不要超过（　　）。

　　A．10分钟　　　　　B．20分钟　　　　　C．30分钟　　　　　D．40分钟

【解析】此题考查的是组织幼儿劳动应注意的问题，考纲要求掌握的知识。

【答案】C

【例2】（2019年真题）幼儿为了看种下去的种子是否发芽，会把种子挖出来看。这体现的幼儿劳动特点是（　　）。

　　A．游戏性　　　　　B．生活性　　　　　C．目的性　　　　　D．情境性

【解析】本题主要考查的是幼儿劳动的特点，考纲要求理解的内容。

【答案】A

【例3】"成成，请帮老师从图书角拿一本《猜猜我有多爱你》。"这种劳动属于（　　）。

　　A．自我服务劳动　　　　　　　　　B．集体劳动

　　C．个别委托劳动　　　　　　　　　D．值日生劳动

【解析】此题考查的是幼儿劳动的形式。

【答案】C

【例4】幼儿园的值日生劳动开始于（　　）。

　　A．大班　　　　　B．中班　　　　　C．小班　　　　　D．托班

【解析】此题考查的是幼儿劳动的指导，幼儿园的值日生劳动一般从中班开始。

【答案】B

【例5】（2016年真题）幼儿独立进餐属于（　　）。

　　A．自我服务劳动　　　　　　　　　B．手工劳动

　　C．种植、饲养劳动　　　　　　　　D．为集体服务的劳动

【解析】此题考查的是幼儿劳动的形式。

【答案】A

【例6】（2020年真题）教师组织幼儿劳动应注意哪些问题？

【解析】本题主要考查的是组织幼儿劳动应注意的问题，考纲要求掌握的知识。

【答案】教师组织幼儿劳动应注意：

（1）明确幼儿劳动的目的要求；

（2）为幼儿劳动创设适宜的条件；

（3）科学安排幼儿劳动内容；

（4）劳动形式多样化、有趣味性；

（5）重视劳动过程中的安全和卫生。

同步练习

1．幼儿早期的劳动愿望是在（　　　）中产生的。

  A．游戏   B．教学活动   C．生活   D．自由活动

2．幼儿洗手绢时玩肥皂泡，扫地时把扫帚当成玩具，这体现了幼儿劳动的（　　　）特点。

  A．游戏性   B．生活性   C．愉快性   D．自主性

3．向幼儿进行爱劳动、尊重劳动者和劳动成果教育最基本的途径是（　　　）。

  A．讲解劳动的重要性   B．组织幼儿参加劳动

  C．灌输劳动光荣的思想   D．给环卫工人送水

4．幼儿独立睡眠、如厕、穿脱衣服是（　　　）。

  A．个别委托劳动   B．为集体服务的劳动

  C．值日生劳动   D．自我服务劳动

5．幼儿帮幼儿园厨房剥豆、摘豆，修补图书是（　　　）。

  A．集体劳动   B．个别委托劳动

  C．值日生劳动   D．家务劳动

6．（　　　）是为集体服务的一种常用形式，也是幼儿乐意接受的劳动形式。

  A．值日生劳动   B．种植饲养劳动

  C．手工劳动   D．个别委托劳动

7．幼儿园的值日生劳动一般开始于（　　　）。

  A．小班   B．中班   C．大班   D．托班

8．幼儿最喜欢的劳动是（　　　）。

  A．种植和饲养劳动   B．手工劳动

  C．个别委托劳动   D．值日生劳动

9．幼儿劳动时间最长不要超过（　　　）。

  A．15分钟   B．20分钟   C．25分钟   D．30分钟

10．幼儿的劳动内容是以培养生活自理能力的自我服务为主的是（　　　）。

  A．托班   B．小班   C．中班   D．大班

11．下列不属于幼儿劳动内容的是（　　　）。

    A．手工劳动　　　　　　　　　　　　B．为集体服务的劳动

    C．种植饲养劳动　　　　　　　　　　D．企业生产劳动

12．小班幼儿在自制玩具时，应突出的特点是（　　　）。

    A．应用性　　　　　B．游戏性　　　　　C．娱乐性　　　　　D．参与性

13．幼儿爱集体教育的主要途径是（　　　）。

    A．树立榜样　　　　　　　　　　　　B．教师的示范作用

    C．为集体服务的劳动　　　　　　　　D．班会

14．幼儿自制玩具时，着重于自制玩具的应用性特点，幼儿要会玩自己制作的玩具，该班属于（　　　）。

    A．小班　　　　　　B．中班　　　　　　C．大班　　　　　　D．学龄期儿童

15．中班幼儿劳动的主要内容是（　　　）。

    A．培养幼儿对劳动的兴趣

    B．提高幼儿自我服务的质量，培养他们的独立性

    C．逐步培养幼儿习惯于自己能做的事情自己做

    D．为集体的劳动轮流担任值日生

二、简答题

1．为集体服务的劳动有哪些形式？

2．如何理解幼儿劳动的特点？

三、分析论述

    大风车幼儿园在园内开辟了小园地并划分出专门的饲养场所，可以种植葱蒜、花卉，饲养小蝌蚪、小乌龟、金鱼、虾。幼儿们可高兴了，他们都积极主动地投入到种植和饲养的劳动中，不仅锻炼了幼儿的体力，还培养了幼儿认真负责的劳动态度。结合案例分析：

    （1）上述案例体现了幼儿的哪一种劳动内容？

（2）幼儿劳动的内容还有哪些？

（3）组织幼儿劳动应注意哪些问题？

第二节　幼儿园的节日及娱乐活动

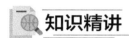 **知识精讲**

一、幼儿园的节日活动（理解）

1．幼儿园节日活动的教育作用

（1）节日活动具有鲜明的社会性和民族性，幼儿通过各种纪念性节日庆祝活动，丰富了与节日相关的、简单的历史事件的知识，扩大了眼界，促进了其社会性的发展。

（2）节日庆祝活动内容和形式丰富多彩，不仅能引起幼儿对节日的兴趣和向往，还增进了其对集体的情感。

2．组织幼儿园节日活动的基本要求（理解）

（1）节日活动应有计划、有准备地进行。

（2）突出不同节日应有的特色。

（3）活动的内容和时间必须符合幼儿的年龄特点。

（4）活动的开展要面向全体幼儿，使幼儿成为活动的主人。

3．幼儿园节日活动的形式和组织（了解）

（1）全园庆祝会。六一国际儿童节、国庆节和元旦等重大节日可组织全园庆祝会，小班节目安排在前面进行，中班随后，大班最后。时间以一小时左右为宜，小班幼儿可视情况提前离开会场。

（2）联欢、游艺活动。

（3）班级庆祝活动。

班级节日庆祝活动范围小，形式灵活，便于组织。要注意突出主题，体现不同节日的特色，可以让家长和子女共同参加或两个班级联合。

（4）慰问活动。一般在五一劳动节、八一建军节和教师节时采用慰问的形式开展活动。

二、幼儿园的娱乐活动（了解）

幼儿园的娱乐活动是指通过幼儿喜闻乐见的文艺形式或带有游戏性质的手段，以丰富幼儿的生活，给幼儿带来快乐为主要目的的活动。

1．幼儿园娱乐活动的教育作用

（1）娱乐活动给幼儿的生活增添了乐趣，促进了幼儿体力的发展。

（2）培养幼儿的道德情操，启迪幼儿的智慧，促进其认识能力的发展。

（3）使幼儿在欢笑声中接受教育，得到美的享受。

2．幼儿园娱乐活动的组织

要有目的、有计划地组织幼儿的娱乐活动，可每周或两周组织一次，在下午的日程时间内安排。娱乐活动的选择和组织安排要符合教育性、艺术性和可接受性的原则。

（1）全园性的娱乐活动：时间以一小时左右为宜，举行的次数不宜太多。

（2）班级的娱乐活动：

①小班娱乐活动内容简单、时间短，以欣赏成人或中、大班幼儿的表演活动为主。活动时间在 15～20 分钟；

②中班娱乐活动可增加竞赛的成分，还可以适当增加语言的成分；

③大班娱乐活动的内容不仅要求有趣味性，还应有一定的知识性和竞赛性质，能为中、小班幼儿表演小歌舞、小话剧等。

三、其他集体性的娱乐活动

1．迎新活动

组织好迎新活动是幼儿园领导和班级教师重要的任务。

2．毕业欢送活动

毕业欢送活动是一种生动的入学教育，时间不宜长，节目不宜多。

3．生日聚会

一般在班级内进行，可以为一个幼儿举行或为同一月份出生的幼儿集体举行。

4．亲子活动

亲子活动是请家长到幼儿园与自己的孩子共同参与活动的形式。

5．郊游

郊游一般在春、秋季组织，是幼儿最喜爱的、轻松愉快的活动。

经典例题解析

【例1】（2017 年真题）全园庆祝会，时间一般控制在（　　）。

A．半小时左右　　　　　　　　　B．一小时左右

C．一个半小时左右　　　　　　　D．两小时左右

【解析】此题考查的是幼儿全园庆祝会的时间。

【答案】B

【例2】（2018 年真题）下列关于幼儿园娱乐活动的表述，错误的是（　　）。

A．举行的次数不宜太多

B．可每周或两周在上午组织一次

C．活动时间以一小时左右为宜

D．要有目的、有计划地组织幼儿的娱乐活动

【解析】此题考查的是幼儿国娱乐活动的有关知识，考纲要求了解的知识。幼儿园的娱乐活动可每周或两周组织一次，在下午的日程时间内安排，所以 B 项在上午组织错误。

【答案】B

【例3】（2020 年真题）小班幼儿的班级娱乐活动时间一般是（　　）。

A．10～15 分钟　　　B．15～20 分钟　　　C．20～25 分钟　　D．25～30 分钟

【解析】本题主要考查的是幼儿娱乐活动的基本知识，考纲要求了解的内容。小班娱乐活动内容简单、时间短，活动时间在 15～20 分钟。

【答案】B

【例4】小班娱乐活动内容简单、时间短，活动时间一般应控制在（　　）。

A．5～10 分钟　　　B．10～15 分钟　　　C．15～20 分钟　　D．20～25 分钟

【解析】此题考查的是幼儿娱乐活动的时间。

【答案】C

同步练习

一、选择题

1．全园性娱乐活动的时间以多长时间为宜（　　）。

A．0.5 小时　　　B．1 小时　　　C．1.5 小时　　　D．2 小时

2．以下不适合幼儿园采用慰问形式开展活动的节日是（　　）。

A．五一国际劳动节　　　　　　　B．建军节

C．清明节　　　　　　　　　　　D．教师节

3．下列不属于我国幼儿园节日活动的是（　　）。

A．端午节　　　B．美国国庆日　　　C．中秋节　　　D．国际儿童节

4．（　　）是请家长到幼儿园与自己的孩子共同参与活动的形式。

A．亲子活动　　　B．生日聚会　　　C．迎新活动　　　D．毕业欢送活动

5．娱乐活动的内容要丰富多样，不仅要求有趣味性，还应有一定的知识性和竞赛性质的是在（　　）。

A．小班　　　B．中班　　　C．大班　　　D．托班

6．有关幼儿园节日活动的说法，错误的是（　　）。

A．组织幼儿节日活动要考虑幼儿的年龄特点

B．要使幼儿成为活动的主人

C．组织幼儿节日活动要有计划、有准备

D．组织幼儿表演节目，评出名次

7. 以下不属于幼儿园节日活动组织形式的是（ ）。

    A．全园庆祝会　　　B．班级庆祝会　　　C．慰问活动　　　D．郊游

8. 下列不属于幼儿园娱乐活动的是（ ）。

    A．观看动画电影　　　　　　　　　　B．小魔术表演

    C．玩娱乐性游戏、小型游艺会　　　　D．手工制作、幼儿劳动

9. 下列有关幼儿园娱乐活动的说法，错误的是（ ）。

    A．因为幼儿喜欢，幼儿园应该经常举行全园性娱乐活动

    B．要能促进幼儿智力和体力的发展

    C．以丰富幼儿生活，为其带来快乐为主要目的

    D．通过幼儿喜闻乐见的文艺形式或带有游戏性质的手段进行

10. 活动范围小，形式灵活便于组织的是（ ）。

    A．全园庆祝会　　　B．班级庆祝会　　　C．慰问活动　　　D．郊游

11. 节日活动时（ ）班的节目要安排在前面进行。

    A．托班　　　　　　B．小班　　　　　　C．中班　　　　　　D．大班

12. 全员庆祝会以（ ）为宜。

    A．半小时　　　　　B．四十分钟　　　　C．一小时　　　　　D．一个半小时

13. 娱乐生活可（ ）组织一次。

    A．一周或两周　　　B．半个月　　　　　C．半周　　　　　　D．一个月

14. 小班的娱乐活动时间为（ ）。

    A．5～10 分钟　　　B．15～20 分钟　　　C．20～25 分钟　　D．25～30 分钟

15. （ ）活动有利于幼儿身心健康。

    A．迎新活动　　　　B．毕业欢送活动　　　C．亲子活动　　　　D．郊游

二、简答题

1. 组织幼儿园节日活动的基本要求有哪些？

2. 幼儿园节日活动的形式有哪些？

单元测试卷

一、选择题（每小题 2 分，共 60 分）

1．在幼儿劳动的内容中，一种为集体服务的常用形式是（　　）。

    A．值日生劳动　　　　B．个别委托劳动　　　　C．家务劳动　　　　D．集体劳动

2．"我来摆筷子""我自己拿水果""我要洗手绢"等都属于幼儿的劳动内容，说明幼儿的劳动具有（　　）。

    A．生活性　　　　　　B．游戏性　　　　　　C．趣味性　　　　　　D．知识性

3．（　　）是一种生动的入学教育。

    A．迎新活动　　　　　B．毕业欢送活动　　　　C．亲子活动　　　　　D．郊游

4．"成成，请帮老师从图书角拿一本《猜猜我有多爱你》。"这种劳动属于（　　）。

    A．自我服务劳动　　　　　　　　　　　B．集体劳动

    C．个别委托劳动　　　　　　　　　　　D．值日生劳动

5．向幼儿进行爱劳动、尊重劳动者和劳动成果教育最基本的途径是（　　）。

    A．游戏　　　　　　　　　　　　　　　B．组织幼儿参加劳动

    C．练习　　　　　　　　　　　　　　　D．专门的劳动技术课

6．幼儿园的值日生活动，一般开始的年龄班是（　　）。

    A．托班　　　　　　　B．小班　　　　　　　C．中班　　　　　　　D．大班

7．（　　）是幼儿参加劳动的内部动力。

    A．教师的指导　　　　　　　　　　　　B．家长的期望

    C．教育目标的要求　　　　　　　　　　D．幼儿对劳动的兴趣和愿望

8．（　　）是幼儿乐意接受的劳动形式。

    A．集体劳动　　　　　B．个别委托劳动　　　C．值日生劳动　　　D．家务劳动

9．（　　）为教师提供了因人施教的机会。

    A．集体劳动　　　　　B．个别委托劳动　　　C．值日生劳动　　　D．家务劳动

10．幼儿最容易理解和掌握的劳动内容是（　　）。

    A．集体活动　　　　　B．自我服务劳动　　　C．家务劳动　　　　D．值日生活动

11．小班娱乐活动内容简单、时间短，活动时间一般应控制在（　　）。

    A．5～10 分钟　　　B．10～15 分钟　　　C．15～20 分钟　　D．20～25 分钟

12．中班幼儿自制玩具时，应着重突出的特点是（　　）。

    A．游戏性　　　　　　B．应用性　　　　　　C．集体制作　　　　　D．活动性

13．重点是培养幼儿劳动的自觉性、计划性和目的性的年龄班是（　　）。

    A．小班　　　　　　　B．中班　　　　　　　C．大班　　　　　　　D．中大班

14．根据幼儿身心发展特点，幼儿劳动时间不要超过（　　　）。

    A．10分钟　　　　　　B．20分钟　　　　　　C．30分钟　　　　　　D．40分钟

15．关于幼儿园的全园庆祝活动表述，不正确的是（　　　）。

    A．重大节日可举行全园庆祝

    B．成人表演的节目要有儿童节目的特点

    C．小班节目排在后面进行

    D．时间以一小时为宜

16．幼儿最喜爱的劳动是（　　　）。

    A．家务　　　　　　　B．手工　　　　　　　C．种植饲养　　　　D．自我服务

17．小班幼儿通过（　　　）的训练，初步获得了一些独立完成劳动任务的能力，为值日生劳动的开展提供了条件。

    A．集体劳动　　　　　　　　　　　　B．个别委托劳动

    C．自我服务劳动　　　　　　　　　　D．家务劳动

18．小班幼儿喜欢用喷壶浇水，他们一壶一壶地浇了又浇，兴趣盎然，却忘了不应该给花浇过多的水，这体现了幼儿劳动的特点是（　　　）。

    A．游戏性　　　　　　B．生活性　　　　　　C．情景型　　　　　D．活动性

19．（　　　）班幼儿已基本掌握自我服务的各种动作技能。

    A．小班　　　　　　　B．中班　　　　　　　C．中、大班　　　　D．大班

20．（　　　）劳动可以结合生活活动进行，也可以有计划有目的地组织专门的劳动。

    A．自我服务　　　　　B．为集体服务的　　　C．值日生　　　　　D．个别委托

21．下列不属于幼儿劳动的教育作用的是（　　　）。

    A．增强幼儿的体力　　　　　　　　　B．发展幼儿的动作

    C．影响幼儿良好个性的形成　　　　　D．培养良好的生活习惯

22．节日活动的开展应以（　　　）为主。

    A．教师　　　　　　　B．幼儿　　　　　　　C．幼儿园环境　　　D．家长

23．（　　　）活动范围小、形式灵活便于组织。

    A．联欢、游艺活动　　　　　　　　　B．全园庆祝活动

    C．班级庆祝活动　　　　　　　　　　D．慰问活动

24．（　　　）的内容要符合幼儿的年龄特点，不让幼儿感到劳累，并要把安全放在首位，加强对幼儿的安全教育和管理。

    A．郊游活动　　　　　B．生日聚会　　　　　C．亲子活动　　　　D．毕业欢送活动

25．（　　　）可侧重集体制作，会共同制作较大型的玩具，并会共同使用和玩耍等。

    A．大班　　　　　　　B．中班　　　　　　　C．小班　　　　　　D．中大班

26．其他集体性的娱乐活动不包括（　　　）。

    A．迎新活动　　　　　B．郊游　　　　　　　C．慰问活动　　　　D．亲子活动

27．娱乐活动应符合的原则有教育性、（　　　）、可接受性原则。

A. 趣味性   B. 活动性   C. 广泛性   D. 艺术性

28. 幼儿园一般在五一国际劳动节、八一建军节和教师节采用（　　）的形式开展活动。

A. 游戏   B. 活动   C. 慰问   D. 欣赏

29. 幼儿园娱乐活动可（　　）组织一次。

A. 两天或三天   B. 一周或两周   C. 一个月   D. 一学期

30. 节日活动内容要注意能让幼儿理解和接受，适合幼儿的特点，这体现了幼儿园组织节日活动应注意（　　）。

A. 突出不同节日应有的特色

B. 节日活动应有计划、有准备地进行

C. 活动的内容和时间必须符合幼儿的年龄特点

D. 活动的开展要面向全体幼儿，使幼儿成为活动的主人

二、简答题（共 13 分）

1. 组织幼儿园节日活动的基本要求有哪些？（4 分）

2. 幼儿劳动的教育作用是什么？（6 分）

3. 教师应如何指导幼儿自制玩具？（3 分）

三、论述题（共 9 分）

论述如何科学安排幼儿劳动内容？

四、材料分析题（共 18 分）

1.（4 分）某教师在组织本班幼儿参加节日活动时，为避免不参加表演的部分幼儿被冷落，专门组成了"小小服务队"，在教师带领下，接待家长、客人，发放礼品等，让每个幼儿都乐在其中，真正成为节日活动的主体。请问，幼儿园节日活动的形式有哪些？

2.（14分）上了中班以后，为进一步提高幼儿的劳动能力，王老师经常要求幼儿为集体做一些力所能及的事情，如整理器械箱、分发点心和碗筷、整理床铺等。每天午饭后的散步时间，王老师会请两三位幼儿留在活动室里，帮着拎拎桶、挂挂毛巾。幼儿们总是主动参与，并且从中学习了很多劳动技能。

（1）上述案例中幼儿的劳动是哪一种类型？（2分）这种劳动的形式有哪些？（4分）

（2）幼儿劳动还有哪几种类型？（3分）

（3）教师在组织幼儿劳动时应该注意哪些问题？（5分）

第九章

幼儿园与小学的衔接

考试说明

（1）了解幼小衔接工作的意义与任务。
（2）了解幼儿上小学后面临的主要困难。
（3）理解幼儿园教育与小学教育的差别。
（4）掌握幼小衔接工作的主要内容。
（5）掌握幼小衔接工作应注意的问题。

知识结构图

幼小衔接工作的意义和任务
├ 幼小衔接工作的意义和任务
│ ├ 幼儿园教育和小学教育的差别
│ └ 幼小衔接工作的意义和任务
└ 幼小衔接工作的内容和方法
   ├ 幼小衔接工作的主要内容
   ├ 幼儿上小学后面临的主要困难及教育策略
   └ 幼小衔接工作应注意的问题

第一节　幼小衔接工作的意义和任务

知识精讲

一、幼儿园教育与小学教育的差别（理解）

1. 教育教学任务、幼儿的主导活动及学习方式不同

幼儿的主导活动是游戏，幼儿园没有家庭作业和考试；小学的主导活动是上课，小学生有明确的学习任务，有严格的考试和一定的家庭作业；小学的教学方式与幼儿园有很多不同。

2. 作息制度与生活管理方式不同

幼儿的生活节奏宽松，没有出勤要求，作息时间比较灵活；小学生的生活节奏紧张，作息制度较为严格。

3．师生关系不同

幼儿园每个班都有固定的教师与幼儿整日生活在一起，教师与幼儿个别接触机会多，关系密切；小学教师与学生的接触主要在课堂上，个别接触少。

4．环境设备的选择与布置方式不同

幼儿园整个环境的布置生动、活泼，充满儿童情趣，以有利于幼儿的活动为目的；小学教室的环境布置相对比较严肃，以有利于小学生的学习为目的。

5．社会及成人对幼儿的要求和期望不同

社会及成人对幼儿的要求相对宽松，给幼儿一个快乐的童年已成为全社会基本的共识，幼儿的学习压力小；社会及成人对小学生的要求比较具体和严格，学习压力较大，小学生要承受一定的社会责任。

二、幼小衔接工作的意义与任务（了解）

（1）使幼儿能够尽快地适应新生活。

（2）为幼儿终身发展奠定基础。

【注意】

①对幼儿采取适当的教育方法，帮助幼儿顺利地由幼儿园阶段向小学阶段过渡。

②幼儿园阶段是一个人终身发展的奠基阶段，也是形成各种特点、态度、习惯的关键时期。

第二节　幼小衔接工作的内容与方法

知识精讲

一、幼小衔接工作的主要内容（掌握）

（1）培养幼儿对小学生活的热爱和向往。

（2）培养幼儿对小学生活的适应性。

①培养主动性；

②培养独立性；

③发展人际交往能力；

④培养幼儿的规则意识和任务意识。

（3）帮助幼儿做好入学前的学习准备。

①培养良好的学习习惯；

②培养良好的非智力品质；

③丰富感知经验，发展基本能力。

【注意】

①培养幼儿的社会适应性，是幼小衔接的重要内容。

②"树大自然直"，这种观点是不对的。

③非智力品质主要指影响智力活动的各种个性品质，主要是指学习兴趣、学习积极性、意志、自信心等。

④在大班下学期，教师可以给幼儿安排一些类似小学的学习内容和学习方式，集体授课的时间可在 25～30 分钟。但要真正为幼儿做好入学准备，就要从小班开始，丰富幼儿感知，培养幼儿能力。

二、幼儿上小学后面临的主要困难及教育策略（了解）

（一）幼儿上小学后面临的主要困难

1．身体适应方面

不习惯小学连续上课的方式，原有的生活规律被打乱了，每天喝水很少，出现食欲不振、睡眠不足、体重下降等问题，甚至频频生病。

2．社会适应方面

（1）缺乏任务意识和完成任务的能力不足。

（2）规则意识和执行规则的能力薄弱。

（3）独立意识和独立生活能力较差。

（4）人际交往能力缺乏。

3．学习适应方面

幼儿学习适应困难主要表现在其学习习惯与学习态度等非智力因素方面，包括学习的主动性与自觉性、坚持性、良好的阅读和书写习惯等，而不是在智力和知识上。

（二）教育策略

1．身体适应方面

（1）让幼儿平时加强体育锻炼，努力提高身体素质。

（2）培养幼儿良好的生活卫生习惯和生活自理能力，掌握自我服务的技能与方法。

2．社会适应方面

（1）提高任务意识和完成任务的能力。

（2）提高规则意识和执行规则的能力。

（3）提高独立意识和独立生活的能力。

（4）提高人际交往的能力。

3．学习适应方面

（1）培养幼儿阅读的兴趣与技能，使他能感受到读书的乐趣。

（2）通过绘画和其他手工活动，提高幼儿用笔的灵活性，为其入学后的书写打好基础。

（3）把提高幼儿的注意力、自制力和坚持性作为幼小衔接工作的重要工作。

（4）利用日常生活中的各种机会加强思维训练，注意培养幼儿良好的思维习惯，提高幼儿的思维能力。

三、幼小衔接工作应注意的问题（掌握）

（1）幼小衔接工作应贯穿于整个幼儿期。

为幼儿入学打好基础应作为幼儿园的一项基本任务。幼儿的学习兴趣、求知欲望、智力活动的能力、独立生活和良好的学习习惯，都必须从小班开始培养。以握笔姿势为例，必须在小班幼儿开始拿笔画画时，就注意培养。

（2）全面培养幼儿的素质。

培养幼儿入学适应性要以培养幼儿全面素质发展为主要任务。

（3）纠正幼儿园教育中的小学化倾向。

帮助幼儿做好入学前的准备，主要是提高幼儿的入学适应性。幼小衔接工作的重点应放在培养幼儿的入学适应性上。

（4）协调幼儿园、小学、家庭和社会的关系，共同做好幼小衔接工作。

经典例题解析

【例1】（2018年真题）幼小衔接工作的重点是（　　）。

    A．提高幼儿知识水平　　　　　　　B．培养幼儿道德品质

    C．发展幼儿智力　　　　　　　　　D．培养幼儿入学适应性

【解析】本题主要考查了幼小衔接工作的重点，属于幼小衔接工作的主要内容部分，本知识点为考纲要求掌握的内容。

【答案】D

【例2】（2020年真题）幼小衔接工作的重点是（　　）。

    A．培养入学适应性　　　　　　　　B．提前教授小学知识

    C．培养良好的非智力品质　　　　　D．培养幼儿阅读能力

【解析】本题主要考查了幼小衔接工作的重点，属于幼小衔接工作的主要内容部分，本知识点为考纲要求掌握的内容。

【答案】A

【例3】为提高幼小衔接的实效性，幼儿园应该（　　）。

    A．提前开设小学教学内容

    B．将幼小衔接工作贯穿于整个幼儿期

    C．减少游戏时间，增加上课时间

    D．使用小学作息时间表，提高幼儿适应能力

【解析】此题考查的是幼小衔接应注意的问题。

【答案】B

【例4】（2016年真题）关于幼小衔接工作，下列做法错误的是（　　）。

A．发展基本能力　　　　　　　B．培养良好的学习习惯

C．提前接受小学知识　　　　　D．培养良好的非智力品质

【解析】此题考查的是幼小衔接工作的内容。

【答案】C

【例5】（2017年真题）关于幼小衔接工作，正确的做法是（　　）。

A．大班执行小学作息时间　　　B．大班实施期中、期末考试

C．大班不提前教授小学知识　　D．大班活动室不再设置游戏角

【解析】此题考查的是幼小衔接工作应注意的问题。

【答案】C

【例6】（2019年真题）分析论述题：幼儿园做好幼小衔接工作，能够为幼儿入学及其长期发展奠定良好的基础。幼小衔接工作的主要内容有哪些？幼儿园做好幼小衔接工作应注意哪些问题？

【解析】此题考查的是幼小衔接工作的主要内容和做好幼小衔接工作应注意的问题，本知识点均为考纲要求掌握的内容。

【答案】幼小衔接工作的主要内容：

（1）培养幼儿对小学生活的热爱和向往；

（2）培养幼儿对小学生活的适应性；

（3）帮助幼儿做好入学前的学习准备。

幼儿园做好幼小衔接工作应注意：

（1）幼小衔接工作应贯穿于整个幼儿期；

（2）全面培养幼儿的素质；

（3）纠正幼儿园教育中的小学化倾向；

（4）协调幼儿园、小学、家庭和社会的关系，共同做好幼小衔接工作。

同步练习

一、选择题

1．幼小衔接的重要内容是（　　）。

A．培养社会适应性　　　　　　B．培养身体素质

C．形成学习习惯　　　　　　　D．打牢基础

2．幼儿的学习适应困难主要表现在（　　）。

A．智力方面　　　　　　　　　B．知识方面

C．非智力因素方面　　　　　　D．语言方面

3．幼小衔接工作应贯穿于（　　）。

A．中班　　　　　B．大班　　　　　C．整个幼儿期　　D．小班

4．一般说来，在大班下学期，教师集体授课时间可在（　　）。

A．10～15 分钟　　　B．15～20 分钟　　　C．25～30 分钟　　D．1 小时

5．幼儿上小学后所面临的主要困难不包括（　　　）。

A．身体适应方面　　　　　　　　B．社会适应方面

C．生活适应方面　　　　　　　　D．学习适应方面

6．一些幼儿常常为一点小事情就对别人发脾气，对同伴缺乏宽容、接纳的态度，这表明幼儿（　　　）。

A．缺乏独立生活能力　　　　　　B．缺乏文明行为习惯

C．缺乏同情心　　　　　　　　　D．缺乏人际交往技巧

7．掌握正确的握笔姿势和正确的使用方法是从（　　　）开始的。

A．小班　　　　　B．中班　　　　　C．大班　　　　　D．小学

8．在幼小衔接过程中，教师要培养幼儿主动与同伴、老师交往，友好相处，这属于（　　　）方面的适应能力。

A．主动性　　　　B．独立性　　　　C．人际交往　　　D．规则意识

9．许多幼儿园教师提前教授幼儿写字、背诗等，这是幼小衔接工作中（　　　）现象。

A．打好基础　　　　　　　　　　B．全面发展

C．小学教育学前化　　　　　　　D．学前教育小学化

10．以下属于非智力品质的是（　　　）。

A．注意力　　　　B．想象力　　　　C．思维力　　　　D．意志力

11．（　　　）是人的终身教育的重要组成部分，是人的终身发展的奠基阶段。

A．幼儿园教育　　B．小学教育　　　C．中学教育　　　D．大学教育

12．小学阶段学生的主导活动是（　　　）。

A．学习　　　　　B．游戏　　　　　C．上课　　　　　D．手工

13．小学阶段幼儿生活主要靠（　　　）。

A．教师　　　　　B．家长　　　　　C．保育员　　　　D．自己自理

14．一个孩子上课不会记作业，回家不知道写什么，妈妈一连打了八个电话问同学，一连问出了八种不同的作业是由于缺乏（　　　）。

A．规则意识　　　B．任务意识　　　C．独立意识　　　D．人际交往意识

15．教师经常让幼儿"传话"是培养幼儿的（　　　）意识。

A．规则意识　　　B．任务意识　　　C．独立意识　　　D．人际交往意识

16．教师首先应该认识到（　　　）是影响幼儿入学适应性的重要因素。

A．语言表达能力　　　　　　　　B．人际交往能力

C．情绪宣泄能力　　　　　　　　D．生活自理能力

17．要想做好入学前的学习准备，必须把提高幼儿的（　　　）作为重要内容。

A．坚持性与自制力　　　　　　　B．主动性

C．好奇心　　　　　　　　　　　D．适应性

18．幼儿自己能做的事却依赖父母，明明自己会穿衣，会吃饭却不自己做，不会管理自

己的东西是缺乏（　　　）意识。

　　A．规则意识　　　　B．任务意识　　　　C．独立意识　　　D．人际交往意识

19.（　　　）是幼儿经常面临的一种困难。

　　A．人际交往障碍　　B．语言障碍　　　　C．心理障碍　　　D．行为障碍

20. 幼小衔接工作是指幼儿园和小学根据儿童身心发展的（　　　）规律及儿童身心发展的需要，做好幼儿园教育与小学教育两个阶段的衔接工作。

　　A．阶段性和连续性　　　　　　　　B．阶段性和发展性

　　C．发展性和幼稚性　　　　　　　　D．幼稚性和特殊性

21. 幼小衔接的重点是（　　　）。

　　A．适应小学的新环境　　　　　　　B．培养幼儿对小学生活的适应性

　　C．培养幼儿对小学生活的热爱和向往　　D．帮助幼儿做好入学前的学习准备

22. 可通过开展规则游戏或其他活动让幼儿逐步懂得生活、学习、游戏是有规则的来培养幼儿的（　　　）意识。

　　A．规则意识　　　　B．任务意识　　　　C．独立意识　　　D．人际交往意识

23. 幼儿入学后出现每天喝水少、户外活动减少、食欲不振、睡眠不足、体重下降、频频生病等问题是（　　　）困难。

　　A．身体适应方面　　　　　　　　　B．社会适应方面

　　C．学习适应方面　　　　　　　　　D．家庭适应方面

24. 幼儿理直气壮地对妈妈说："您为什么不帮我把铅笔削好，害得我今天上课没笔用，老师批评了我"，这体现了幼儿（　　　）。

　　A．规则意识和执行规则的能力薄弱

　　B．缺乏任务意识和完成任务的能力不足

　　C．独立意识和独立生活能力较差

　　D．人际交往能力缺乏

25. 要真正为幼儿做好入学准备，提高幼儿的适应能力，就要从（　　　）开始。

　　A．小班　　　　　　B．中班　　　　　　C．大班　　　　　D．托班

二、简答题

1. 幼小衔接工作的主要内容有哪些？

2. 幼儿园教育和小学教育有哪些不同？

三、分析论述题

学期过了一半，晨晨上小学的新鲜感少了，他不再和以前一样兴奋。回到家先要花很长时间写作业，而且经常记不住作业的内容，他经常抱怨不能像幼儿园那样自由，不能经常画画，还要认真写字，上课要坐正，晨晨还是觉得上幼儿园好……

（1）上述案例，晨晨遇到了哪方面的适应问题？

（2）结合案例，谈谈应如何做好幼儿园和小学的衔接工作。

第十章

幼儿园与家庭、社区的合作

 考试说明

（1）了解幼儿园与家庭、社区合作的意义、目的。
（2）理解幼儿园与家庭、社区合作的内容、途径。

知识结构图

幼儿园与家庭社区的合作
- 幼儿园与家庭、社区合作的意义与目的
  - 幼儿园与家庭、社区合作的意义
  - 幼儿园与家庭、社区合作的目的
- 幼儿园与家庭、社区合作的内容与途径
  - 幼儿园与家庭合作的内容和途径
  - 幼儿园与社区合作的内容和途径

第一节　幼儿园与家庭、社区合作的意义与目的

知识精讲

一、幼儿园与家庭、社区合作的意义

（一）幼儿园与家庭合作的意义（了解）

（1）家庭教育的重要性及其特点。

家庭是社会的细胞，担负着繁衍和养育后代的重要责任，家庭教育对幼儿的健康和全面发展有着重要价值；幼儿良好生活习惯与行为习惯的养成也与家庭教育直接相关。家庭与社会教育机构的根本差异在于它是建立在血缘关系基础上的。

家庭教育的显著特征：

①家庭教育具有亲情性；

②家庭教育具有随机性；

③家庭教育具有连贯性；

④家庭教育具有复杂性。

（2）幼儿园与家庭合作能够形成教育合力，共同促进幼儿健康成长。

【注意】父母是孩子的第一任老师，同时也是终生的老师。

（二）幼儿园与社区合作的意义（了解）

（1）社区教育的重要性与特点。

社区指人们聚集生活的一定区域，主要是人们在长期的生活交往与交流中形成的一种以生活为主要内涵的共同体。社区是幼儿从一出生就接触的社会环境，也是对幼儿最早产生影响的外部环境，社区舆论承载和体现的价值观、道德观等必然会对幼儿产生潜移默化的影响。

社区教育的显著特征：

①社区教育具有渗透性；

②社区教育具有广泛性；

③社区教育具有随机性；

④社区教育具有复杂性。

（2）幼儿园与社区合作可扩展教育资源与教育空间，有利于幼儿健康成长。

【注意】

①对幼儿产生影响的社区教育途径主要是社区舆论。

②幼儿园作为教育服务机构，其产生主要是为了满足社区居民对其年幼子女教育的需要。

二、幼儿园与家庭、社区合作的目的（了解）

（1）使家庭与社区了解幼儿园；

（2）获得家庭与社区的积极支持；

（3）发挥幼儿园作为专业幼教机构的引导作用；

（4）增进幼儿对家庭与社会的认识。

【注意】

与家庭、社区合作的根本目的都是更好地促进幼儿身心健康、和谐、全面发展。

第二节　幼儿园与家庭、社区合作的内容与途径

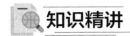 知识精讲

一、幼儿园与家庭合作的内容和途径

1. 幼儿园与家庭合作的内容（理解）

（1）主动向家长了解幼儿出生、成长的情况和个性特征。

（2）保障家长的知情权，让家长了解幼儿在园的一日生活及其具体表现。

（3）保障家长的参与权，让家长参与幼儿园管理决策与监督。

（4）在幼儿园课程建设中吸纳家长的意见，并充分利用家长的教育资源。

（5）向家长传递科学的教育理念与方法，提高其养育幼儿的能力。

【注意】

①主动向家长了解幼儿出生、成长的情况和个性特征是家园合作的基础内容。

②了解幼儿出生及成长的情况，了解幼儿的个性特征与其家庭生活是幼儿园有效教育的前提与基础。

③家长参与幼儿园管理主要体现在决策与监督两个层面。从决策的层面来说，家长参与有助于实现幼儿园决策的科学化；从监督的层面来说，家长参与有助于幼儿园管理的人性化建设与完善。

2. 幼儿园与家庭合作的途径（理解）

家园合作的主要途径或形式：

（1）传统形式：家长学校、家长会、幼儿园开放日、亲子活动、定期家访、家园联系手册、家庭教育宣传橱窗等。

（2）现代形式：短信平台、网上家庭教育论坛等。

【注意】

①家长学校是面向家长讲解幼儿成长与发展的一般规律与特征，阐释幼儿养育与教育的基本原则等知识的一种辅助性质的教育机构，一般附设在妇幼保健医院、街道居委会、幼儿园等正规机构之下。家长学校通常会采取专家讲座、家长分享经验与体会、家长谈论或辩论等形式。

②家长会是幼儿园在学期的某个阶段，与家长交流这一阶段幼儿教育的重点与对策的一种组织形式。它是一种幼儿园主动发起的，以与家长交流，就幼儿现阶段成长情况达成共识为主要目的的家园合作途径。

③幼儿园开放日指家长在幼儿园指定的日期进入幼儿园内部进行参观与了解。

④亲子活动是幼儿园为促进家长对幼儿园课程与教育的理解，加强与幼儿之间的情感联系，增加家长与幼儿、家长与幼儿园的交流、沟通与合作而专门组织的一类教育活动。

二、幼儿园与社区合作的内容和途径

1. 幼儿园与社区合作的内容（理解）

（1）幼儿园应积极、主动地宣传科学的早期教育知识，帮助社区居民掌握合理的早期教育方法。

（2）幼儿园应主动宣传本幼儿园的教育理念和方法，获得社区居民的支持。

（3）幼儿园应充分利用社区的丰富资源，为幼儿园课程建设与实施服务。

（4）幼儿园应积极参与社区文化的建设工作，从社区的反馈中改进自身管理与教育的质量。

【注意】

（1）社区的教育资源划分为以下三类：

①自然资源；

②社会资源；

③人力资源。

（2）社区居委会是国家当前重要政策与方针上传下达的重要窗口，对社区文化的建设起着重要的组织与推动作用。

2．幼儿园与社区合作的途径（理解）

（1）传统方式：社区宣传橱窗、专家讲座、社区文化活动、利用社区资源开展课程建设。

（2）比较新的方式：亲子园或亲子班。

【注意】

亲子园或亲子班指的是幼儿园利用现有的教育资源，为社区3岁以下或未接受幼儿园教育的3岁以上幼儿提供非正规学前教育机会的场所，通常利用节假日时间举办，同时有幼儿家长陪同。

经典例题解析

【例题1】（2019年真题）幼儿园与家庭合作的内容有哪些？

【解析】此题考查的是幼儿园与家庭合作的内容，主要从幼儿园能为家庭提供什么帮助、家庭能为幼儿园提供什么帮助两大方面入手。

【答案】幼儿园与家庭合作的内容有：

（1）主动向家长了解幼儿出生、成长的情况和个性特征；

（2）保障家长的知情权，让家长了解幼儿在园的一日生活及其具体表现；

（3）保障家长的参与权，让家长参与幼儿园管理决策与监督；

（4）在幼儿园课程建设中吸纳家长的意见，并充分利用家长的教育资源；

（5）向家长传递科学的教育理念与方法，提高其养育幼儿的能力。

【例2】（2016年真题）采取专家讲座、家长分享经验与体会、家长谈论或辩论等具体形式的家园合作途径是（　　　）。

　　A．家长会　　　　　　B．亲子活动　　　　　C．家长学校　　　D．幼儿园开放日

【解析】此题考查的是家长学校的含义，掌握家园合作途径的相关知识。

【答案】C

【例3】综合应用题：情绪健康是心理健康的主要表现，刚入园的幼儿常出现焦虑，具体表现为害怕、退缩、哭泣、胡思乱想等，从而导致了抵抗力下降，容易感冒、发烧、肚子疼等。所以教师要做好与家庭的沟通交流，帮助幼儿尽快消除分离焦虑，促进其情绪健康，更好地适应幼儿园的生活。

请运用所学幼儿心理学、幼儿教育学及幼儿园教育活动设计与实践的相关知识分析：

家园合作的主要途径除了家长学校、家长会、家园联系手册、定期家访，还有哪些途径？

【解析】此题考查的是幼儿园与家庭合作途径的相关知识。

【答案】其他家园合作途径：幼儿园开放日、亲子活动、家庭教育宣传橱窗、网上家庭教育论坛。

【例4】一种幼儿园主动发起的，以与家长交流，就幼儿现阶段成长情况达成共识为主要目的的家园合作途径是（　　　）。

　　A．亲子活动　　　　　B．幼儿园开放日　　　C．家长学校　　　D．家长会

【解析】此题考查的是幼儿园与家庭合作途径的相关知识。

【答案】D

同步练习

一、选择题

1．（　　）是孩子的第一任老师，同时也是终生的老师。

　　A．朋友　　　　　　　B．老师　　　　　　　C．父母　　　　　　D．家长

2．下列不属于社区教育显著特征的是（　　）。

　　A．随机性　　　　　　B．渗透性　　　　　　C．连贯性　　　　　D．复杂性

3．以下不是家庭教育特征的是（　　）。

　　A．亲情性　　　　　　B．随机性　　　　　　C．渗透性　　　　　D．连贯性

4．社区居民通常会议论谁家的孩子如何聪明会读书，谁家的孩子只会调皮捣蛋，这无形中就是以读书好坏作为评价孩子的重要尺度。这是社区教育的（　　）。

　　A．渗透性　　　　　　B．连贯性　　　　　　C．复杂性　　　　　D．随机性

5．幼儿园作为教育服务机构，其产生主要是为了（　　）。

　　A．增加就业机会

　　B．满足社区居民对其幼年子女教育的需要

　　C．帮助家长外出工作养家

　　D．减轻爷爷奶奶照看孩子的压力

6．幼儿园与家庭、社区合作的根本目的是（　　）。

　　A．更好地服务社区居民

　　B．更好地服务社区幼儿

　　C．更好地促进幼儿身心健康、和谐、全面地发展

　　D．更好地促进社会全面小康

7．（　　）是家园合作的基础内容。

　　A．促进幼儿园更好发展

　　B．保障社区幼儿就近入园

　　C．主动向家长了解幼儿出生、成长情况

D．社区文明

8．面向家长讲解幼儿成长与发展的一般规律与特征，阐释幼儿养育与教育的基本原则等知识的一种辅助性质的教育机构，一般附设在妇幼保健院、幼儿园中的是（　　）。

    A．幼儿园开放日　　B．家长学校　　　　C．家长会　　　　D．亲子活动

9．采取专家讲座、家长分享经验与体会、家长谈论或辩论等形式的家园合作途径是（　　）。

    A．家长会　　　　　B．亲子活动　　　　C．家长学校　　　D．幼儿园开放日

10家长在幼儿园规定的日期进入幼儿园内部进行参观与了解的家园合作途径是（　　）。

    A．家长会　　　　　B．亲子活动　　　　C．家长学校　　　D．幼儿园开放日

11．一种幼儿园主动发起，以与家长交流，就幼儿现阶段成长情况达成共识为主要目的的家园合作途径是（　　）。

    A．亲子活动　　　　B．幼儿园开放日　　C．家长学校　　　D．家长会

12．（　　）是幼儿园在学期的某个阶段，与家长交流这一阶段幼儿教育的重点与对策的一种组织形式。

    A．家长会　　　　　B．亲子活动　　　　C．家长学校　　　D．幼儿园开放日

13．以下说法不正确的是（　　）。

    A．了解幼儿的出生成长情况和个性特征与其家庭生活是幼儿园有效教育的前提与基础

    B．保障家长对幼儿在园的知情权

    C．家长参与幼儿园的管理主要体现在决策与监督两个层面

    D．幼儿园要吸纳家长意见，家长的意见是幼儿园管理的唯一标准

14．每个幼儿自其出生时起，受其先天气质和后天家庭教育的影响，就会表现出一定的（　　）。

    A．个体差异　　　　B．个性差异　　　　C．性格差异　　　D．气质差异

15．幼儿园开展（　　）领域教育时，可以采用亲子活动的形式。

    A．健康　　　　　　B．语言　　　　　　C．社会　　　　　D．艺术

16．社区教育资源不包括下列哪一项资源（　　）。

    A．人力资源　　　　B．学校资源　　　　C．自然资源　　　D．社会资源

17．下列哪个选项属于幼儿园与社区合作的现代方式（　　）。

    A．亲子园　　　　　B．社区宣传橱窗　　C．专家讲座　　　D．社区文化活动

18．通过开办亲子园或亲子班等方式向社区居民提供（　　）年龄教育服务。

    A．0～3岁　　　　　B．3～6岁　　　　　C．0～6岁　　　　D．2～4岁

19．下列说法中错误的是（　　）。

    A．幼儿园教育与家庭的合作，可以增加对幼儿的正面引导，而不会产生任何不良的影响

    B．幼儿园教育不与家庭合作，不会削弱幼儿园教育的积极性

C．可以说，一个成熟的社区通常是一个微型的小社会

D．社区教育具有渗透性

20．下列选项中，（　　）是最主要的社区教育途径。

A．社区宣传　　　　B．社区活动　　　　C．专家讲座　　　D．社区舆论

21．下列选项中不属于家园合作传统方式的是（　　）。

A．亲子活动　　　　　　　　　　　B．幼儿园开放日

C．家庭教育宣传橱窗　　　　　　　D．网上家庭教育论坛

22．（　　）是保证幼儿园教育顺利进行的前提。

A．与家庭、社区的合作

B．获得家庭与社区的积极支持

C．发挥幼儿园作为专业幼教机构的引导作用

D．使家庭与社区了解幼儿园

23．家长参与幼儿园管理主要体现在（　　）两方面。

A．教育目的与教育目标　　　　　　B．决策与监督

C．决策，游戏　　　　　　　　　　D．制度与决策

24．（　　）是幼儿从一出生就接触的社会环境，也是对幼儿最早产生影响的，除家庭之外的外部环境。

A．社区　　　　　　B．家庭　　　　　　C．幼儿园　　　　D．学校

25．父母可以在幼儿一日生活的各个环节与情境中发现教育契机，对幼儿施加影响，促进或改变一定的行为习惯、道德品性与审美情趣。体现了家庭教育（　　）的特点。

A．亲情性　　　　B．随机性　　　　C．连贯性　　　　D．复杂性

二、简答题

1．幼儿园与社区合作的内容是什么？

2．幼儿园与家庭、社区合作的目的是什么？

三、材料分析题

1．今天，小明的爸爸来到幼儿园，他给幼儿们上了一堂生动的交通安全课。因为小明爸爸是一名交通警察，幼儿们听得非常认真，纷纷表示以后一定要遵守交通规则。运用所学幼儿教育学相关知识分析：

（1）这是幼儿园与家庭合作内容的哪一项？

（2）幼儿园与家庭合作内容还有哪些？

（3）幼儿园与家庭合作的途径有哪些？

2．幼儿园利用现有的教育资源，为社区 3 岁以下或未接受幼儿园教育的 3 岁以上的散居幼儿提供非正规学前教育机会的场所，通常利用节假日实践举办，同时有家长陪同。

请问：这属于幼儿园与社区合作的那种途径？幼儿园与社交合作还有哪些途径？

第九、十单元测试卷

一、选择题（每小题2分，共60分）

1. 关于幼儿园教育与小学教育的差别，下列表述正确的是（　　）。
   - A. 幼儿的主导活动是上课
   - B. 教师与幼儿接触主要是在课堂上
   - C. 幼儿没有非完成不可的学习任务
   - D. 小学教室环境经常随教育内容的变化而变化

2. 幼小衔接工作的内容，不包括（　　）。
   - A. 培养幼儿对小学生活的热爱和向往　　B. 培养幼儿对小学生活的适应性
   - C. 帮助幼儿做好入学前准备　　D. 教幼儿识字、学拼音和计算

3. 幼儿园向小学过渡时期，集体授课适宜的时间是（　　）。
   - A. 10～15分钟　　B. 15～20分钟　　C. 20～25分钟　　D. 25～30分钟

4. 幼小衔接工作的重点是（　　）。
   - A. 培养幼儿的入学适应性　　B. 培养幼儿的社会适应性
   - C. 培养幼儿对小学生活的热爱和向往　　D. 帮助幼儿做好入学前的学习准备

5. 在幼儿入小学后，有的新生在老师询问作业时，很轻松地说："我不喜欢做""昨天，爸爸带我去姥姥家了，所以我没写。"要避免这种现象的发生，需要加强的幼小衔接工作是（　　）。
   - A. 帮助幼儿做好入学前的学习准备　　B. 培养幼儿的规则意识和任务意识
   - C. 培养幼儿的主动性　　D. 培养幼儿的独立性

6. 幼小衔接教育的实质问题是（　　）。
   - A. 主体的适应性问题　　B. 师生关系的变化问题
   - C. 幼儿园与小学的环境差异问题　　D. 课程设置的问题

7. 下列选项属于智力因素的是（　　）。
   - A. 好奇心　　B. 注意力　　C. 思维力　　D. 坚持性

8. 幼儿开始掌握正确的握笔姿势是在（　　）。
   - A. 托班　　B. 小班　　C. 中班　　D. 大班

9. 下列选项中，属于幼儿入学社会适应困难具体表现的是（　　）。
   - A. 户外活动减少　　B. 不能收拾好自己的学习用品
   - C. 上课注意力难以集中　　D. 边玩边写作业

10. 关于幼小衔接工作，下列做法不恰当的是（　　）。
   - A. 在大班下学期学写自己的名字　　B. 要全面培养幼儿的素质

C．在大班应尽可能像小学那样上课　　　　D．帮助幼儿做好入学前的学习准备

11．幼小衔接工作应贯穿于（　　　）。

　　A．中班　　　　　　B．大班　　　　　　C．大班末期　　　　D．整个幼儿期

12．帮助幼儿做好入学前准备的出发点是（　　　）。

　　A．提前交给幼儿知识

　　B．掌握正确的握笔姿势和正确的使用方法

　　C．提高幼儿的坚持性和自制力

　　D．提高幼儿的入学适应性

13．培养幼儿入学适应性的主要任务是培养幼儿的（　　　）。

　　A．全面素质　　　　B．遵守规则　　　　C．学习能力　　　　D．任务意识

14．幼儿园教育为幼儿入学做准备，最根本的准备是（　　　）。

　　A．素质方面　　　　B．知识方面　　　　C．能力方面　　　　D．心理方面

15．在幼小衔接过程，教师要培养幼儿主动与同伴、老师交往，友好相处，这方面的适应能力是（　　　）。

　　A．主动性　　　　　B．独立性　　　　　C．人际交往　　　　D．规则意识

16．国内外许多研究证明，幼儿在学前阶段通过教育已经能够认识一定数量的字了，所以在学前班可以进行"小学化"的识字教育。这种做法（　　　）。

　　A．有道理，通过提前识字可以促进幼儿的发展

　　B．违背"发展适宜性原则"，不应该这么做

　　C．在条件好的城市幼儿园大班可行

　　D．可行，因为提前学习知识有利于幼儿在竞争中处于有利地位，提高自信心

17．关于幼小衔接工作应注意的问题，正确的是（　　　）。

　　A．幼小衔接工作要从大班开始

　　B．工作重心要从保育转向教育

　　C．幼儿园大班末要同小学一样教学

　　D．协调幼儿园、小学、家庭和社会的关系

18．关于亲子园的表述，错误的是（　　　）。

　　A．通常是利用节假日举办　　　　　　　　B．有幼儿家长陪同

　　C．主要采用亲子游戏的方式　　　　　　　D．主要利用社区资源

19．一般附设在妇幼保健医院、街道居委会、幼儿园、中小学校等正规机构之下的一种辅助性教育机构的是（　　　）。

　　A．幼儿园开放日　　B．家长会　　　　　C．家长学校　　　　D．亲子活动

20．幼儿园邀请父母和幼儿一起进行自制糕点、沙拉等活动，这种家园合作形式是（　　　）。

　　A．家长学校　　　　　　　　　　　　　　B．亲子活动

　　C．幼儿园开放日　　　　　　　　　　　　D．家长会

21．社区对于生活于其中的成人与幼儿产生影响最主要的教育途径是（　　　）。

A．社区宣传　　　　B．社区舆论　　　　C．社区环境　　　D．社区活动

22．妈妈发现在玩布娃娃的思思学自己的样子叠衣服，可怎么也叠不好，妈妈就跟思思玩起了"衣服跳舞"的游戏，很快思思就学会了自己叠衣服。这体现了家庭教育的（　　）。

A．亲情性　　　　B．连贯性　　　　C．随机性　　　D．复杂性

23．幼儿成长最自然的生态环境是（　　）。

A．幼儿园　　　　B．社会　　　　C．家庭　　　D．大自然

24．幼儿园与家庭社区合作的前提是（　　）。

A．让家庭与社区充分了解幼儿园　　　　B．获得家庭与社区的积极支持

C．发挥幼儿园的引导作用　　　　D．增进幼儿对家庭与社会的认识

25．为让家长能近距离接触幼儿园，感受幼儿教育的特点，增进对幼儿园教育的了解，让家长在幼儿园指定的日期进入幼儿园内部进行参观了解。这种家园合作的途径是（　　）。

A．家长学校　　　　B．家长会

C．幼儿园开放日　　　　D．定期家访

26．让家长参与幼儿园的管理决策与监督，这保障了家长的（　　）。

A．知情权　　　　B．参与权　　　　C．监护权　　　D．教育权

27．既可以作为一种正式的教育活动纳入课程计划之中，也可作为正式的课程活动的补充利用节假日来开展的家园合作途径的是（　　）。

A．家长学校　　　　B．家长会　　　　C．亲子活动　　　D．教育论坛

28．对社区文化的建设起着重要的组织与推进作用的是（　　）。

A．家庭　　　　B．幼儿园家委会　　　　C．社区居委会　　　D．小学

29．幼儿园充分利用社区中的超市开展系列主题活动，使幼儿了解物品的流通与交换。这利用了社区的（　　）。

A．自然资源　　　　B．社会资源　　　　C．人力资源　　　D．文化资源

30．为充分发挥幼儿园早期教育的引领作用，幼儿园向社区居民提供0～3岁早期教育服务。这种幼儿园与社区的合作途径是（　　）。

A．亲子园　　　　B．家长学校　　　　C．家长会　　　D．幼儿园开放日

二、简答题（共16分）

1．帮助幼儿做好入学前的学习准备，幼儿园需要做好哪些方面的工作？（3分）

2．做好幼小衔接工作应注意哪些问题？（4分）

3．幼儿园与家庭、社区合作的目的是什么？（4分）

4．幼儿园与家庭合作的内容有哪些？（5分）

三、论述题（10分）

幼儿园在开展了"环保"这一主题活动之后，请家长带领幼儿利用节假日时间实际开展"环保小卫士"等活动，通过捡拾废弃物，向他人宣传环保知识等进一步体验和认识环保对人类生活的重要意义与价值。请运用所学幼儿教育学的相关知识分析：

（1）该材料体现的是哪一种家园合作途径？（2分）

（2）幼儿园与家庭合作的途径还有哪些？（8分）

四、材料分析题（共14分）

1．（6分）初上小学时，有的幼儿读书时不会翻页，总是用手大把地抓，书本用了没多久就烂得不行了；有的幼儿上课坐不住，难以集中注意力，老师批评了多次，就是改不了。

（1）上述材料是幼儿上小学后在哪方面遇到了困难？（2分）

（2）在该方面遇到困难，教师该在哪几个方面下功夫。（4分）

2．（4分）有些幼儿在进入小学后，上课随便说话，随便下位走动，做小动作；在公共场合大声喧哗，随手扔垃圾。

（1）案例中幼儿上小学后存在哪一方面的社会适应问题？（1分）

（2）幼儿上小学后存在的社会适应问题还有哪些？（3分）

3.（4分）崇阳幼儿园想在园内开设一些传统艺术类的特色课程，可是，缺乏相关师资。后来，园长了解到附近社区有一支"白发民乐队"，由一些擅长各类传统民族乐器的退休老人组成。园长决定亲自去拜访他们，把他们请到幼儿园来教幼儿。经过园长积极的沟通和协调，这些退休老人每周给幼儿上一次免费的传统艺术课。后来，这支"白发民乐队"还经常与幼儿园的幼儿一起在节假日为社区居民共同表演节目。请运用所学幼儿教育学的相关知识分析：（13分）

（1）材料中体现的是幼儿园与社区合作内容中的哪一方面？（1分）

（2）幼儿园与社区合作的内容还有哪些？（3分）

幼儿心理学

第一章

绪 论

考试说明

（1）了解心理学的概念和心理现象的分类。

（2）了解幼儿心理学研究方法的分类和主要特点。

（3）理解心理的基本特性。

（4）理解幼儿心理学的研究对象和任务。

（5）理解学习幼儿心理学的意义。

（6）理解观察法、调查法及实验法的基本知识。

知识结构图

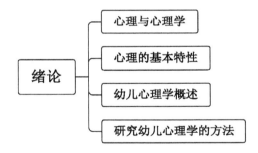

知识精讲

第一节　心理与心理学

一、心理学是什么

（1）心理学是研究心理现象及其发展规律的科学，是研究人自身的学科门类。

（2）1879 年，德国心理学家冯特在莱比锡大学建立了第一个心理学实验室，标志着心理学的诞生，心理学成为一门独立的学科。

二、心理现象的分类

心理现象是心理活动的表现形式，心理学将心理现象分为心理过程和个性心理两大类。

1．心理过程

（1）定义：一个人生活在特定的环境之中接受环境的刺激，在大脑中产生一个反映现实的过程，就是心理过程。

（2）分类：心理学将人的心理过程划分为三类：认知过程、情感过程和意志过程。其中，认知过程是基础，情感过程是动力，意志过程具有调控作用。

①认知过程包括感觉、知觉、记忆、想象和思维，其中的核心是思维。

②情感过程是人在认知过程中产生的各种内心体验，如喜、怒、哀、惧等。

③意志过程是人在活动中为实现目标而对自己行为的自觉组织和自我调节。

2．个性心理

一个人总的精神面貌在心理学中称为个性。个性并不是人一出生就形成的，它是一个人的心理发展到成熟阶段后才形成的心理产物。个性形成后会在人的行为中表现出稳定的、完整的特性。心理过程是个性心理的基础，而个性形成后又会直接影响心理过程。心理过程是动态心理现象，而个性特征则是静态心理现象。

同步练习

一、选择题

1．下列不属于心理过程的是（　　　）。

    A．认知过程　　　　　B．情感过程　　　　　C．意志过程　　　　D．个性心理

2．认知过程的核心是（　　　）。

    A．感觉　　　　　　　B．记忆　　　　　　　C．想象　　　　　　D．思维

3．在心理过程中，具有调控作用的是（　　　）。

    A．认知过程　　　　　B．情感过程　　　　　C．意志过程　　　　D．个性心理

4．心理学成为一门独立的学科是在（　　　）。

    A．1882 年　　　　　B．1879 年　　　　　C．1844 年　　　　D．1929 年

5．心理活动的表现形式是（　　　）。

    A．心理过程　　　　　B．心理现象　　　　　C．心理表现　　　　D．个性心理

6．建立第一个心理学实验室的是（　　　）。

    A．皮亚杰　　　　　　B．冯特　　　　　　　C．格赛尔　　　　　D．华生

7．心理过程的动力是（　　　）。

    A．认知过程　　　　　B．意志程过　　　　　C．情感过程　　　　D．个性心理

8．形成后会在人的行为中表现出稳定的、完整的特性的是（　　　）。

    A．个性　　　　　　　B．性格　　　　　　　C．气质　　　　　　D．认知

二、简答题

1. 什么是心理学？

2. 心理学将人的心理过程划分为哪三类？

经典例题解析

1.（2018 年真题）1879 年在莱比锡大学建立第一个心理学实验室的心理学家是（　　）。

　　A．斯金纳　　　　　B．华生　　　　　　C．冯特　　　　　D．普莱尔

【答案】C

【解析】本题主要考查心理学的诞生过程，属于识记内容。1879 年，德国心理学家冯特在莱比锡大学建立第一个心理学实验室，标志着心理学的诞生，心理学成为一门独立的学科。所以选择 C。

2.（2019 年真题）心理过程的基础是（　　）。

　　A．认知过程　　　　B．情感过程　　　　C．意志过程　　　D．个性心理

【答案】A

【解析】本题主要考查心理过程的基础。认知过程、情感过程和意志过程共同组织成一个统一的心理过程。其中，认知过程是基础。所以选择 A。

3.（2020 年真题）心理过程中具有调控作用的是（　　）。

　　A．认知过程　　　　B．情感过程　　　　C．意志过程　　　D．个性心理

【答案】C

【解析】本题主要考查心理过程的基础。认知过程、情感过程和意志过程共同组织成一个统一的心理过程。其中，意志过程具有调控作用。所以选择 C。

4.（2022 年真题）认知过程的核心是（　　）。

　　A．感知觉　　　　　B．记忆　　　　　　C．想象　　　　　D．思维

【答案】D

【解析】本题主要考查认知过程的内容。认知过程包括感觉、知觉、记忆、想象和思维，其中的核心是思维。故选 D。

第二节　心理的基本特性

一、脑是心理的器官

（1）人脑是心理的器官，心理是脑的机能。大脑的主要机能是接收、分析、综合、储存和发布各种信息。

（2）人的大脑皮层可以划分为 4 个机能分工的叶——枕叶（与视觉有关）、颞叶（与听觉有关）、顶叶（与躯体感觉有关）、额叶（控制着人有目的、有意识的行为）。

二、心理的客观源泉

（1）客观现实是心理的源泉。社会环境对人类心理的作用尤为重要。

（2）人脑对客观现实的反映，是积极、主观能动的反映，与镜子反映镜像不是一回事。

（3）心理是人脑对客观主观能动的反映。表现在以下几点：

①人脑对现实的反映，受个人态度的影响，从而使反映具有个人主体的特点；

②个人的经验也会在很大程度上影响对现实的反映；

③心理的主观能动性还表现在对个人行为的调节和支配上；

④心理的主观能动性在婴幼儿身上，表现为幼儿来到这个世界，大脑并不是空白的。

同步练习

一、选择题

1.（　　）位于头颅内部的最高层，是进化过程中最近形成的部分。

  A．大脑   B．小脑   C．间脑   D．中脑

2．大脑主要负责的是（　　）。

  A．植物性神经活动   B．中枢神经活动

  C．高级神经活动   D．周围神经活动

3．一个神经信息传遍全身的时间是（　　）。

  A．五分之一秒 B．十分之一秒 C．二分之一秒 D．三分之一秒

4．最重要的心理器官是（　　）。

  A．脊髓   B．间脑   C．神经系统   D．大脑

5．人的大脑皮层中，与视觉有关的是（　　）。

  A．枕叶   B．颞叶   C．顶叶   D．额叶

6．人的大脑皮层中，与躯体感觉有关的是（　　）。

  A．枕叶   B．颞叶   C．顶叶   D．额叶

7．人的大脑皮层中，控制着人有目的、有意识的行为，在人的心理活动中具有特殊作用的是（　　）。

A．枕叶   B．颞叶   C．顶叶   D．额叶

8．心理的源泉是（   ）。

     A．心理现象   B．客观事物   C．客观现实   D．心理过程

9．对人类心理的作用尤为重要的是（   ）。

     A．社会环境   B．物质环境   C．精神环境   D．心理环境

10．大脑皮层已变得相当成熟的年龄是（   ）。

     A．4 岁   B．5 岁   C．6 岁   D．7 岁

二、简答题

1．心理是人脑对客观现实主观能动的反映。所谓"主观能动的反映"表现在哪几个方面？

经典例题解析

1．（2019 年真题）人的大脑皮层中，与听觉有关的是（   ）。

     A．枕叶   B．颞叶   C．顶叶   D．额叶

【答案】B

【解析】本题主要考查的是人的大脑皮层可以划分的 4 个机能区。听觉与颞叶有关，所以选择 B。

第三节 幼儿心理学概述

一、什么是幼儿心理学

1．幼儿心理学的研究对象

幼儿心理学是研究人在婴幼儿阶段的心理特征和发展趋势的学科。1882 年德国儿童心理学家普莱尔写成《儿童心理》一书，标志着儿童心理学的诞生。

2．幼儿心理学的任务

（1）阐明婴幼儿的心理特征和发展趋势。

（2）揭示幼儿心理发展的机制。

第一个任务是基础性的，第二个任务是本质性的。

二、学习幼儿心理学的意义

（1）认识教育对象，培养科学的幼儿观。

首先为幼儿的教育提供心理学依据，其次为幼儿的心理健康教育、医疗和保健提供必要的知识。幼儿心理学的研究成果对一切有关婴幼儿的实际工作都具有指导作用。

（2）探索婴幼儿心理发生和发展的规律，充实幼儿心理发展理论体系，促进心理科学的发展。

同步练习

一、选择题

1. 幼儿心理学诞生的时间是（　　）。

　　A．1879 年　　　　　　B．1882 年　　　　　　C．1884 年　　　　D．1789 年

2.《幼儿心理》一书的作者是（　　）。

　　A．皮亚杰　　　　　　B．卢梭　　　　　　　　C．冯特　　　　　　D．普莱尔

3. 某一特定年龄阶段中最稳定、最普遍、最典型的本质心理特征是（　　）。

　　A．个性特征　　　　　B．情感过程　　　　　　C．年龄特征　　　　D．个性心理

4. 婴儿期是指（　　）。

　　A．1～3 岁　　　　　　　　　　　　　　　B．从出生后第一个月到 1 周岁

　　C．3～6 岁　　　　　　　　　　　　　　　D．从出生至 1 个月

5. 幼儿心理学首先为幼儿的教育提供（　　）依据。

　　A．心理学　　　　　　B．教育学　　　　　　　C．教育　　　　　　D．心理

二、简答题

1. 什么是幼儿心理学？

2. 幼儿心理学的任务是什么？

3. 学习幼儿心理学的意义是什么？

经典例题解析

1.（2018 年真题）《儿童心理》一书的作者是（　　）。

A．皮亚杰　　　　　B．卢梭　　　　　C．冯特　　　　　D．普莱尔

【答案】D

【解析】本题主要考查儿童心理学诞生的标志。1882年德国儿童心理学家普莱尔写成《儿童心理》一书，标志着儿童心理学的诞生。所以选择D。

第四节　研究幼儿心理学的方法

幼儿心理学的研究方法分为实证研究法和理论研究法两大类。

一、实证研究法

1．定义及特点

实证研究是科学研究的基本方法。其主要特点就是采用规范的方法收集实际材料、数据、事实，再从这些材料、数据、事实中归纳出普遍性的结论来。一切实证的研究方法，都只是收集感性材料的直接手段。

2．分类

任何研究都有一个时间上的取向，据此，把研究分为横向和纵向两种。纵向和横向的研究具体有以下三种方法。

（1）观察法。

观察法是有计划、有目的地观察幼儿在一定条件下言行的变化，做出详细的记录，然后进行分析处理，从而判断他们的心理活动特点的方法。观察法是实证研究最基本的方法，也是在托儿所、幼儿园里最常用、最实用的研究方法。可以分为以下几种具体类型：

①从时间上看，分为长期观察和定期观察。

②从范围上看，分为全面观察和重点观察。

③从规模上看，可分为群体观察和个体观察。个体观察又称个案法，是一种最简单、最直接的心理研究方法，具有启蒙和试点的作用。

④从观察者的参与程度上看，分为参与性观察和非参与性观察。

⑤从工具使用情况来看，分为直接观察和间接观察。

⑥从设计程度来看，分为结构性观察和非结构性观察。

⑦从观察的目的来看，分为验证型观察和探索型观察。

（2）调查法包括谈话法、问卷法、测量法和作品分析法四种。

①谈话法：研究者根据一定的研究目的和计划，直接询问幼儿的看法、态度；或让幼儿进行简单的演示，并让他们说明为什么这样做，以了解他们的想法，从中分析幼儿的心理特点。结合简单演示的谈话法又称临床法。

②问卷法：根据研究目的，将要收集的问题印成书面形式，让被测试者回答。

③测量法：用标准化的心理测验作为工具，测量幼儿的某一行为表现，然后将测得的数

据与心理测验提供的平均水平相比较，可以看出被测试者的个别差异。是一种专业性很强的研究方法。

④作品分析法：研究者从幼儿的艺术作品或学生作业、日记、考卷中分析幼儿的心理特点。这种方法也特别适合幼儿教师。

（3）实验法是实证研究中最严密、最客观的方法。实验法是一种有计划、有控制的观察。对幼儿开展的研究，更适合在幼儿熟悉的自然环境中进行。一项正规的研究，其样组一般不得少于30人。

二、理论研究法

理论研究法能把握事物发展的规律和本质。

同步练习

一、选择题

1．科学研究的基本方法是（　　　）。

　　A．理论研究　　　　　B．实证研究　　　　　C．心理研究　　　D．个性研究

2．对一个或一组幼儿进行定期的、系统的随访观察（即追踪），找出其心理发展过程的系统特点的是（　　　）。

　　A．观察研究　　　　　B．横向研究　　　　　C．纵向研究　　　D．系统研究

3．实证研究中最基本的方法是（　　　）。

　　A．观察法　　　　　　B．调查法　　　　　　C．实验法　　　　D．问卷法

4．在同一研究中只观察记录某一项心理现象的观察是（　　　）。

　　A．全面观察　　　　　B．重点观察　　　　　C．直接观察　　　D．个体观察

5．托儿所、幼儿园里最常用、最实用的研究方法是（　　　）。

　　A．观察法　　　　　　B．调查法　　　　　　C．实验法　　　　D．谈话法

6．在心理学中，常用来测量智力和个性特征的一种专业性很强的研究方法是（　　　）。

　　A．谈话法　　　　　　B．实验法　　　　　　C．测量法　　　　D．问卷法

7．实证研究中最严密、最客观的方法是（　　　）。

　　A．谈话法　　　　　　B．问卷法　　　　　　C．测量法　　　　D．实验法

8．在婴儿知觉研究中，最有效的行为测量是（　　　）。

　　A．视觉行为　　　　　B．注视行为　　　　　C．测量行为　　　D．偏好行为

二、简答题

1．研究幼儿心理学的方法有哪几种？

2．调查法包括哪些具体的方法？

经典例题解析

1．（2019 年真题）实证研究中最严密、最客观的方法是（　　　）。

A．谈话法　　　　　B．观察法　　　　　C．测量法　　　　　D．实验法

【答案】D

【解析】本题主要考查幼儿心理学的研究方法。所以选择 D。

单元测试卷

一、选择题（每小题2分，共30分）

1．儿童心理学的开创者是（　　）。
　　A．冯特　　　　　　B．皮亚杰　　　　　C．普莱尔　　　D．吉布森

2．大脑皮层中，与躯体感觉有关的是（　　）。
　　A．枕叶　　　　　　B．颞叶　　　　　　C．额叶　　　　D．顶叶

3．心理过程的动力是（　　）。
　　A．情感过程　　　　B．认知过程　　　　C．意志过程　　D．个性心理

4．下列说法不正确的是（　　）。
　　A．脑是心理的器官
　　B．心理是脑的机能
　　C．客观现实是心理的源泉
　　D．物质环境对人类心理的作用尤为重要

5．一种最简单、最直接，具有启蒙和试点作用的研究方法是（　　）。
　　A．个体观察　　　　B．定期观察　　　　C．群体观察　　D．重点观察

6．实证研究中最严密、最客观的方法是（　　）。
　　A．谈话法　　　　　B．观察法　　　　　C．作品分析法　D．实验法

7．下列关于个性的说法，不正确的是（　　）。
　　A．个性是一个人总的精神面貌　　　　B．人一出生，个性就形成了
　　C．个性具有整体性　　　　　　　　　D．个性是静态的心理现象

8．幼儿心理学的研究对象是（　　）的儿童。
　　A．0～3岁　　　　　B．1～3岁　　　　　C．3～6岁　　　D．6～9岁

9．儿童心理学诞生的时间是（　　）。
　　A．1882　　　　　　B．1879　　　　　　C．1844　　　　D．1929

10．一项正规的研究，其样组一般不得少于（　　）。
　　A．30人　　　　　　B．40人　　　　　　C．50人　　　　D．60人

11．人的大脑皮层中，与听觉有关的是（　　）。
　　A．枕叶　　　　　　B．颞叶　　　　　　C．顶叶　　　　D．额叶

12．大脑皮层已变得相当成熟的年龄段是（　　）。
　　A．5岁　　　　　　 B．7岁　　　　　　 C．8岁　　　　 D．10岁

13．结合简单演示的谈话法又称（　　）。
　　A．谈话法　　　　　B．实验法　　　　　C．临床法　　　D．测量法

14．研究者从幼儿的艺术作品或学生作业、日记、考卷中分析幼儿的心理特点的研究方法是（   ）。

    A．作品分析法   B．实验法   C．测量法   D．问卷法

15．新生儿大脑两半球表面占成人脑的（   ）。

    A．25%   B．35%   C．42%   D．62%

二、简答题（12分）

1．人的认知过程主要包括哪些？（5分）

2．心理的基本特性有哪些？（3分）

3．学习幼儿心理学的意义是什么？（4分）

三、论述题（8分）

心理是人脑对客观现实主观能动的反映。所谓"主观能动的反映"表现在哪几个方面？（4分）

第二章

幼儿认知的发展

考试说明

（1）了解认知及婴幼儿的社会认知。

（2）了解感觉的作用和感觉剥夺、感觉轰炸的危害。

（3）了解概念、问题解决和推理的有关知识。

（4）理解感知觉的概念、婴幼儿感知觉发展的特点及幼儿观察力的培养。

（5）掌握注意的概念、分类及幼儿注意发展的特点、幼儿注意分散的原因和防止措施。

（6）掌握记忆的概念、种类及幼儿记忆发展的特点。

（7）掌握想象的概念、分类、幼儿想象发展的特点及幼儿想象力的培养。

（8）掌握思维的概念、特点及幼儿思维发展的一般趋势。

知识结构图

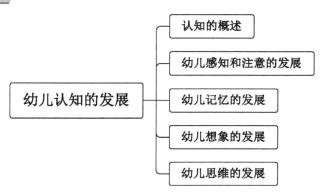

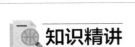

知识精讲

第一节　认知的概述

一、认知（了解）

认知是人最基本、最重要的心理活动。

认知就是认识和知识。认识是一个动态的过程，知识是这个过程的结果。

二、认知研究的新方法——"习惯化"与"去习惯化"

当一种刺激反复出现时，刺激产生的反应会逐渐减弱，这就叫习惯化。

当幼儿感知到出现一个新刺激，它不同于已习惯了的刺激时，就会做出新的强烈反应，原有的习惯化就终止了。

同步练习

一、选择题

1. 人最基本、最重要的心理活动是（　　）。
   A．认识　　　　　　B．认知　　　　　　C．情感　　　　　　D．思维
2. 当一种刺激反复出现时，刺激产生的反应会逐渐减弱，这就叫（　　）。
   A．习惯化　　　　　B．去习惯化　　　　C．刺激　　　　　　D．反应
3. 为儿童发展心理学的研究方法开辟了新途径，并取得重大成果的是（　　）。
   A．婴儿的去习惯化　　　　　　　　　B．婴儿的反应机制
   C．婴儿的习惯化　　　　　　　　　　D．婴儿的生理反应

二、简答题

1. 什么是认知？

第二节　幼儿感知和注意的发展

感觉和知觉是人类复杂心理活动的基础，是一切信息加工的资料来源，是认识活动的开

端。感觉是最简单的心理过程，是各种复杂心理过程的基础。

一、感知觉概述（理解）

（1）感觉：客观事物具有许多个别属性，这些个别属性在人脑中的反映就是感觉。

（2）感觉的作用：

①感觉是人类认识世界的开端；

②感觉是维持正常心理活动的重要保障。

（3）感觉器官的发展顺序：肤觉—前庭觉—嗅觉、味觉—听觉—视觉。

（4）知觉：心理学上把人对作用在感觉器官上的内外刺激的整体反映，称作知觉。通常以知觉的形式来反映事物。

总之，感觉和知觉都是对直接作用于感觉器官的事物的反映，都是人类认识世界的初级形式，反映的是事物的外部特征和外部联系。

二、婴幼儿的感知觉（理解）

（一）肤觉

肤觉是一组复合的感觉，包括触觉、温觉、痛觉等。肤觉具有性别差异，通常女孩比男孩敏感。

（1）触觉是皮肤受到机械刺激而引起的感觉。巴宾斯基反射用来检验新生儿神经系统发育的水平。

触觉发展中的两个重要器官：

①嘴是新生儿和婴儿认识世界的重要工具，嘴的动作也是促进幼儿早期发展的动力。

②手也是婴儿接触物体、探究外界的重要工具。抓握是婴儿最初的有方向的运动，是形成操作物体和发展成复杂动作的基础，也是日后变成有目的劳动的出发点。

（2）温觉是皮肤对外界温度的感觉。新生儿对低于其体温的温度，比高于其体温的温度更敏感。

（3）痛觉是皮肤对伤害性刺激的感觉。新生儿的痛觉发展迅速，会对痛觉刺激的反应越来越敏感。

（二）前庭觉

人的内耳里面的淋巴液的晃动能引起对身体平衡和运动的感觉叫前庭觉。从胚胎发育的第三周起，前庭器官就开始发挥作用了。出生后，新生儿的前庭觉帮助他形成最早的条件反射。

（三）嗅觉、味觉

（1）嗅觉是鼻腔里的嗅细胞对散发在空气中的气体刺激引起的反应。刚出生20～30分钟的新生儿就对香水有反应。幼儿对气味的嗅觉有个别差异，嗅觉还具有很强的适应性——"入芝兰之室，久而不闻其香；入鲍鱼之肆，久而不闻其臭"。

（2）味觉是口腔里的味蕾对溶解于水的物质刺激的反应。胎儿早在4个月时就开始接受

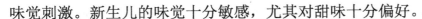

味觉刺激。新生儿的味觉十分敏感，尤其对甜味十分偏好。

人的味觉能辨别的四种味道是甜、咸、苦、酸。新生儿对甜的刺激表现出满意的表情；对酸的刺激表现出撇嘴、耸鼻、眨眼的表情；对苦表现出厌恶和拒绝，甚至呕吐的表情。

（四）听觉

听觉是特定范围内的声波刺激耳膜后产生的反应。20 周的胎儿就已具备听觉能力。8 个月的胎儿对低音的感受能力比高音强。儿童的听力一般要到 14～19 岁时才达到最高水平。出生仅 3 天的新生儿就能表现出对母亲声音的明显偏好。婴儿的听觉辨别能力不仅表现在语音听觉中，还表现在音乐听觉中。所以，幼儿听力的发展有一个发展过程，无论是在怀孕期还是在出生后，都要高度重视保护儿童的听力。

（五）视觉

可见光对眼睛视网膜的刺激产生视觉。眼睛是所有感觉器官中最活跃、最重要、最主动的感觉器官。人 70%～75%的信息是通过视觉得到的。

1．视觉集中

新生儿出生 2 个月后视觉集中现象尤为明显，特别是对鲜亮的物体和人脸具有特殊的偏好，心理学称之为"人脸偏好"。

2．视敏度（视力）

视敏度是指从一定距离处感知两个临近点的能力。幼儿视觉的最佳敏感范围相当于婴儿伸手取物的距离。

新生儿对 30 厘米处的物体或图像看得最清楚。2 岁左右，婴儿的视敏度才接近于成人。

3．颜色视觉（辨色力）

婴儿比较喜欢波长较长的暖色，如红色、橙色、黄色等。

在幼儿识别颜色的过程中，一般是先认识颜色，然后学会标志颜色的词语。4 岁左右能将基本颜色与名称联系起来，5～7 岁能正确命名常见的颜色。

儿童的颜色视觉既有个别差异，也有性别差异，通常女孩的颜色视觉比男孩强。

色盲是一种遗传疾病，通常男性多于女性。

4．视知觉的功能

（1）空间知觉——知觉物体（包括图片、文字、符号等）的位置及与周围事物的空间关系。

（2）差异辨别——把一个对象与另一个对象的区别找出来。（找茬）

（3）背景辨别——把一个对象从其背景中区别出来。（检查色盲用的数字图）

（4）视觉填充——当对象不完整时，能正确识别。（一朵花没画完整能认出来）

（5）对象再认——以前见过的玩具或到过的地方再次出现时，能认得出来。

（六）形状知觉

形状知觉是以视觉为主的，包括动觉、触觉在内的复合感知。

"注视箱"的实验证明，在所有的几何形状中，婴儿更喜欢圆形。婴儿更偏好正常的人脸，还偏好运动的物体。

（七）深度知觉

深度知觉是对自身与物体之间距离的感知。

美国心理学家吉布森设计了"视觉悬崖"，实验说明 6 个月大的婴儿就明确具有深度知觉。婴儿的深度知觉能力与早期的运动经验有关，尤其与婴儿的爬行经验有关。

爬行对婴儿的中枢神经系统的发展具有特殊的意义。爬行不仅有利于提高婴儿的视觉稳定性和深度知觉的发展，有利于促进动作的协调，有利于促进脑的低级部位的发展，也有利于大脑皮层组织水平的提高。

（八）方位知觉

方位知觉是对上下、前后、左右位置的感知。

儿童方位知觉发展的顺序：3 岁辨别上下，4 岁辨别前后，5 岁以自身为中心辨别左右，7～9 岁才掌握以外部物体为基准的左右。6～7 岁是儿童掌握左右概念发展最快的阶段。儿童方位知觉的发展，与儿童思维能力的发展是分不开的。

（九）可知度

可知度是吉布森提出的，就是知觉行为的可行程度。

幼儿在知觉行为时所得到的具体信息，既依赖于环境的直接提供，也有赖于具体情景中幼儿的目标。

三、多通道感知与自我效能感

1．多通道感知

感知觉并不是相互孤立的活动，而是相互影响、相互作用的过程。

2．自我效能感

自我效能感是对自己的行动与某种结果之间联系的理解。

四、感觉剥夺与感觉轰炸（了解）

1．感觉剥夺危害

感觉剥夺导致运动发展滞后，会严重妨碍幼儿的正常发展，感觉的早期剥夺，会对幼儿的发展产生难以挽回的损伤。

2．感觉轰炸危害

感觉轰炸的危害：过早开发幼儿智力，会造成幼儿对学习的退缩和兴趣丧失，造成家长失望，使幼儿心理健康受到威胁和伤害。

五、幼儿注意的发展（掌握）

（一）注意的概述

（1）注意是心理活动对一定对象的指向和集中。

（2）注意的生理变化和外部表现如下。

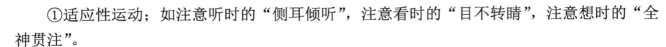

①适应性运动；如注意听时的"侧耳倾听"，注意看时的"目不转睛"，注意想时的"全神贯注"。

②无关运动停止；如学生注意听讲时，会停止小动作或不再交头接耳，表现得非常专注和安静。

③生理运动变化。如注意紧张时，会心跳加速、牙关紧闭、拳头握紧、呼吸屏息。

（3）注意的分类：注意分为无意注意和有意注意两种。

①无意注意是指没有预定的目的，也不需要做意志努力的注意。一个突然的响声引得大家回头看，就是典型的无意注意。

引起无意注意的条件有客观条件和主观条件。

客观条件：刺激物的强度；刺激物之间的对比（老师批作业用红墨水）；刺激物的运动（红绿灯）；新异的刺激（换了发型的同学引起大家的注意）。

主观条件：人的需要和兴趣；人的情绪和精神状态；人的知识经验。

②有意注意是指有预定的目的，在必要时需要一定的意志努力的注意。

引起和维持有意注意的条件：对目的和任务的理解；动用意志，排除干扰；把智力活动与实际操作相结合（听课过程中记笔记）；培养间接兴趣。

（二）婴幼儿注意的发展

一般来说，幼儿的年龄越小，无意注意的作用越大。整个学前期，婴幼儿的无意注意占优势地位，有意注意开始迅速发展。

幼儿注意发展的第一个表现是注意的稳定性增强。3岁幼儿注意力集中时间为5～7分钟，4岁幼儿注意力集中时间为15分钟，5岁幼儿注意力集中时间为20分钟，6岁幼儿注意力集中时间为25分钟，7岁幼儿注意力集中时间超过30分钟。（小班5～7分钟、中班15分钟、大班15～20分钟）

第二个表现是注意的范围不断扩大。

总而言之，幼儿的注意还在发展之中，离灵活、有效、有策略的成熟水平还有距离。

（三）幼儿注意分散的原因和防止措施

（1）注意的分散是指幼儿的注意，离开了当前应该指向的对象，而被一些与活动无关的刺激物所吸引的现象。

（2）幼儿注意分散的原因。

①幼儿的无意注意占优势，自我控制能力差；

②无关刺激的干扰；

③疲劳；

④缺乏兴趣；

⑤教学活动组织不合理，连续进行单调的活动。

（3）幼儿注意分散的防止措施。

①无意注意和有意注意交互使用；

②减少无关刺激的干扰；

③制订合理的作息制度；

④根据幼儿的兴趣和需要组织活动；

⑤培养良好的注意习惯；

⑥使幼儿明确活动的目的和要求。

（四）幼儿观察力的培养

（1）提供丰富多样的观察材料。

（2）引导幼儿明确观察目的。

（3）教给幼儿观察方法。

（4）鼓励幼儿表达观察结果。

（5）引导幼儿分析观察结果。

（6）创造良好的观察环境。

同步练习

一、选择题

1. 认识世界的开端是（　　）。

　　A．感知觉　　　　　　B．注意　　　　　　C．记忆　　　　　D．想象

2. 心理学上把人对作用于感觉器官上的内外刺激的整体反映，称作（　　）。

　　A．感觉　　　　　　B．知觉　　　　　　C．嗅觉　　　　　D．听觉

3. 下列叙述不正确的是（　　）。

　　A．感觉是人类认识世界的开端

　　B．知觉是对感觉信息的组织和解释过程

　　C．肤觉是皮肤受到机械刺激引起的感觉

　　D．如果事物不再直接作用于我们的感觉器官，我们对事物的感觉和知觉还将继续
　　　　存在

4. 婴儿明确具有深度知觉是在（　　）。

　　A．4 个月　　　　　　B．5 个月　　　　　C．6 个月　　　　D．7 个月

5. 幼儿可以辨别前后是在（　　）。

　　A．3 岁　　　　　　B．4 岁　　　　　　C．5 岁　　　　　D．6 岁

6. 牙关紧咬、呼吸屏息，主要体现了人在集中注意时所表现出的特点是（　　）。

　　A．适应性运动　　　　　　　　　　B．无关运动停止

　　C．生理运动变化　　　　　　　　　D．以上都不对

7. 新生儿对苦的刺激表现出（　　）。

　　A．满意　　　　　　B．拒绝　　　　　　C．撅嘴　　　　　D．眨眼

8. 一般到（　　）儿童的听力达到最好水平。

　　A．10～16 岁　　　　B．11～17 岁　　　　C．13～18 岁　　　D．14～19 岁

9．新生儿对（　　　）远的物体或图像看得最清。

    A．20 厘米　　　　　　　B．30 厘米　　　　　　　C．50 厘米　　　　　D．75 厘米

10．下列说法错误的是（　　　）。

    A．幼儿视觉的最佳敏感范围相当于幼儿伸手取物的距离

    B．通常女孩的颜色视觉比男孩强

    C．婴儿比较喜欢波长较短的冷色

    D．色盲是一种遗传疾病，通常男性多于女性

11．提出"可知度"概念的是（　　　）。

    A．吉布森　　　　　　　B．普莱尔　　　　　　　C．华生　　　　　　　D．皮亚杰

12．在下列叙述中，表述正确的是（　　　）。

    A．研究表明肤觉具有性别差异，通常女孩比男孩敏感

    B．出生后，新生儿的肤觉能使他形成最早的条件反射

    C．心理学家发现婴儿对甜的刺激表现出撅嘴、耸鼻、眨眼等表情

    D．耳朵是所有的感觉器官中最活跃、最重要、最主动的器官

13．下列不属于感觉剥夺危害的是（　　　）。

    A．运动发展滞后　　　　　　　　　　　B．语言发展滞后

    C．智商低下　　　　　　　　　　　　　D．学习兴趣丧失

14．下列叙述中，正确的是（　　　）。

    A．深度知觉是指从一定距离处感知两个临近点的能力

    B．美国心理学家巴宾斯基设计了一个巧妙的实验装置叫"视觉悬崖"

    C．对自身与物体之间距离的感知叫前庭觉

    D．多通道感知更典型的表现是不同感觉之间的相互影响。

15．幼儿注意发展的第一个表现是注意的（　　　）逐步增强。

    A．稳定性　　　　　　　B．分配性　　　　　　　C．集中性　　　　　D．指向性

16．下列有关感知觉的表述，不正确的是（　　　）。

    A．一旦客观事物停止作用于感受器，感觉便不再产生

    B．幼儿知觉行为的可知度既依赖于环境的直接提供，也依赖于具体情境中幼儿的目标

    C．深度知觉是对自身与物体之间距离的感知

    D．感觉和知觉不但反映事物的外部特征和外部联系，也反映事物的内在本质联系

17．当你特别饿的时候，饭菜的香味特别容易引起你的注意，这是（　　　）对你的注意力产生了作用。

    A．刺激物的强度　　　B．新异刺激　　　　　C．人的需要　　　　D．人的精神状态

18．维持正常心理活动的重要保障是（　　　）。

    A．感觉　　　　　　　　B．知觉　　　　　　　　C．认知　　　　　　D．注意

19．对婴儿的中枢神经系统的发展具有特殊意义的是（　　　）。

    A．抓握　　　　　　　　B．爬行　　　　　　　　C．吮吸　　　　　　D．微笑

20．婴儿的视敏度接近成人的年龄是（　　）。

　　A．6 个月左右　　　B．1 岁左右　　　　C．1 岁半左右　　D．2 岁左右

二、简答题

1．幼儿的眼睛并不是单独接受光线刺激的，通常总是对光刺激做总体的反应，也就是说以视知觉的形式活动。视知觉有哪些功能？

2．幼儿注意发展的特点有哪些？

三、论述题

1．引起和维持有意注意的条件有哪些？

2．如何培养幼儿的观察力？

三、材料分析题

1．在幼儿园，教师教给幼儿们舞蹈时需要做镜面示范，否则幼儿会出现相反的动作。

（1）案例体现了幼儿哪一心理现象的特点？

（2）这一心理现象发展的顺序是什么？

2．孙老师周末把长发剪成了短发，周一一进教室，立马引起了幼儿的注意。大家叽叽喳喳地讨论了很长时间。请问：

（1）孙老师的短发引起了幼儿的哪种注意？

（2）引起这种注意的条件有哪些？

 经典例题解析

1.（2019 年真题）个体感觉发展顺序是（　　）。

A．前庭觉—肤觉—味觉—听觉—视觉　　B．味觉—前庭觉—肤觉—视觉—听觉

C．肤觉—前庭觉—味觉—听觉—视觉　　D．肤觉—前庭觉—味觉—视觉—听觉

【答案】C

【解析】本题主要考查的是婴幼儿感知觉的相关知识。所以选择 C。

2.（2019 年真题）张老师带领中班的幼儿在幼儿园的院子里观察树木。在观察树木的过程中，树上成群结队的蚂蚁引起了幼儿的注意，很多幼儿兴致勃勃地观察起来。"在观察树木的过程中，树上成群结队的蚂蚁引起了幼儿的注意。"这是无意注意还是有意注意？引起这类注意的条件有哪些？

【答案】这种注意是无意注意。

引起无意注意的条件：

（1）（客观条件）：刺激物的强度；刺激物之间的对比，刺激物的运动，新异的刺激。

（2）（主观条件）：人的需要和兴趣；人的情绪和精神状态；人的知识经验。

【解析】本题主要考查的是无意注意的相关内容。

3.（2020 年真题）下列感觉器官中，最活跃、最主动的感觉器官是（　　）。

A．耳　　　　　　B．嘴　　　　　　C．鼻　　　　　　D．眼睛

【答案】D

【解析】本题主要考查的是婴幼儿的感知觉中的视觉知识。所以选择 D。

4.（2020 年真题）引起和维持有意注意的条件有哪些？

【答案】引起和维持有意注意的条件：

（1）对目的和任务的理解；

（2）动用意志，排除干扰；

（3）把智力活动与实际操作相结合；

（4）培养间接兴趣。

【解析】本题主要考查的是引起和维持有意注意的条件。

第三节　幼儿记忆的发展

一、记忆的概述（掌握）

1．记忆是一个人对自身经验的信息保存、加工和提取的心理过程。其中，信息的保存和加工就是"识记"，而信息的提取，包括"再认"和"回忆"两种水平。再认是回忆的初级水平，回忆比再认要复杂得多。

记忆分为四大过程：识记、保持、再认和回忆。

2．分类

（1）记忆的内容——形象识记（具体形象、图形符号）和语词识记（语词文字符号）；

（2）记忆的态度——无意识记和有意识记；

（3）记忆的方式——机械识记和意义识记；

（4）记忆中对信息的加工过程——感觉记忆（可保持 0.25～2 秒），短时记忆（1 分钟以内）和长时记忆（1 分钟以上直至终身）

3．艾宾浩斯遗忘曲线

德国心理学家艾宾浩斯研究发现，人的遗忘表现出先快后慢、先多后少的规律。

二、幼儿的记忆发展（掌握）

（一）识记

1．无意识记和有意识记

（1）无意识记是没有自觉的识记目的，不需要特定的识记方法，不需特殊的意志努力的识记。无意识记是幼儿的主要记忆形式。

引起幼儿无意识记的因素，既有外部的也有内部的。外部因素是材料必须直观、鲜明、生动；内部因素与幼儿的兴趣、情绪状态、态度有关，也与幼儿的智力活动和活动方式有关。其中，幼儿的情绪状态是影响无意识记的关键因素（如过生日时收到的礼物，印象深刻）。

无意识记是幼儿的主要记忆形式，其本质依然是一种理解性的记忆。幼儿年龄越大，理解能力越强，无意识记的效果也不断提高。在整个幼儿期，无意识记始终占据主导地位。

（2）有意识记是具有自觉的识记目的，需要一定的识记方法，需要意志努力的识记。幼儿有意识记的效果，受活动动机和活动性质制约。

幼儿的无意识记和有意识记都在发展。一般说来，幼儿无意识记的效果明显好于有意识记。

2．机械识记与意义识记

机械识记是在不理解内容的条件下主要利用复述完成的识记。如记住一个陌生的电话号码。

意义识记是在理解材料的内容后，依靠已有经验的联系形成的识记。如懂得一条定律之

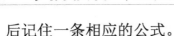

后记住一条相应的公式。

幼儿运用机械识记多，但记忆的效果还是意义识记好。

（二）再认与回忆

幼儿的再认能力比回忆的能力强，在2～4岁的阶段，再认和回忆效果都有提高，但再认总是比回忆效果好。

幼儿的回忆能力受活动的性质影响，在目标明确的活动中，回忆效果明显提高。

首因效应和近因效应——幼儿对处于开始部位和结尾部位的信息再现效果明显好于中间部位的信息。

（三）记忆恢复现象

记忆恢复现象是幼儿特殊的记忆现象。记忆恢复现象是指在识记后的某段时间，对材料的回忆量比刚学习完的回忆量有所提高的现象。

幼儿的记忆恢复现象发生在识记后的1～2天内。当记忆材料比较复杂时，记忆恢复现象更加明显。幼儿园小班幼儿的记忆恢复现象比大班幼儿明显。

（四）幼儿的记忆策略

（1）记忆策略指为了提高记忆效果而采用的手段，以及对记忆活动有意识控制的心理活动。

（2）幼儿的记忆策略。

①视觉复述策略：将自己的视觉注意力有选择地集中在要记住的对象上（眼睛不断盯着目标，以加强自己的记忆），这是幼小儿童经常使用的、最简单的策略。

②特征定位策略：在幼儿必须自己选择某些材料进行加工并加以记忆时，幼儿会给识记对象附加上一个特定的"标签"，以帮助其记忆。

③复述策略：当幼儿掌握口语后，经常会不断重复识记对象的名称，以达到记忆效果，即复述策略。在记忆活动中，复述是一个最常用、也最有效的策略。

④组织性策略：将记忆材料按不同的意义，分别组成不同类别，编入各种主题，使材料产生意义联系，或对内容加以改组，以便于记忆的一种策略。

⑤提取策略：一个人在回忆过程中，将储存在长时记忆中的特定信息回收到意识水平上的方法和手段，就叫提取策略。再认和回忆都需要提取，回忆过程中的提取要比再认过程中的提取更加困难，提取策略的核心是对线索的利用。

📖 同步练习

一、选择题

1. 艾宾浩斯遗忘曲线说明人的遗忘具有（　　）的规律。
   - A. 先快后慢，先多后少
   - B. 先快后慢，先少后多
   - C. 先慢后快，先多后少
   - D. 先慢后快，先少后多

2. 幼儿的主要记忆形式是（　　）。

A．机械识记　　　　B．有意识记　　　　C．无意识记　　　　D．意义识记

3．幼小儿童经常使用的、最简单的记忆策略是（　　　）。

A．特征定位策略　　B．视觉复述策略　　C．复述策略　　　　D．提取策略

4．记忆内容可以保持一分钟以内的记忆形式是（　　　）。

A．感觉记忆　　　　B．知觉记忆　　　　C．短时记忆　　　　D．长时记忆

5．对幼儿记忆的发展至关重要的是获得（　　　）。

A．感觉　　　　　　B．知觉　　　　　　C．语言　　　　　　D．思维

6．影响无意识记的关键因素是幼儿的（　　　）。

A．感知觉　　　　　B．智力水平　　　　C．情绪状态　　　　D．活动方式

7．在整个幼儿期，始终占据主导地位的是（　　　）。

A．无意识记　　　　B．有意识记　　　　C．机械识记　　　　D．意义识记

8．幼儿的记忆恢复现象发生在识记后的（　　　）。

A．1天内　　　　　B．1～2天　　　　　C．2天内　　　　　D．2～3天

9．随着年龄的增长，运用能力和质量不断提高的一个策略是（　　　）。

A．视觉复述策略　　B．特征定位策略　　C．提取策略　　　　D．复述策略

10．在记忆活动中，一个最常用也最有效的策略是（　　　）。

A．提取　　　　　　B．组织性　　　　　C．复述　　　　　　D．特征

11．通过对材料的理解来进行记忆，这是（　　　）。

A．视觉复述策略　　B．特征定位策略　　C．复述策略　　　　D．组织性策略

12．下列说法中错误的是（　　　）。

A．自传体记忆是幼儿对发生在自己身上的具体事件的记忆

B．幼儿的无意识记的效果总是低于有意识记

C．幼儿对处于开始部位和结尾部位的信息再现效果明显好于中间部位的信息

D．记忆恢复现象是幼儿特殊的记忆现象

13．婴儿开始利用回忆能力，以延迟模仿简单动作的方式来与成人交往的年龄是（　　　）。

A．1个月　　　　　B．2个月　　　　　C．3个月　　　　　D．4个月

14．幼儿的再认非常精确的年龄是（　　　）。

A．2岁　　　　　　B．3岁　　　　　　C．4岁　　　　　　D．5岁

15．幼儿自传体记忆的水平与（　　　）发展水平有密切联系。

A．语言　　　　　　B．动作　　　　　　C．感觉　　　　　　D．注意

二、简答题

什么是记忆？记忆有哪些分类？

三、论述题

无意识记是幼儿的主要记忆形式，影响幼儿无意识记的因素有哪些？

四、材料分析题

实验者要求幼儿把一个小物品藏在一个有 196 个格子的棋盘里，并要求他们记住所藏的位置。5 岁以上的幼儿会把物品藏在某个角落，因为角落的位置最不容易搞错。

（1）这说明，5 岁幼儿已经具有了什么记忆策略？

（2）除此之外，幼儿还有哪些记忆策略？

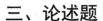 **经典例题解析**

1.（2018 年真题）影响无意识记的关键因素是幼儿的（   ）。

    A．感知觉   B．智力水平   C．情绪状态   D．活动方式

【答案】C

【解析】本题主要考查的是影响无意识记的因素。

2.（2020 年真题）幼儿在参观动物园后，会记住老虎、狮子、猴子等动物的样子。这种记忆属于（   ）。

    A．情绪记忆   B．形象记忆   C．语词记忆   D．运动记忆

【答案】B

【解析】本题主要考查的是记忆的分类。

第四节   幼儿想象的发展

想象是一种重要的认识能力，也是人的智力结构中的重要成分。想象的素材是表象。就本质而言，想象应该是形象思维的初级形式。

一、想象的概述（掌握）

（1）想象是人脑对已有表象进行加工改造而形成新形象的过程。

表象是个体早先感知过的对象在头脑里的图像记忆，是儿童知识的主要内容。其中，视觉表象是最鲜明、最多样和最灵活的图像记忆，是想象的主要材料。想象是人类实践活动的必要条件。

（2）想象的分类。

①按照想象的目的性和自觉性，可将想象分为无意想象和有意想象两类。

无意想象是没有预定目的，在一定的刺激下不由自主地进行的想象。如看到一朵浮云，认为其像小狗等。

有意想象是根据一定的目的而自觉进行的想象，如创作一幅画之前的构思。

②按照想象内容的新颖性、独立性和创造性不同，可将想象分为再造想象和创造想象两类。

再造想象是根据语言文字的描述或图形符号的描绘，在头脑中再造出与之相对应的新形象的过程，如读了童话《白雪公主》后，大脑中形成的白雪公主的形象。

创造想象是根据已有的表象，在头脑里独立地创造新形象的过程。具有首创性、独立性和新颖性的特点，比再造想象复杂和困难得多，如格林兄弟创作出白雪公主的形象。

幻想是创造想象一种特殊形式。根据幻想对个体行为的影响，可分为积极幻想和消极幻想两类。

二、幼儿想象的发展（掌握）

（1）幼儿想象的特点。

幼儿想象的最初表现在2周岁左右才能观察到。

①无意想象占主导地位，有意想象开始发展；

②再造想象占主导地位，创造想象开始发展。

（2）与童年期儿童相比，幼儿的想象还有以下特点。

①主题与时间不稳定，易变换。

②不易分清想象和现实之间的界线，幼儿的言谈中常常有虚构的成分，对事物的某些特征和情节往往加以夸大。分不清想象和现实的关系，是幼儿想象最普遍、最重要的年龄特征。

③缺乏计划性和预定目的，只满足于想象过程的本身。

④想象的创造成分还保留在具体形象的水平上，不能在语词的水平上进行创造性想象。

（3）培养幼儿的想象力。

①丰富幼儿的表象；

②在语言、艺术等多种活动中培养幼儿的想象；

③在游戏中鼓励和引导幼儿大胆想象；

④抓住日常生活中的教育契机，引导幼儿进行想象；

⑤尊重幼儿的想象，保护幼儿的好奇心；

⑥引导幼儿的想象要符合客观规律。

同步练习

一、选择题

1．（   ）是最鲜明、最多样和最灵活的图像记忆，也是想象的主要材料。

    A．视觉表象   B．听觉表象   C．肤觉表象   D．动觉表象

2．人类实践活动的必要条件是（   ）。

    A．注意   B．记忆   C．想象   D．思维

3．看见一朵浮云，认为其像条小狗。这是（   ）。

    A．无意想象   B．有意想象   C．再造想象   D．创造想象

4．创造想象的形象具有首创性、独立性和（   ）的特点。

    A．独创性   B．新奇性   C．创造性   D．新颖性

5．梦是（   ）。

    A．无意想象   B．有意想象   C．再造想象   D．创造想象

6．学生在学习了毛泽东的《沁园春·雪》后，根据诗词中的描写，在头脑中想象出冬日长城内外的北国风光，这属于（   ）。

    A．创造想象   B．再造想象   C．有意想象   D．无意想象

7．长生不老属于（   ）。

    A．无意想象   B．有意想象   C．消极幻想   D．积极幻想

8．幼儿想象的最初表现是在（   ）左右才能观察到。

    A．1周岁   B．2周岁   C．3周岁   D．4周岁

9．当读《白雪公主》的故事时，头脑中就会想象出白雪公主和七个小矮人的可爱形象，这就是（   ）。

    A．创造想象   B．再造想象   C．有意想象   D．无意想象

10．创造想象的一种特殊形式是（   ）。

    A．幻想   B．表象   C．做梦   D．想象

二、简答题

什么是想象？想象的分类有哪些？

三、论述题

想象是一种重要的认识能力，也是人的智力结构中的重要成分。请问幼儿想象最普遍的

年龄特征是什么？如何培养幼儿的想象力？

四、材料分析题

玲玲是幼儿园小班一位聪明好学的小女孩，她很想自己也能像大哥哥、大姐姐那样参加幼儿园的合唱团，上台表演。一天，她回到家里高兴地说："妈妈，我参加合唱团了，老师让我上台表演了！"妈妈听了很高兴了，可是后来一打听，根本没有这一回事儿。妈妈非常生气地训斥："你这么小就撒谎，长大了还得了！"玲玲感到十分委屈。

根据幼儿心理学的有关理论知识帮助家长分析，回答以下问题

（1）案例中玲玲真的向她妈妈"撒谎"吗？如果不是，她的表现说明了幼儿想象的哪一个特点？

（2）幼儿想象的特点还有哪些？

经典例题解析

1.（2019年真题）幼儿听故事《白雪公主》时，头脑中会形成白雪公主和七个小矮人的形象。这种想象是（ ）。

　　A．再造想象　　　　B．创造想象　　　　C．幻想　　　　D．空想

【答案】A

【解析】本题主要考查的是想象的分类。

2.（2020年真题）小班幼儿在做"大灰狼和小白兔"的体育游戏，老师扮演大灰狼，幼儿扮演小白兔。老师抓住了一只"小白兔"，这只"小白兔"怕得哭起来，口中喃喃说着"大灰狼会吃掉我的，大灰狼会吃掉我的"。

（1）这体现了幼儿想象的哪一特点？

（2）幼儿的想象还有哪些特点？

（1）体现的幼儿想象特点是想象与现实相混淆

（2）幼儿想象的特点还有：

①无意想象占主导地位，有意想象开始发展；

②再造想象占主导地位，创造想象开始发展；

③主题与时间不稳定，易变换；

④缺乏计划性和预定的目的，只满足于想象过程的本身；

⑤想象的创造成分还保留在具体形象水平上，不能在词语水平上进行创造性想象。

【解析】本题主要考查的是幼儿想象的特点。

第五节　幼儿思维的发展

一、思维的概述（掌握）

（1）思维是人脑对客观事物间接的、概括的反映。

（2）思维具有间接性、概括性、组织性的特点。

①间接性指思维不是直接地认识事物，而是借助已有的知识经验和一定的方法，来组织和理解那些未感知的事物或预测事物的发展趋势。如天气预报等。

②概括性指思维必须把握大量的感性材料，从同一类材料中，抽象和概括出共同特性和本质特性；或从一类事物中，揭示出它们内部的联系及规律性。如对动植物的分类等。

③组织性指的是思维对原有经验的重组和改造，从而发现事物的新特征和新关系。

二、思维发展的一般趋势（掌握）

幼儿的思维遵循直觉行动思维—具体形象思维—抽象逻辑思维的发展路线，逐步成熟。

（1）直觉行动思维——借助动作进行的思维。

智慧动作的出现，标志着幼儿直觉行动思维的发生。幼儿从12～18个月开始表现出智慧动作起，直觉行动思维一直可以延续到幼儿园小班时期。

（2）具体形象思维是运用事物的具体形象、表象及对表象的联想所进行的思维，幼儿通过观看长城图片的形式认识长城。幼儿不再依靠动作思维，而是依靠表象进行思维。具体形象思维是幼儿期的主要思维特点。

具体形象思维的特点：

①具体形象性；

②开始认识事物的属性。

（3）抽象逻辑思维是运用概念、判断、推理等思维形式进行的思维。是认识事物本质特征及内部联系的高级心理活动。抽象逻辑思维必须借助语言和运用概念。

幼儿思维发展的三个水平，就发展进程来说是不可逆的；就发展成果来说，又不是互相排斥的。

三、概念（了解）

（1）在儿童发展心理学里，概念是以一类事物的底层相似性为基础所进行的心理分类。

（2）婴幼儿形成概念的因素。

①首先，知觉特征是幼儿形成概念的重要因素；

②其次，幼儿头脑中的范畴类型也是进行分类获得概念的重要因素。

（3）概念是一个有层次的系统。其中，基本概念是核心层，围绕着基本概念还有上位概念和下位概念。基本概念是最容易表征的。

（4）幼儿掌握的概念大致上可以分为实物概念、社会概念、属概念和初步的抽象概念。

①实物概念，即具体物体的概念。幼儿掌握实物概念一般要经历以下四个阶段。

第一阶段：只能根据物体的颜色、形状等外部特征和在生活中发生的感知联系来概括。

第二阶段：按照物体的某一种特殊的非本质特点来概括。

第三阶段：能按物体的几种非本质的或自发的包括本质的属性形成实物概念。

第四阶段：能按物体的本质特点进行概括，从而形成实物概念。

在这个发展过程中，可以看到第二阶段是幼儿掌握实物概念的典型阶段。

②社会概念，指关于人类社会生活中的人和事的概念。幼儿掌握社会概念大致经历以下三个阶段。

第一阶段：笼统的两极，如"好人 坏人"。这时幼儿所掌握的社会概念是不分化的，又是静止的。

第二阶段：以具体形象为分化依据，形成社会概念。如警察叔叔是开红绿灯的。

第三阶段：逐步以本质属性为依据，形成社会概念。如工人是做工的。

③如果把实物概念和社会概念统称为对象概念，那么，属概念就是关系概念，关系概念具有一定的抽象性质。

④幼儿概念的发展，包括数概念的发展。发展数概念是具有核心意义的认知能力。大量的研究已确认，早期幼儿已经获得数抽象能力和数推理能力。

数抽象能力是指表征数值或一系列物体的数量的能力，幼儿主要运用计数作为获得数目表征的方法。幼儿的计数受到以下五个原则的支配。

第一，一一对应原则。2岁半至3岁的幼儿已经部分地掌握。

第二，稳定次序原则。每次计数必须按同样顺序的数值进行。

第三，基数原则。在数一堆东西时，最后一个数值名就是这堆东西的总数。

第四，抽象原则。任何东西都可以作为计数的对象。

第五，次序无关原则。一组物体，无论从哪一个开始计数，结果都是一样的。

数推理原则反映幼儿如何操作和变换集合。他们能推测最后的数值结果。幼儿认识到，改变一堆物品的颜色，并不会改变集合的总数，但增添或取走物品后，集合的总数会发生改变。

五、问题解决和推理（了解）

1．问题解决

问题解决是一种有目标指向的认知活动。幼儿解决问题的水平，与他们在头脑中对信息的编码水平有直接的关系。编码不充分是幼儿没能解决问题的直接原因。

2.推理是根据已有信息引出新信息的加工过程。幼儿在解决问题时，最根本的策略是进行推理。

（1）推理的分类：按逻辑学的分类，推理分为演绎推理、归纳推理和类比推理。

①演绎推理——根据一些假设为真的前提，得出结论。如做游戏。

②归纳推理——从许多特殊信息中得出一个一般性的结论。如课外学习才艺。

③类比推理——根据两个事物之间的关系，推断出其他两个类似事物之间也有相应的关系。

（2）幼儿经常使用的推理是归纳推理和类比推理。

年幼儿童倾向于归纳推理，而青春期儿童倾向于演绎推理。类比推理是归纳推理和演绎推理的有机结合。

对事物的因果推理，也是我们认识世界的重要能力。研究发现：6个月大的婴儿就能进行因果推理。4岁是幼儿因果推理发生飞跃的阶段。

六、婴幼儿的社会认知

婴儿对人脸的偏好及日常生活中常见的母子之间的目光对视，实际上就是幼儿社会认知（知觉）的开始。共享也是婴幼儿社会认知机能的重要表现。

了解别人的意图，是重要的社会认知。2岁的幼儿开始懂得别人心中的愿望（如他想要），4岁幼儿开始懂得信念（如认为），5岁幼儿对具有积极特质的人的行为往往有高估的倾向。

婴幼儿与他人的互动，是认识他人的行为和了解与自己关系的基本方式。

同步练习

一、选择题

1．幼儿期的主要思维特点是（　　　）。

　　A．思维　　　　　　　　　　　　B．直觉行动思维

　　C．具体形象思维　　　　　　　　D．抽象逻辑思维

2．气象专家根据云图提供的资料，预报未来几天的天气情况，这体现的思维的特点是（　　　）。

　　A．间接性　　　　B．组织性　　　　C．概括性　　　　D．具体性

3．根据"做游戏是很开心的事"和"我今天做过游戏了"，可以得出结论："我今天很开心"。这是（　　　）。

　　A．演绎推理　　　　B．归纳推理　　　　C．类比推理　　　　D．因果推理

4．幼儿经常使用的推理是（　　　）。

　　A．演绎推理和归纳推理　　　　　　B．归纳推理和类比推理

　　C．演绎推理和类比推理　　　　　　D．归纳推理和因果推理

5．青春期儿童倾向于使用的推理是（　　　）。

A．归纳推理 　　　B．因果推理 　　　C．演绎推理 　　　D．类比推理

6．智慧动作的出现，标志着幼儿出现了（ 　　 ）。

A．直觉行动思维 　　　　　　　　　B．具体形象思维

C．抽象逻辑思维 　　　　　　　　　D．随意思维

7．幼儿通过图片、视频的形式认识长城，运用的思维是（ 　　 ）。

A．抽象逻辑思维 　　　　　　　　　B．直觉行动思维

C．组织性思维 　　　　　　　　　　D．具体形象思维

8．幼儿没有解决问题的直接原因是（ 　　 ）。

A．概念不清楚 　　B．范畴不明确 　　C．不会表征 　　D．编码不充分

9．年幼儿童倾向于使用的推理是（ 　　 ）。

A．归纳推理 　　B．因果推理 　　C．演绎推理 　　D．类比推理

10．具体形象思维主要运用（ 　　 ）进行思维。

A．表象 　　　　B．概念 　　　　C．判断 　　　　D．推理

11．幼儿开始出现智慧动作的年龄是（ 　　 ）。

A．6～8 个月 　　B．8～10 个月 　　C．10～12 个月 　　D．12～18 个月

12．抽象逻辑思维已经初步出现的年龄班是（ 　　 ）。

A．小班 　　　　B．中班 　　　　C．大班 　　　　D．托班

13．幼儿形成概念的重要因素是（ 　　 ）。

A．知觉特征 　　B．能力特征 　　C．感觉特征 　　D．性格特征

14．幼儿掌握实物概念四个阶段中的典型阶段是（ 　　 ）。

A．第一阶段 　　B．第二阶段 　　C．第三阶段 　　D．第四阶段

15．幼儿在解决问题时，最根本的策略是进行（ 　　 ）。

A．表象 　　　　B．总结 　　　　C．推理 　　　　D．对比

16．幼儿因果推理发生飞跃的年龄阶段是（ 　　 ）。

A．3 岁 　　　　B．4 岁 　　　　C．5 岁 　　　　D．6 岁

17．幼儿对具有积极特质的人的行为往往有高估的倾向的年龄是（ 　　 ）。

A．3 岁 　　　　B．4 岁 　　　　C．5 岁 　　　　D．6 岁

18．有研究者发现，幼儿能推断成人的意图的年龄是（ 　　 ）。

A．12 个月 　　B．14 个月 　　C．16 个月 　　D．18 个月

19．婴幼儿认识他人的行为和了解他人与自己关系的基本方式是婴幼儿与他人的（ 　　 ）。

A．互动 　　　　B．联系 　　　　C．交往 　　　　D．游戏

20．幼儿开始懂得别人心中的愿望（如他想要）的年龄是（ 　　 ）。

A．1 岁 　　　　B．2 岁 　　　　C．3 岁 　　　　D．4 岁

二、简答题

1．幼儿思维发展的一般趋势是什么？

2. 具体形象思维有哪些特点？

三、材料分析题

德国天文学家贝塞尔 1834 年在观察天狼星的运行时，发现它没有按直线（指大圆的弧）运动，而表现出波浪形曲线。贝塞尔根据万有引力的原理，猜测可能在天狼星旁边有一个未知的天体摄动着它。1844 年，贝塞尔经过严密计算，确定了那个天体的存在。在他去世 16 年后，美国科学家克拉克利用新型望远镜发现了那个天体，证实了贝塞尔的预言。

根据幼儿心理学的有关理论知识分析以上案例，回答以下问题

（1）该案例体现了思维的哪一个特点？

（2）思维的特点还有哪些？

经典例题解析

1. （2019 年真题）什么是思维？幼儿思维发展经历了哪几个阶段？

【答案】思维是人脑对客观事物间接的、概括的反映。

幼儿思维发展的阶段：

（1）直觉行动思维；

（2）具体形象思维；

（3）抽象逻辑思维。

【解析】本题主要考查的是思维的定义及幼儿思维发展的阶段。

2. （2020 年真题）早晨起床，看到地面潮湿，便推想到"昨天夜里下过雨了"。这反映了思维具有（   ）。

　　A. 直接性　　　　　B. 间接性　　　　　C. 概括性　　　　　D. 组织性

【答案】B

【解析】本题主要考查的是思维的特点。

单元测试卷

一、选择题（每小题2分，共60分）

1. 人最基本、最重要的心理活动是（　　　）。

    A．情感　　　　　　　B．认知　　　　　　　C．个性　　　　　　　D．社会化

2. 当一种刺激反复出现，刺激产生的反应会逐渐减弱，这叫（　　　）。

    A．去习惯化　　　　　B．习惯化　　　　　　C．注意　　　　　　　D．思维

3. 下列说法错误的是（　　　）。

    A．感觉是最简单的心理过程

    B．知觉是对感觉信息的组织和解释过程

    C．感知觉能揭示事物的本质特征

    D．感知觉能反映事物的外部特征

4. 下列关于肤觉的说法，错误的是（　　　）。

    A．肤觉是一组复合的感觉

    B．肤觉具有性别差异，男孩比女孩敏感

    C．嘴是新生儿认识世界的重要工具

    D．温觉是皮肤对外界温度的感觉

5. 人的味觉能辨别（　　　）。

    A．酸甜苦辣　　　　　B．酸甜咸香　　　　　C．酸甜苦咸　　　　　D．香辣苦酸

6. "入芝兰之室，久而不闻其香"体现出嗅觉的（　　　）。

    A．独特性　　　　　　B．适应性　　　　　　C．持续性　　　　　　D．敏锐性

7. （　　　）的胎儿已经具备听觉能力。

    A．20周　　　　　　　B．10周　　　　　　　C．15周　　　　　　　D．5周

8. 儿童的听力一般要到（　　　）时才达到最好水平。

    A．3～6岁　　　　　　B．6～9岁　　　　　　C．9～12岁　　　　　　D．14～19岁

9. 所有感觉器官中最活跃、最重要、最主动的感觉器官是（　　　）。

    A．耳　　　　　　　　B．鼻　　　　　　　　C．眼　　　　　　　　D．嘴

10. 从一定距离处感知两个临界点的能力是（　　　）。

    A．人脸偏好　　　　　B．视敏度　　　　　　C．深度知觉　　　　　D．可知度

11. 新生儿对（　　　）厘米的物体看得最清楚。

    A．10　　　　　　　　B．20　　　　　　　　C．30　　　　　　　　D．40

12. 下列说法错误的是（　　　）。

    A．婴儿喜欢冷色调

B．2 岁左右，婴儿的视敏度才接近成人

C．婴儿一般先认识颜色，然后学会标志颜色的词语

D．5～7 岁幼儿能正确命名常见的颜色

13．下列说法正确的是（　　）。

A．幼儿的颜色视觉没有个别差异　　　　B．通常男孩的颜色视觉比女孩强

C．通常女性的色盲患者多于男性　　　　D．色盲患者占总人口的 3%～4%

14．证明 6 个月大的婴儿就具有深度知觉的实验是（　　）。

A．三山实验　　　　　　　　　　　　　B．视觉悬崖

C．陌生情景实验　　　　　　　　　　　D．双生子实验

15．3 岁的幼儿能辨别的方位是（　　）。

A．上下　　　　　　　　　　　　　　　B．前后

C．以自身为中心的左右　　　　　　　　D．以外部物体为基准的左右

16．婴儿最喜欢的形状是（　　）。

A．长方形　　　　　B．正方形　　　　　C．三角形　　　　D．圆形

17．知觉行为的可行程度是（　　）。

A．自我效能感　　　B．习惯化　　　　　C．可知度　　　　D．去习惯化

18．下列属于有意注意的是（　　）。

A．一个响声引得大家回头看　　　　　　B．老师批作业用红墨水

C．万丛绿中一点红　　　　　　　　　　D．边听课边记笔记

19．4 岁幼儿注意力集中的时间是（　　）。

A．5 分钟　　　　　B．10 分钟　　　　C．15 分钟　　　　D．20 分钟

20．学生学习语数外知识属于（　　）。

A．语词识记　　　　B．形象识记　　　　C．内隐记忆　　　　D．元记忆

21．下列关于记忆的说法，错误的是（　　）。

A．信息的保存和加工就是"识记"

B．信息的提取包括"再认"和"回忆"

C．遗忘是记忆过程不可缺失的一部分

D．按记忆的方式，记忆可以分为无意识记和有意识记

22．能使新生儿形成最早的条件反射的感知觉是（　　）。

A．肤觉　　　　　　B．听觉　　　　　　C．视觉　　　　　D．前庭觉

23．能保持一分钟以上的记忆是（　　）。

A．感觉记忆　　　　B．短时记忆　　　　C．长时记忆　　　　D．知觉记忆

24．影响幼儿无意识记的关键因素是（　　）。

A．兴趣　　　　　　B．情绪状态　　　　C．活动方式　　　　D．游戏

25．下列属于意义识记的例子的是（　　）。

A．记住一个陌生的电话号码

B．记住一个不认识的外语单词

C．死记硬背一首古诗

D．懂得一条定律之后记住一条相应的公式

26．小青看到一块石头，觉得它像只小兔子。这是（　　　）。

A．无意想象　　　　B．有意想象　　　　C．再造想象　　　D．创造想象

27．幼儿喜欢重复听同一个故事，体现了幼儿想象（　　　）。

A．主题不稳定　　　　　　　　　B．缺乏计划性

C．分不清想象和现实　　　　　　D．无意想象占主导

28．幼儿通过图片、视频的形式认识长城，运用的思维是（　　　）。

A．抽象逻辑思维　　　　　　　　B．直觉行动思维

C．组织性思维　　　　　　　　　D．具体形象思维

29．年幼儿童倾向于使用的推理是（　　　）。

A．归纳推理　　　　B．因果推理　　　　C．演绎推理　　　D．类比推理

30．智慧动作的出现，标志着幼儿出现了（　　　）。

A．直觉行动思维　　　　　　　　B．具体形象思维

C．抽象逻辑思维　　　　　　　　D．随意思维

二、简答题（6分）

1．引起和维持有意注意的条件有哪些？（4分）

2．具体形象思维有哪些特点？（2分）

三、论述题（18分）

1．（14分）想象是一种重要的认识能力，也是人的智力结构中的重要成分。

（1）请问幼儿想象最普遍的年龄特征是什么？（2分）

（2）幼儿想象有什么特点？（6分）

（3）如何培养幼儿的想象力？（6分）

2.（4分）注意听时会"侧耳倾听"说明人在集中注意时的什么特点？（2分）人在集中注意时还有什么特点？（2分）

四、材料分析题（16分）

幼儿园中班的图画活动中，幼儿们正在认真地画画，突然一只蝴蝶飞进了教室，幼儿们纷纷停止画画，开始观察起蝴蝶来。

结合材料完成下列问题：

1. 请问突然飞进教室的蝴蝶引起了幼儿的哪种注意？（1分）

2. 引起这种注意的条件有哪些？（9分）

3. 防止幼儿注意分散的措施有哪些？（6分）

第三章

幼儿情绪和情感的发展

 考试说明

（1）了解情绪和情感的关系。

（2）理解婴儿的几种基本情绪表现。

（3）掌握情绪和情感的概念、作用、幼儿情绪和情感发展的趋势和特点，以及幼儿良好情绪和情感的培养。

知识结构图

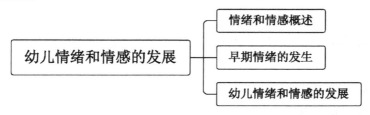

 知识精讲

第一节　情绪和情感概述

一、情绪和情感的概念（掌握）

情绪和情感是人对内外环境变化产生的体验。

二、情绪和情感的关系（了解）

（1）情绪与情感密切相关。情绪是情感的具体形式和直接体验，情感是情绪经验的概括。

联系：

①一方面，情绪要受情感的制约和调节；

②另一方面，情感是在情绪的基础上形成的，同时又通过情绪表现出来。情绪是情感的

外部表现，情感是情绪的本质内容。同一种情感在不同的条件下，会有不同的情绪表现。

区别：

①从发生的过程来看，情绪发生较早，情感发生较晚。

②情绪具有情境性和暂时性的特点，而情感则具有稳定性和深刻性。

③情绪具有明显的外部表现，情感则比较内隐。

三、情绪和情感的作用（掌握）

（1）情绪和情感的动机作用。如刚上幼儿园的幼儿，先学会"再见"，后学会"早上好"。

（2）情绪和情感对认知发展的作用。如喜欢小动物的幼儿经常接触小动物，掌握了很多关于小动物的知识。

（3）情绪和情感是人际交往的重要手段。

情绪的外部表现叫表情。人类的表情主要有面部表情（如高兴时"眉开眼笑"）、体势表情（如得意时"摇头晃脑"）和言语表情（如喜悦时语音高昂）。

（4）情绪对幼儿个性形成的作用。性格是个性结构中重要的心理特征。幼儿早期的情感发展，对个性的最终形成至关重要。

同步练习

一、选择题

1．比起早上来园时跟老师说"早上好"，许多幼儿先学会离园时说"再见"，这表现了情绪情感的（　　）。

A．动机作用　　　　　　　　B．对认知发展的作用

C．是人际交往的重要手段　　D．对幼儿个性形成的作用

2．关于情绪和情感的关系，下列说法不正确的（　　）。

A．情绪受情感的制约和调节

B．同一种情感在不同条件下，会有不同的情绪表现

C．从发生的过程看，情感发生较早

D．情绪具有明显的外部表现，情感更多的是内心的体验

3．下列叙述正确的是（　　）。

A．情绪和情感没有联系

B．情绪是在情感的基础上形成的

C．情绪具备稳定性和深刻性的特点

D．从发生的过程来看，情绪发生的较早，情感发生较晚

4．人对内外环境变化产生的体验是（　　）。

A．情绪和情感　　B．认知　　　　C．社会化　　　　D．个性

5．喜欢小动物的幼儿，就会经常去接近小动物，从而逐渐了解了小动物的生活习性，掌

握了很多小动物的知识，体现了情绪情感作用（   ）。

    A．对个性形成的作用   B．是人际交往的重要手段

    C．动机作用   D．对认知发展的作用

6．下列词语中，不是描述面部表情的是（   ）。

    A．眉开眼笑   B．怒目而视   C．摇头晃脑   D．咬牙切齿

7．下列属于情绪的特点的是（   ）。

    A．稳定性   B．情境性   C．深刻性   D．内隐性

8．幼儿在掌握语言之前，主要是以（   ）作为交际工具的。

    A．表情   B．动作   C．抓握   D．微笑

9．性格形成的阶段，又是个性的奠基阶段的是（   ）。

    A．幼儿时期   B．婴儿时期   C．婴幼儿时期   D．胎儿时期

10．下列是性格结构的重要组成部分的是（   ）。

    A．情感特征   B．情绪特征   C．个性特征   D．个性心理

二、简答题

情绪和情感的作用有哪些？

三、论述题

情绪和情感的关系是怎样的？

经典例题解析

1．（2019年真题）下列选项不属于体势表情的是（   ）。

    A．眉开眼笑   B．目瞪口呆   C．张口结舌   D．手足无措

【答案】D

【解析】本题主要考查幼儿的表情。体势表情是情绪在身体动作和姿态上的表现，手足无措属于手势，所以选择 D。

第二节　早期情绪的发生

一、婴儿的几种基本情绪表现

人的情绪多种多样，其中笑是最基本的积极情绪的表现，而哭和恐惧则是最基本的消极情绪的表现。

1．哭

（1）啼哭是新生儿与外界沟通的第一种方式。出生后的第一声啼哭具有重要的生理价值。啼哭的诱因随年龄的增长，由生理性为主变为以社会性为主。

（2）婴儿啼哭的模式。

①饥饿的啼哭，这是婴儿基本的哭声；

②发怒的啼哭；

③疼痛性啼哭；

④恐惧和惊吓的啼哭；

⑤不称心的啼哭；

⑥吸引别人注意的啼哭。

2．笑

笑是婴儿与成人交往和沟通的基本手段。幼儿的笑比哭发生得晚。

两三个月的婴儿开始出现"社会性微笑"。4个月左右，婴儿出现有分辨的微笑，这是婴儿只对亲近的人选择的社会性微笑发生的标志。

3．恐惧

恐惧是一种消极的情绪体验。婴儿最初的恐惧可以由巨大的响声或身体失重状态引起。从4个月左右开始，婴儿出现了与知觉发展相联系的恐惧；六七个月的婴儿怕生；随着想象的发展，2岁左右的婴儿开始出现与想象相联系的恐惧情绪。

4．焦虑

幼儿的焦虑集中表现为陌生人焦虑和分离焦虑。

（1）陌生人焦虑指婴幼儿对陌生人的警觉反应。婴儿六七个月后开始怕陌生人，8～10个月时最严重，1周岁以后强度逐渐减弱。婴幼儿的陌生人焦虑具有重要的社会适应价值。

（2）分离焦虑是幼儿与其依恋对象分离时产生的一种消极的情绪体验。大部分幼儿从六七个月起，就会明显表现出这种分离焦虑。分离焦虑的出现，与幼儿的不安全感有关。

英国心理学家鲍尔毕将幼儿的分离焦虑分为三个阶段：第一是反抗阶段；第二是失望阶段；第三是超脱阶段。

分离焦虑容易导致幼儿抵抗力下降。所以，刚入幼儿园的幼儿常常容易感冒、发烧、肚子疼等。

同步练习

一、选择题

1. 婴儿与成人交往和沟通的基本手段是（　　）。

  A．哭　　　　　　B．笑　　　　　　C．恐惧　　　　D．焦虑

2. 有关婴儿的基本情绪表现，下列说法正确的是（　　）。

  A．出生后的第一声啼哭具有重要的社会价值

  B．幼儿的笑和哭同时发生

  C．2岁左右的婴儿开始出现与想象相联系的恐惧情绪

  D．分离焦虑的第二个阶段是反抗阶段

3. 英国心理学家鲍尔毕发现，幼儿的分离焦虑不包括（　　）。

  A．反抗　　　　B．妥协　　　　　C．失望　　　　D．超脱

4. 婴儿开始出现与知觉相联系的恐惧情绪的年龄是（　　）。

  A．1个月左右　　B．2个月左右　　C．4个月左右　　D．6个月左右

5. 幼儿分离焦虑的三个阶段的提出者是（　　）。

  A．皮亚杰　　　　B．吉布森　　　　C．华生　　　　D．鲍尔毕

6. 婴儿出现有分辨的微笑的时间（　　）。

  A．一个月　　　　B．两个月　　　　C．三个月　　　D．四个月

7. 新生儿与外界沟通的第一种方式是（　　）。

  A．啼哭　　　　　B．微笑　　　　　C．动作　　　　D．吮吸

8. 婴儿开始出现"社会性微笑"的年龄是（　　）。

  A．一两个月　　　B．两三个月　　　C．三四个月　　D．四五个月

9. 婴儿开始怕生的年龄是（　　）。

  A．两三个月　　　B．四五个月　　　C．五六个月　　D．六七个月

10. 幼儿内心依然保持着对母亲的依恋，但外部的依恋行为被抑制了，这属于分离焦虑的（　　）阶段。

  A．反抗阶段　　　B．妥协阶段　　　C．超脱阶段　　D．失望阶段

二、简答题

1. 婴儿的基本情绪表现主要有哪几种？

2. 幼儿的分离焦虑通常经历哪几个阶段？

经典例题解析

1．（2020年真题）婴儿开始出现"社会性微笑"的时间是（　　）。

　　A．两三个月　　　　　B．四五个月　　　　　C．六七个月　　　　D．八九个月

【答案】A

【解析】本题主要考查的是婴儿的基本情绪表现。两三个月大的婴儿开始出现"社会性微笑"，所以选择A。

第三节　幼儿情绪和情感的发展

幼儿情绪和情感发展的趋势和特点主要有社会化、丰富和深刻化、自我调节化。

一、情绪和情感的社会化（掌握）

幼儿最初出现的情绪是与生理需要相联系的，随着年龄的增长，情绪逐渐与社会性需要相联系。社会化成为幼儿情绪和情感发展的一个主要趋势。

1．引起情绪反应的社会性动因不断增加

在3岁前幼儿情绪反应的动因中，生理需要是否得到满足是主要动因。3～4岁的幼儿情绪的动因处于从主要为满足生理需要向主要为满足社会性需要的过渡阶段。对中大班幼儿而言，社会性需要的作用越来越大。

幼儿与成人、同伴的社会性交往、人际关系是左右幼儿情绪和情感产生的最主要动因。

2．表情的社会化

表情是情绪的外部表现。幼儿表情社会化的发展主要包括两个方面：

（1）一是理解（辨别）面部表情的能力。表情所提供的信息，对幼儿社会性行为的发展起着特别重要的作用。6个月左右的婴儿对表情、凝视、声音和动作开始进行分化，对外界事物做出表意丰富的反应；2岁的幼儿能正确辨别面部表情，并能谈论与情绪有关的话题；4～5岁的幼儿能正确地判断产生各种基本情绪的外部原因。

（2）二是运用表情的能力。幼儿从2岁开始，已经能够用表情手段去影响别人，并学会在不同场合下用不同方式表达同一种情绪。观察学习是幼儿学会运用表情的主要途径。幼儿的角色游戏，也是其表达情绪情感的重要途径。

一般而言，幼儿理解表情的能力高于运用表情的能力。

二、情绪和情感的丰富和深刻化（掌握）

1．幼儿情绪和情感的丰富化

幼儿情绪和情感的丰富化，首先与其认知发展水平有关。根据与认知过程的联系，情绪

和情感的发展可以分为以下几种水平：

（1）与感知觉相联系的情绪和情感，与生理性刺激相联系的情绪和情感多属于此类。

（2）与记忆相联系的情绪和情感，如被火烧过的幼儿，对火产生害怕情绪。

（3）与想象相联系的情绪和情感，如幼儿被告知蛇会咬人，会产生怕蛇的情绪。

（4）与思维相联系的情绪和情感，如幼儿由于理解病菌能使人生病，从而害怕病菌；理解苍蝇携带病菌，从而讨厌苍蝇。

（5）与自我意识相联系的情绪和情感。如受到别人的嘲笑而感到不愉快。

2．幼儿情绪和情感的深刻化

幼儿情绪和情感的深刻化，集中表现在幼儿高级情感的发生和发展（如道德感、理智感、美感）。

（1）道德感是根据一定的道德标准对别人或自己的行为进行道德评价时所产生的情感体验，是人所特有的一种高级情感。

移情有助于幼儿形成亲社会行为，移情是婴幼儿心理健康成长的基石，移情也是高级情感活动产生和发展的基础。2～3岁的幼儿已产生了简单的道德感。

小班幼儿的道德感主要是指向个别行为的，往往由成人的评价而引起。

中班幼儿不但关心自己的行为是否符合道德标准，而且开始关心自己或别人的行为是否符合道德标准，由此产生相应的情感体验。

中班的幼儿常常"告状"，就是由道德感激发出来的一种行为。

（2）理智感是人对认知活动产生的情感体验，是人类所特有的高级情感之一。它与人的求知欲、认识兴趣、解决问题的需要是否得到满足相联系。如幼儿喜欢提问题和进行各种智力游戏（如下棋、猜谜语、拼搭大型建筑物等）。

（3）美感是人对事物审美的体验，它是根据一定的美的评价而产生的。

三、幼儿的情绪调控（掌握）

情绪调控是个体对情绪反应的监控、评估和改变。情绪调控的发展，是幼儿情绪发展的核心，也是个体情绪发展的高级阶段。情绪调控方式分为：适应性调控（以社会能够容忍或接受的方式，来表达或延缓表达某种情绪）、功能性调控（服从于个人的目的，以有利于自身的存在和发展）、特征性调控（主要反映个体对情绪的调控手段）。

1．幼儿情绪调控的发展趋势

（1）情绪的冲动性逐渐减少。幼儿情绪冲动性的表现：幼儿看到故事中的"坏人"，常常把它抠掉。随着幼儿脑的发育及语言的发展，情绪的冲动性会逐渐减少。

（2）情绪的稳定性逐渐提高。

幼儿的情绪不稳定，与情境的变化关系密切。

幼儿的情绪容易受外部因素的感染。

幼儿晚期情绪比较稳定，情境性和受感染性逐渐减少。

（3）情绪和情感从外显到内隐。

如刚入园的幼儿，由于不愿意去幼儿园，一边抽泣，一边说"我不哭了"

2．幼儿情绪调控的手段

2 岁的幼儿开始有能力控制自己的情绪。幼儿园阶段的幼儿已经具有了控制自己情绪的三种策略。

（1）建构性策略——幼儿利用建设性的建议，或采取积极的活动来改变紧张的环境，降低或消除不良情绪气氛，获得社会支持。

（2）回避策略——当尝试解决问题失败后，或在老师、其他同伴的开导下，幼儿会采取回避冲突，寻找新的活动方式的策略。

（3）破坏策略——在某些极端情况下，幼儿以破坏玩具或活动现场，甚至伤害他人的方式回应情绪问题。这一般意味着情绪调控失败。

在幼儿园，第一种策略的采用最为常见。在年龄稍大的幼儿中，第二种策略开始出现，这标志着幼儿社会化的进步。

3．幼儿的情绪掩蔽

外部的情绪表现与内心的情绪体验并不一致，就叫作情绪掩蔽。情绪掩蔽是情绪调控的重要体现，也是情绪调控的主要过程。

驱动因素：

（1）规则驱动的掩蔽——由于文化的要求对情绪的掩蔽。如公共场合不得大声喧哗。

（2）情境驱动的掩蔽——在某些引发强烈情绪反应的情况下，出于某种利益的需要将自己的情绪掩蔽起来。如一个社会处境不良的幼儿在受到攻击时默默地躲避。

幼儿获得情绪掩蔽能力的渠道：

（1）家庭（是幼儿获得情绪掩蔽能力的第一渠道）。

（2）幼儿与同伴交往，也是理解情绪表达规则的"学校"。

（3）社会文化。

四、影响幼儿情绪调控的因素

幼儿情绪的调控与认知水平和社会化发展的关系密切。

1．父母的影响

父母对幼儿情绪发展的影响主要体现在三个方面：

（1）父母对幼儿情绪的反应；

（2）父母与幼儿讨论情绪；

（3）具体情境的作用。

2．同伴的影响

在与同伴的交往中，幼儿通过协商、争执、妥协、服从等活动，逐步学会通过适当的策略调节自己的情绪。

3．老师的影响

幼儿教师的情绪管理任务，不仅要关注幼儿的消极情绪，更重要的是培养他们积极的情绪和情感。同时，还要帮助幼儿学会认识和调节自己的情绪。教师帮助幼儿提高情感能力的策略有认知策略、行为策略、情感策略。

五、幼儿良好情绪和情感的培养

（1）营造良好的情绪环境；

（2）成人的情绪控制；

（3）采取积极的教育态度；

（4）帮助幼儿控制情绪；

（5）教会幼儿调节自己的情绪表现；

（6）充分利用各种活动培养幼儿的情感。

同步练习

一、选择题

1．幼儿情绪和情感发展的趋势和特点不包括（　　　）。

A．社会化　　　　　B．个别化　　　　　C．丰富和深刻化　D．自我调节化

2．幼儿学会运用表情的主要途径是（　　　）。

A．游戏　　　　　B．语言　　　　　C．观察学习　　　　D．操作练习

3．幼儿喜欢提问题，并由于提问和得到满意的回答而感到愉快，这属于（　　　）。

A．道德感　　　　　B．理智感　　　　　C．美感　　　　　D．实践感

4．幼儿情绪发展的核心是（　　　）。

A．情绪情感的社会化　　　　　　　　B．情绪情感的丰富化

C．情绪调控　　　　　　　　　　　　D．情绪稳定

5．已经产生简单道德感的年龄段是（　　　）。

A．4～5岁　　　　　B．3～4岁　　　　　C．2～3岁　　　　D．1～2岁

6．婴儿看到别的孩子哭或笑，也会跟着哭或笑，这就是（　　　）。

A．道德感　　　　　B．移情　　　　　C．美感　　　　　D．实践感

7．幼儿看到故事中的"坏人"，常常会把它抠掉，这反映了幼儿情绪的（　　　）。

A．情境性　　　　　B．暂时性　　　　　C．冲动性　　　　D．外显性

8．刚入园的幼儿，由于不愿意去幼儿园，会一边抽泣，一边说"我不哭了"，这反映了幼儿情绪的（　　　）。

A．冲动性　　　　　B．稳定性　　　　　C．外显性　　　　D．内隐性

9．幼儿园两个幼儿在争夺玩具时，有人会提出轮流或交换的建议消除情绪对立，这属于幼儿控制自己情绪的（　　　）。

A．建构性策略　　　B．回避策略　　　　C．破坏策略　　　D．协商策略

10．幼儿获得情绪掩蔽能力的第一渠道是（　　　）。

    A．家庭　　　　　　B．同伴　　　　　　C．幼儿园　　　　D．社区

11．幼儿喜欢告状，这是一种（　　　　）。

    A．道德感　　　　　B．理智感　　　　　C．美感　　　　　D．积极情感

12．一个社会处境不良的幼儿在受到攻击时默默地躲避，属于受（　　）驱动的情绪掩蔽。

    A．规则　　　　　　B．认知　　　　　　C．文化　　　　　D．情境

13．（　　　）是人与人之间进行信息交流的重要工具之一。

    A．语言　　　　　　B．游戏　　　　　　C．表情　　　　　D．动作

14．幼儿喜欢成人的接触、抚爱，这种情绪反应的动因是为满足幼儿的（　　　　）。

    A．生理性需要　　　　　　　　　　　B．情绪表达的需要

    C．自我调节的需要　　　　　　　　　D．社会性需要

15．引起幼儿情绪反应的原因，称为（　　　）。

    A．情绪动因　　　　B．情感动因　　　　C．言语表情　　　C．移情

16．幼儿的许多情绪都是条件反射性质的，也就是和（　　　）相联系的情绪。

    A．感知觉　　　　　B．记忆　　　　　　C．想象　　　　　D．思维

17．情绪的动因处于由从主要为满足生理需要向主要为满足社会性需要的过渡阶段是（　　）。

    A．2～3 岁　　　　B．3～4 岁　　　　C．4～5 岁　　　D．5～6 岁

18．受到别人的嘲笑感到不愉快，体现了情绪情感发展的哪种水平（　　　）。

    A．与记忆相联系的情感　　　　　　　B．与感知觉相联系的情绪情感

    C．与思维相联系的情感　　　　　　　D．与自我意识相联系的情感

19．情绪调控的主要过程是（　　　）。

    A．情绪监控　　　　B．情绪评估　　　　C．情绪掩蔽　　　D．情绪改变

20．中班幼儿常常告状，体现出幼儿在高级情感方面的（　　　）。

    A．移情　　　　　　B．美感　　　　　　C．道德感　　　　D．理智感

21．幼儿被告知蛇会咬人，然后产生怕蛇的情绪，这反映出（　　　）。

    A．与感知觉相联系的情绪情感　　　　B．与记忆相联系的情感

    C．与思维相联系的情感　　　　　　　D．与想象相联系的情感

22．幼儿园中，幼儿最常见的情绪调控的策略是（　　　）。

    A．建构性策略　　　B．回避策略　　　　C．破坏策略　　　D．组织性策略

23．幼儿教师提供一个温馨和谐的生活环境，帮助幼儿形成轻松愉快的情绪，应用的是（　　）来提高幼儿的情感能力。

    A．行为策略　　　　B．认知策略　　　　C．环境策略　　　D．情感策略

24．幼儿能使用特质称谓的年龄是（　　　）。

    A．2 岁　　　　　　B．3 岁　　　　　　C．4 岁　　　　　D．5 岁

25．不但关心自己的行为是否符合道德标准，而且开始关心别人的行为是否符合道德标

准，由此产生相应的情感。这个时期的幼儿属于的年龄班是（　　　）。

　　A．小班　　　　　　B．中班　　　　　　C．大班　　　　　　D．托班

二、简答题

1．幼儿情绪和情感发展的趋势和特点是什么？

2．影响幼儿情绪调控的因素有哪些？

3．刚入园的幼儿由于不愿意去上学，会一边抽泣，一边说："我不哭了"。反映的幼儿情绪调控的趋势是什么？幼儿情绪调控的趋势还有哪些？

三、论述题

简述如何培养幼儿良好的情绪和情感？

四、材料分析题

一个5岁的幼儿当着外公的面，从书房里擅自拿走了小摆设，嘴里还念念有词："非常感谢！非常感谢！"

（1）这表现了幼儿情绪和情感丰富化的哪一方面？

（2）除此之外，幼儿情绪和情感的丰富化还有哪些表现？

经典例题解析

1.（2017年真题）幼儿在下棋、猜谜语等活动中产生的情感体验是（　　）。

A．理智感　　　　B．道德感　　　　C．实践感　　　　D．美感

【解析】本题主要考查幼儿高级情感的发生和发展。理智感是人对认识活动产生的情感体验，所以选择A。

2.（2018年真题）幼儿最为常见的情绪调控策略是（　　）。

A．回避策略　　　B．建构性策略　　C．破坏策略　　　D．掩蔽策略

【答案】B

【解析】本题主要考查幼儿情绪调控策略。建构性策略是幼儿最为常见的情绪调控策略，所以选择B。

3.（2019年真题）下列关于幼儿情绪调控发展趋势的表述，正确的是（　　）。

A．情绪从内隐到外显　　　　　　　B．情绪的稳定性逐渐提高

C．情绪的受感染性逐渐增强　　　　D．情绪的冲动性逐渐增多

【答案】B

【解析】本题主要考查幼儿情绪调控发展趋势。幼儿情绪调控发展趋势是：情绪的冲动性逐渐减少；情绪的稳定性逐渐提高；情绪和情感从外显到内隐。所以选择B。

4.（2020年真题）小明和小强为了一个玩具争了起来，后来小明提出一起玩，小强同意了，于是两人高兴地玩了起来。这种情绪调控策略是（　　）。

A．破坏策略　　　B．回避策略　　　C．建构性策略　　D．情绪掩蔽策略

【答案】C

【解析】本题主要考查幼儿情绪调控的手段。幼儿利用建设性的建议，降低或消除不良情绪气氛，属于建构性策略。所以选择C。

单元测试卷

一、选择题（每题 2 分，共 40 分）

1. 人对内外环境变化产生的体验是（   ）。

    A．情绪和情感   B．认知   C．社会化   D．个性

2. 喜欢小动物的幼儿，经常会去接近小动物，因而逐渐了解了小动物的生活习性，掌握了很多小动物的知识，体现的情绪和情感作用是（   ）。

    A．对个性形成的作用   B．是人际交往的重要手段

    C．动机作用   D．对认知发展的作用

3. 下列词语中，不是描述面部表情的是（   ）。

    A．眉开眼笑   B．怒目而视   C．摇头晃脑   D．咬牙切齿

4. 开始出现与想象相联系的恐惧情绪的年龄是（   ）。

    A．1 岁   B．2 岁   C．3 岁   D．4 岁

5. 幼儿分离焦虑的第二个阶段是（   ）。

    A．失望阶段   B．反抗阶段   C．超脱阶段   D．警觉阶段

6. 婴儿出现有分辨的微笑的时间是（   ）。

    A．一个月左右   B．两个月左右   C．三个月左右   D．四个月左右

7. 情绪的动因处于由从主要为满足生理需要向主要为满足社会性需要的过渡阶段是（   ）。

    A．2～3 岁   B．3～4 岁   C．4～5 岁   D．5～6 岁

8. 幼儿学会运用表情的主要途径是（   ）。

    A．角色游戏   B．观察学习   C．社会交往   D．社会认知

9. 幼儿情绪发展的核心是（   ）。

    A．情绪调控   B．理智感   C．美感   D．道德感

10. 受到别人的嘲笑感到不愉快，体现了情绪情感发展的水平是（   ）。

    A．与记忆相联系的情绪情感   B．与感知觉相联系的情绪情感

    C．与思维相联系的情绪情感   D．与自我意识相联系的情绪情感

11. （   ）是情绪调控的重要体现，也是情绪调控的一种主要过程。

    A．情绪监控   B．情绪评估   C．情绪掩蔽   D．情绪改变

12. 幼儿喜欢各种智力游戏，如下棋、猜谜语等，体现出幼儿在高级情感方面的（   ）。

    A．理智感   B．道德感   C．美感   D．移情

13. 幼儿被告知蛇会咬人，然后产生怕蛇的情绪，这反映出（   ）。

    A．与感知觉相联系的情绪情感   B．与记忆相联系的情绪情感

C．与思维相联系的情绪情感　　　　　　D．与想象相联系的情绪情感

14．幼儿园中，幼儿最常见的情绪调控手段是（　　　）。

　　A．建构性策略　　　　B．回避策略　　　　　C．破坏策略　　　　D．组织性策略

15．幼儿教师提供一个温馨和谐的生活环境，帮助幼儿形成轻松愉快的情绪，应用的是
（　　）来提高幼儿的情感能力。

　　A．行为策略　　　　　B．认知策略　　　　　C．环境策略　　　　D．情感策略

16．（　　　）是产生情绪体验的先导，也是决定情绪色彩和倾向的前提。

　　A．强化原则　　　　　B．榜样示范　　　　　C．情绪管理　　　　D．认知评价

17．婴儿开始出现"社会性微笑"的时间是（　　　）。

　　A．两三个月　　　　　B．四五个月　　　　　C．六七个月　　　　D．八九个月

18．在年龄稍大的幼儿中，（　　　）开始出现，标志着幼儿社会化的进步。

　　A．建构性策略　　　　B．回避策略　　　　　C．破坏策略　　　　D．组织性策略

19．幼儿把故事书中的灰太狼抠掉，体现了情绪的（　　　）。

　　A．稳定性　　　　　　B．冲动性　　　　　　C．外显性　　　　　D．内隐性

20．主要反映个体对情绪的调控手段的情绪调控方式是（　　　）。

　　A．适应性调控　　　　B．功能性调控　　　　C．特征性调控　　　D．情绪性调控

二、简答题（24分）

1．幼儿表情社会化的发展主要包括哪几个方面？（4分）

2．如何培养幼儿良好的情绪和情感？（12分）

3．情绪和情感的作用有哪些？（8分）

三、论述题（24分）

1．情绪和情感的区别有哪些？（6分）

2．影响幼儿情绪调控的因素有哪些？（18 分）

四、材料分析题（12 分）

1．幼儿在不愉快时不哭或不当着老师和小朋友的面哭，而是回家对着妈妈哭。这反映的幼儿情绪调控的趋势是什么？（2 分）幼儿情绪调控的趋势还有哪些？（4 分）

2．在幼儿园，小芳看到小丽的毛绒玩具很可爱，就打算借来玩一会，但小丽不舍得借，小芳有些失望。小荣看见了，建议小芳加入捉迷藏的游戏中，小芳接受了，玩游戏玩得很开心。

（1）在这个案例中，小芳采用了哪种情绪调控的策略？（2 分）

（2）这种策略的出现意味着幼儿哪种能力的进步？（2 分）

（3）除此之外，幼儿还有哪些情绪调控的策略？（2 分）

第四章

幼儿的社会化

考试说明

（1）了解社会化的含义、前提及目标。

（2）了解皮亚杰、科尔伯格的道德发展理论。

（3）理解依恋的类型及其形成的原因。

（4）理解同伴关系对幼儿发展的意义。

（5）理解幼儿语音、词汇、语法结构及语用能力的发展。

（6）掌握幼儿同伴交往的特点及影响因素。

（7）掌握幼儿亲社会行为、攻击性行为的有关知识。

（8）掌握幼儿道德发展的特点及影响因素。

知识结构图

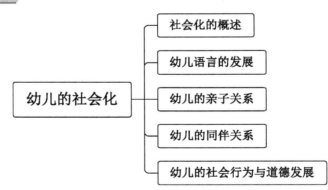

幼儿的社会化
- 社会化的概述
- 幼儿语言的发展
- 幼儿的亲子关系
- 幼儿的同伴关系
- 幼儿的社会行为与道德发展

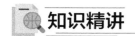 知识精讲

第一节　社会化的概述

一、社会化的含义

社会化是指幼儿在一定的社会条件下逐步独立地掌握社会规范、正确处理人际关系、妥善自治，从而客观地适应社会生活的心理发展过程。

二、社会化的前提

认知发展是幼儿社会化的前提。社会化是幼儿在社会环境中与他人相互作用完成的。社会化的发展水平是受认知发展水平制约的。

情感在认知和社会化过程具有动力作用，能调节人的行为。认知、情感、社会化三者密不可分，认知是社会化的前提，社会化丰富了人的情感和认知，情感推动着认知和社会化，共同构成人的心理过程的发展。

三、社会化的目标

幼儿社会化的目标是形成完整的自我，从而使幼儿在将来的社会生活中能正常发挥应有的作用。完整的自我包括角色系统和能力结构两方面。角色系统构成了幼儿自我综合的社会面貌；自我中的能力结构指的是幼儿在社会化过程中形成的实际能力。

同步练习

一、选择题

1. 社会化的发展水平是受（　　　）发展水平制约的。
   A. 认知　　　　　　　B. 情感　　　　　　　C. 想象　　　　　D. 个性
2. 幼儿社会化的前提是（　　　）。
   A. 情感　　　　　　　B. 社会实践　　　　　C. 认知发展　　　D. 社会交往
3. 在社会化过程中，具有动力作用的是（　　　）。
   A. 认知　　　　　　　B. 个性　　　　　　　C. 意志　　　　　D. 情感
4. 幼儿在社会化过程中形成的实际能力叫作（　　　）。
   A. 角色系统　　　　　B. 能力结构　　　　　C. 潜在能力　　　D. 实际能力
5. 幼儿社会化的目标是（　　　）。
   A. 形成完整的自我　　　　　　　　　　　　B. 认知发展

C．社会实践　　　　　　　　　　　D．适应环境

第二节　幼儿语言的发展

一、幼儿语音的发展

从 2 岁半到 3 岁，幼儿的语言处于积极发展的阶段，到 3 岁末，幼儿完成了从感知语言到说出语言的过渡，为语言发展奠定了基础。

4 岁左右的幼儿，发音的正确率有了明显的提高。4 岁以上的幼儿一般能够掌握本民族语言的全部语音。

二、幼儿词汇的发展

（1）词汇数量的增加。3～6 岁是幼儿词汇增加较快的时期。

（2）词类范围的扩大。幼儿一般先掌握实词，再掌握虚词。实词中最先掌握名词，其次是动词，最后是形容词和其他实词。

（3）积极词汇的增长。

三、幼儿语法结构的发展

幼儿是在听和说的过程中逐步使得自己的表述符合语法规律的。2～6 岁幼儿语法结构发展的大致趋势如下。

（1）从浑沌一体到逐步分化，幼儿早期的语言功能有表达情感、意动和指物三个方面。

（2）句子结构从简单到复杂，句子结构从单词句到双词句，再到简单句，最后是复合句。

（3）句子结构从不完整到完整。

（4）句子长度由短到长。

四、幼儿语言运用能力的发展

语言运用能力简称语用能力，是指幼儿运用语言进行人际交往的能力，这是反映幼儿语言水平的重要标志。幼儿语用能力发展的表现如下。

（1）合适的表达方式：表现为能够根据所处的情境及听者的特点决定说话的内容和形式。4 岁左右的幼儿能让自己的语言适合于不同的听者。

（2）连贯的复述能力：从 5 岁开始，幼儿已能独立连贯地复述一个故事。

（3）行动的调节能力：幼儿最初的语言称为自我中心言语，其表现形式有三种：重复、独白、集体独白。

随着年龄增长，幼儿逐渐出现了社会化语言，其表现形式有四种：

① 适应性告知（如"这边不能过去！"）；

② 批评和嘲笑（如"我的书比你的好看。"）；

③ 命令、请求和威胁（如"过去点，这边要放玩具！"）；

④ 问题与回答（如"把玩具还给我，好吗？""不要，我还没玩够。"）；

到六七岁，幼儿的自我中心语言逐渐向社会化语言过渡。

（4）语言发展中的个别差异：

① 语言发生的时间具有明显的个体差异；

② 幼儿语言的习得还有性别差异，通常女孩的语言发展比男孩快；

③ 语言习得的策略也具有个体差异。大多数幼儿采用尝试学习单词的指物策略对待语言。

同步练习

一、选择题

1. （ ）幼儿一般能够掌握本民族语言的全部语音。

    A．3 岁以上   B．4 岁以上   C．5 岁以上   D．6 岁以上

2. "这边不能过去的！"属于幼儿社会化语言表现形式中的（ ）。

    A．适应性告知   B．批评和嘲笑

    C．命令、请求和威胁   D．问题与回答

3. 幼儿早期的语言功能有三个方面，是表达（ ）。

    A．情绪、意志和指物   B．情感、意志和指物

    C．情绪、意动和指物   D．情感、意动和指物

4. 幼儿已能独立连贯地复述一个故事，条理清楚，没有重要遗漏，但语言不够生动流畅是在（ ）。

    A．4 岁   B．5 岁   C．6 岁   D．7 岁

5. 不是幼儿的自我中心语言表现形式的是（ ）。

    A．重复   B．复述   C．独白   D．集体独白

6. "过去点，这边要放玩具的！"属于幼儿社会化语言表现形式中的（ ）。

    A．适应性告知   B．批评和嘲笑

    C．命令、请求和威胁   D．问题与回答

7. 幼儿是在（ ）过程中逐步掌握语法结构的。

    A．听和说   B．听和模仿   C．听和想   D．想和说

8. （ ）指如何运用语言进行人际交往的能力，这是反应幼儿语言水平的重要标志。

    A．思维   B．才能   C．外部注意   D．语用能力

9. 幼儿最初的语言称为自我中心语言，不属于自我中心语言表现形式的是（ ）。

    A．说梦话   B．独白   C．重复   D．集体独白

10. 幼儿语言的习得有性别差异，通常女孩的语言发展比男孩（ ）。

    A．早   B．晚   C．快   D．慢

11. 6 岁幼儿较 3 岁幼儿的词汇量增加了（ ）。

A．一两倍　　　　B．两三倍　　　　C．三四倍　　　D．四五倍

12．幼儿的句子中出现介词结构的"把字句"的年龄是（　　）。

A．2岁半　　　　B．3岁半　　　　C．4岁半　　　D．5岁半

13．幼儿的自我中心言语逐渐向社会化语言过渡的年龄在（　　）。

A．三四岁　　　　B．四五岁　　　　C．五六岁　　　D．六七岁

14．从1～2岁幼儿语言的习得策略上看，有指物策略和（　　）。

A．表现策略　　　B．表达策略　　　C．关系策略　　　D．复述策略

15．婴儿在（　　）大时，开始对外部的语音世界加以组织，形成一个与母语相适应的原型语音结构。

A．1～6个月　　　B．4～6个月　　　C．6～12个月　　D．6～10个月

二、简答题

1．2～6岁幼儿语法结构的发展趋势有哪些？

2．幼儿的社会化语言的表现形式有哪些？

三、论述题

幼儿语言运用能力的发展有哪些表现？

经典例题解析

1．（2017年真题）不属于幼儿社会化语言表现形式的是（　　）。

A．适应性告知　　B．集体独白　　C．问题与回答　　D．批评和嘲笑

【答案】B

【解析】本题主要考查幼儿社会化语言的表现形式。幼儿社会化语言的表现形式主要有问题与回答、适应性告知、批评和嘲笑、命令、请求和威胁。所以选择B。

2．（2018年真题）"我的玩具比你的好。"是幼儿社会化语言表现形式中的（　　）。

A．问题与回答　　　　　　　　B．适应性告知

C．批评和嘲笑　　　　　　　　D．命令、请求和威胁

【答案】C

【解析】本题主要考查幼儿社会化语言的表现形式。"我的玩具比你的好。"属于批评和嘲笑，所以选择 C。

3.（2020 年真题）幼儿掌握词类的先后顺序是（　　）。

  A．动词→名词→代词→形容词   B．名词→动词→代词→形容词

  C．动词→名词→形容词→代词   D．名词→动词→形容词→代词

【答案】D

【解析】本题主要考查幼儿词汇的发展。实词中幼儿掌握顺序是名词、动词、形容词、虚词。所以选择 D。

第三节　幼儿的亲子关系

一、什么是依恋

依恋是幼儿对养育者（通常是母亲）形成的持久的、稳定的情感关系。

二、依恋的类型

心理学家安思沃斯通过"陌生情境"实验，将依恋分为安全依恋和不安全依恋两类。不安全依恋又细分为回避型依恋和矛盾型依恋。

（1）安全型依恋具有很强的探索欲望，很少有反常的行为问题，70%幼儿的依恋属于这种类型。

（2）回避型依恋容易出现外显的行为问题，这类幼儿在正常幼儿中约占 10%。

（3）矛盾型依恋容易出现内隐的行为问题，这类幼儿在正常幼儿中约占 20%。

三、依恋类型形成的原因

（1）首先，幼儿对亲人的依恋方式，主要取决于父母对幼儿采取的养育方式。

（2）幼儿的气质类型是形成不同依恋类型的生物学基础。一般说来，难以照看的幼儿往往容易形成矛盾型依恋，容易照看型幼儿通常形成安全型依恋，缓慢发动型幼儿则被归结为回避型依恋。

母亲的教养方式与幼儿的气质对依恋类型的影响，本质上就是环境和遗传对心理发展的影响。

📖 **同步练习**

一、选择题

1．安全型依恋所占的比重是（　　）。

  A．70%   B．20%   C．10%   D．30%

2．回避型依恋所占的比重是（ ）。

  A．70%   B．20%   C．10%   D．30%

3．幼儿容易出现外显的行为问题，如攻击性比较强等属于（ ）依恋。

  A．安全型   B．回避型   C．矛盾型   D．不安全型

4．假如母亲是一个刻板、僵化、自我中心和拒绝幼儿的人。这种幼儿属于的依恋类型是（ ）。

  A．安全型   B．矛盾型   C．回避型   D．非安全型

5．（ ）利用实验室实验发现幼儿的依恋方式主要有安全型依恋、回避型依恋和矛盾型依恋三种形式。

  A．冯特   B．安思沃斯   C．鲍尔毕   D．艾宾浩斯

6．幼儿对亲人的依恋方式主要取决于（ ）。

  A．父母的学历水平   B．家庭的经济状况

  C．父母的工作情况   D．父母对孩子采取的养育方式

7．（ ）幼儿的母亲，从孩子一出生，她们就知道自己应该做一名负责任的养育者。

  A．安全型依恋   B．回避型依恋

  C．矛盾型依恋   D．回避型依恋和矛盾型依恋

8．小芳第一次去幼儿园，对妈妈的离开漠不关心，没有哭泣，自顾自地玩桌上的玩具。这反映出小芳的依恋类型为（ ）。

  A．安全型依恋 B．冷漠型依恋 C．矛盾型依恋 D．回避型依恋

9．下列说法错误的是（ ）。

  A．回避型依恋的母亲往往以自我为中心

  B．依恋类型的提出者是安思沃斯

  C．矛盾型依恋的类型大约占10%

  D．婴儿的气质是形成不同依恋类型的生物学基础

10．矛盾型依恋所占比重是（ ）。

  A．70%   B．20%   C．10%   D．30%

二、简答题

依恋类型形成的原因有哪些？

经典例题解析

1．（2019年真题）乐乐与妈妈在一起时，只顾自己玩，很少关注妈妈在做什么，一般不

会主动与妈妈亲近，对妈妈的离开也漠不关心，很少表现出不安情绪。乐乐的依恋类型是（　　）。

  A．安全型依恋 B．回避型依恋 C．矛盾型依恋 D．迟钝型依恋

【答案】B

【解析】本题主要考查依恋的类型。回避型依恋的幼儿对妈妈的离开漠不关心，很少表现出不安情绪。所以选择 B。

第四节 幼儿的同伴关系

在各种文化中，同伴关系和亲子关系总是相互平行、不可替代的。

一、同伴关系的作用

（1）发展社会认知。

（2）满足归属需要：同伴交往是幼儿获得归属感的源泉，是幼儿得到爱和尊重的前提。

（3）培养积极性格。

平等的交往能够让幼儿体验到内在尊重感，有利于他们自信心、责任感等良好个性特征的发展。3 岁前幼儿独自一人的游戏较多，3 岁后幼儿游戏的合作性逐渐增加。

二、幼儿同伴交往的特点

（1）练习社交技能。

（2）强化交往行为。

（3）积极投入游戏。游戏是幼儿时期同伴交往最主要的方式。

（4）幼儿的人际交往出现"性别分离"的现象。幼儿偏好与同性别的小朋友玩。早在 2～3 岁就出现这一现象。

三、影响幼儿同伴交往的因素：

（1）身体特征。

（2）行为特征：行为特征是幼儿社会交往能力的重要体现。

（3）认知能力。

（4）成人的鼓励。

同步练习

一、选择题

1．幼儿获得归属感的源泉，幼儿得到爱和尊重的前提是（　　）。

  A．亲子关系 B．同伴交往 C．集体活动 D．分享合作

2．下列符合"性别分离"现象的是（　　）。

    A．男孩喜欢和男孩一起玩

    B．根据生理特点区分自己是男孩还是女孩

    C．不确定自己是男孩还是女孩

    D．幼儿画画时喜欢画不同性别的幼儿

3．幼儿在同伴交往时出现"以貌取人"的特点，反映了影响他们同伴交往的因素是（　　）。

    A．身体特征　　　　　B．行为特征　　　　　C．认知能力　　　　D．成人的鼓励

4．幼儿时期同伴交往最主要的方式是（　　）。

    A．上课　　　　　　　B．参观　　　　　　　C．散步　　　　　　D．游戏

5．下列不属于影响幼儿交往主要因素的是（　　）。

    A．行为特征　　　　　B．身体特征　　　　　C．认知能力　　　　D．家庭条件

6．下列说法错误的是（　　）。

    A．同伴关系和亲子关系是相互平行的　　　B．同伴关系是平等的

    C．同伴关系能增强幼儿的信心和力量　　　D．2岁之后幼儿游戏的合作性逐渐增加

7．开始出现性别分离现象的年龄段是（　　）。

    A．2～3岁　　　　　B．3～4岁　　　　　C．4～5岁　　　　D．5～6岁

8．平等的交往能够让幼儿体验到内在尊重感，有利于他们自信心、责任感等良好个性特征的发展，体现出同伴关系的作用是（　　）。

    A．发展社会认知　　　　　　　　　　　　B．满足归属需要

    C．培养积极性格　　　　　　　　　　　　D．提高社会技能

9．幼儿与同性别同伴游戏的时间比与异性同伴玩耍的时间要多3倍的年龄段是（　　）。

    A．3岁　　　　　　　B．4岁　　　　　　　C．5岁　　　　　　D．6岁

10．幼儿社会交往能力的重要体现是（　　）。

    A．行为特征　　　　　B．身体特征　　　　　C．认知能力　　　　D．成人的鼓励

二、简答题

幼儿同伴交往的作用有哪些？

三、材料分析题

1．幼儿偏好与同性别的小朋友玩，体现了幼儿同伴交往的特点是什么？幼儿同伴交往还有哪些特点？

2. 幼儿喜欢跟漂亮的小朋友一起玩，反映了影响幼儿同伴交往的因素是什么？影响幼儿同伴交往的因素还有哪些？

经典例题解析

1.（2017 年真题）幼儿在同伴交往中，偏好与同性别的小朋友一起玩耍，这反映了幼儿同伴交往的哪一个特点？影响幼儿同伴交往的因素有哪些？

【答案】反映了幼儿的人际交往中出现"性别分离"现象。

影响幼儿同伴交往的因素：身体特征、行为特征、认知能力、成人的鼓励。

【解析】本题主要考查的是幼儿同伴交往的特点及影响同伴交往的因素。

第五节　幼儿的社会行为与道德发展

一、幼儿的亲社会行为（掌握）

（1）亲社会行为通常指对他人有益或对社会有积极影响的行为，包括分享、合作、助人、安慰、捐赠等。亲社会行为是道德行为的组成部分，它既是个体社会化的重要指标，又是社会化的结果。

2～3 岁幼儿对同伴的不愉快会表现出同情和怜悯。2 岁半至 3 岁半的幼儿在角色游戏中比年龄较大的幼儿有更多的亲社会行为；4～6 岁幼儿在游戏中则较少扮演利他者，但在日常生活中会较多地表现出助人的行为。

（2）幼儿在幼儿园的亲社会行为表现如下：

① 幼儿亲社会行为主要指向同伴，极少数指向教师。

② 幼儿的亲社会行为指向同性伙伴和异性伙伴的次数存在年龄差异：小班幼儿指向同性和异性同伴的次数接近，中班和大班幼儿的亲社会行为指向同性伙伴的次数不断增多，指向异性伙伴的次数不断减少。

③ 在幼儿的亲社会行为中，合作行为最为常见，再次为分享行为和助人行为，安慰行为和公德行为较少发生。

（3）亲社会行为的影响因素：

① 社会认知水平。

② 移情作用：移情是体验他人情绪情感的能力。移情既是一种情感体验的过程，也是培

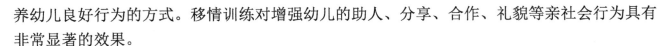

养幼儿良好行为的方式。移情训练对增强幼儿的助人、分享、合作、礼貌等亲社会行为具有非常显著的效果。

③ 家庭引导方式：社会学习有助于促进幼儿的亲社会行为，在幼儿亲社会行为的发展过程中，家庭的影响主要通过奖励和示范在起作用。

④ 传播媒体影响。

二、幼儿的攻击性行为（掌握）

1. 幼儿的攻击性行为的发展变化

（1）幼儿的攻击性行为有两种表现形式：工具性侵犯（以攻击性行为达到自己的一个目的。如推、喊或攻击挡路的人）和敌意性侵犯（企图伤害另一个人。如威胁别人去打一个同伴）。

（2）在整个学前期，幼儿的工具性攻击呈减少趋势，敌意性、报复性攻击呈增多趋势。其中，报复性攻击在 3～9 岁年龄段较为稳定。幼儿在 2～4 岁的阶段，其攻击形式发展的总体趋势是：身体攻击逐渐减少，言语攻击相对增多。在分析攻击行为与性别的关系时，发现男孩比女孩更容易进行公开性的攻击。

2. 攻击性行为的影响因素

（1）幼儿的教养环境：家庭的情感气氛与教育方式对幼儿攻击性行为有极大的影响。

（2）社会认知的缺陷和歪曲：社会认知的缺陷和歪曲会增加幼儿的攻击性，自尊过强也会导致幼儿富有攻击性。

（3）交流及文化影响：社会贫困、资源分配不公、教学质量低劣，以及成人社会的暴力，都会导致幼儿的攻击性行为增加。

3. 幼儿教师应该如何应对幼儿的攻击性行为

对待幼儿的攻击性行为，要有一个正确的观点和全面的认识，不要用粗暴的方式过度压抑幼儿的攻击性，而是应该寻求原因，及时疏导、化解幼儿的心理压力。这是正确处理幼儿观攻击性问题的基本出发点，也是帮助幼儿完成社会化过程的有效措施。

三、有关幼儿道德发展的理论

（1）皮亚杰研究儿童道德采用的是临床法，比较典型的是对偶故事法。

皮亚杰发现，儿童道德发展受到认知水平的制约。年幼的儿童往往只注重损坏物品的实际数量，并不注意动机的差异，认为不小心打碎 15 个杯子的孩子比故意打碎 1 个杯子的"更坏"！

皮亚杰的理论：认为儿童道德判断的发展经历两个阶段——他律阶段（10 岁前）和自律阶段（10 岁后）。

所谓他律，就是按照外在的，主要是按成人的标准进行道德判断。

所谓自律，就是根据自身内在的主观价值标准进行道德判断。

（2）科尔伯格研究儿童道德采用的是两难故事法。

科尔伯格的理论：将儿童的道德发展划分为三个水平六个阶段。

一级水平：前习俗道德。第一阶段：服从于惩罚定向；第二阶段：快乐的相对主义。

二级水平：习俗道德。第三阶段：好孩子定向；第四阶段：社会秩序与权威的支持。

三级水平：后习俗道德。第五阶段：民主地承认法律；第六阶段：普遍的原则。

（3）幼儿道德发展的特点：（掌握）

① 具体性：根据行为的表面现象和某些外部特点及行为的直接后果来判断行为的好坏。

② 他律-自律：幼儿期的道德判断是按成人的标准和态度进行的，他律占主导地位。到了幼儿晚期，一些自律道德开始萌芽。

③ 情绪性：幼儿的道德行为常受其情绪的影响，他们对道德行为的判断在很大程度上取决于当时个体情绪的满足程度。

④ 模仿性：通过对榜样行为的模仿，幼儿学习到良好的或不良的道德行为方式。

（4）幼儿道德发展的影响因素：（掌握）

① 家庭及其父母。

② 游戏及其活动：游戏是幼儿的主导活动，尤其是角色游戏在幼儿社会性认知和社会能力发展中起着重要的作用。

③ 同伴及其交往：同伴交往对幼儿道德社会化的影响作用主要体现在：同伴之间的相互影响能使幼儿形成良好的社会行为习惯；同伴作为一种社会模式榜样影响着幼儿行为的发展；同伴之间的交往有助于幼儿道德情感的形成。

④ 社会榜样：为幼儿提供正面的榜样，是形成幼儿道德行为的关键途径。

⑤ 教师及其环境。

同步练习

一、选择题

1. 在幼儿的亲社会行为中，最为常见的行为是（　　）。

　　A. 分享　　　　　　B. 合作　　　　　　C. 助人　　　　D. 安慰

2. 不会导致幼儿攻击性行为增加的是（　　）。

　　A. 社会贫困　　　　B. 自尊过强　　　　C. 移情　　　　D. 教学质量低劣

3. 幼儿只能根据人们行为的表面现象和某些外部特点及行为的直接后果来判断行为的好坏，这说明幼儿道德发展具有的特点是（　　）。

　　A. 具体性　　　　　B. 他律-自律　　　　C. 情绪性　　　D. 模仿性

4. 形成幼儿道德行为的关键途径是（　　）。

　　A. 父母对幼儿的影响　　　　　　　　B. 为幼儿提供正面榜样

　　C. 同伴间的交往　　　　　　　　　　D. 幼儿在园的一日活动

5. 下列说法正确的是（　　）。

　　A. 工具性侵犯是指儿童利用工具攻击他人

B．皮亚杰将儿童的道德发展划分为三个水平六个阶段

C．儿童的亲社会行为主要指向教师

D．儿童语言的发展不仅有个别差异，还有性别差异

6．下列关于儿童攻击性行为的表述，错误的是（　　　）。

A．攻击性行为包括工具性侵犯和敌意性侵犯

B．报复性攻击在 3～9 岁年龄段较为稳定

C．在整个学前期，儿童的工具性攻击呈减少趋势

D．2～4 岁阶段，身体攻击逐渐增多

7．皮亚杰认为，儿童道德判断的发展可以分为他律阶段和自律阶段，二者以（　　　）为界。

A．3 岁　　　　　　B．5 岁　　　　　　C．8 岁　　　　　　D．10 岁

8．科尔伯格对儿童道德判断进行研究，采用的方法是（　　　）。

A．临床法　　　　B．两难故事法　　　C．对偶故事法　　　D．观察法

9．幼儿只注意行为的外部结果，不考虑行为的内在动机。体现了幼儿道德发展的特点是（　　　）。

A．具体性　　　　　B．他律-自律　　　　C．情绪性　　　　　D．模仿性

10．下列对幼儿在幼儿园的亲社会行为的描述，错误的是（　　　）。

A．幼儿亲社会行为主要指向同伴

B．幼儿的亲社会行为极少指向教师

C．在幼儿的亲社会行为中，合作行为最常见

D．小班幼儿亲社会行为指向同性伙伴的次数多于异性伙伴

11．下列关于幼儿道德发展的特点的描述，错误的是（　　　）。

A．概括性　　　　　B．他律-自律　　　　C．情绪性　　　　　D．模仿性

12．幼儿对同伴的不愉快会表现出同情和怜悯的年龄是（　　　）。

A．1～2 岁　　　　B．2～3 岁　　　　C．3～4 岁　　　　D．4～5 岁

13．（　　　）既是一种情感体验的过程，也是培养幼儿良好行为的方式。

A．分享　　　　　　B．合作　　　　　　C．助人　　　　　　D．移情

14．幼儿身体攻击的频率降低，但同时言语攻击却增多了的年龄段是（　　　）。

A．1 岁以后　　　　B．2 岁以后　　　　C．3 岁以后　　　　D．4 岁以后

15．皮亚杰研究儿童道德采用的是临床法，比较典型的是（　　　）。

A．作品分析法　　　B．两难故事法　　　C．对偶故事法　　　D．观察法

二、简答题

1．什么是亲社会行为？影响幼儿亲社会行为的因素有哪些？

2. 幼儿道德发展的特点有哪些?

三、论述题

简述儿童道德发展的影响因素有哪些?

四、材料分析题

美国一项研究表明，在较高和中等的社会经济水平地位中，那些在群体中被拒绝的男孩犯罪率最高，但在最低的社会经济地位水平中，犯罪行为也经常发生在最被拒绝和最不被人喜欢的男孩中。

根据你所学的相关心理学知识解决以下问题

1. 幼儿攻击性行为有哪几种表现形式?

2. 材料表明幼儿攻击性行为受什么因素的影响?

3. 还有哪些因素会影响幼儿攻击性行为?

4. 我们应该如何对待幼儿的攻击性行为?

经典例题解析

（2020 年真题）研究发现，幼儿在进行道德判断时，对于一些错误行为，往往只注重损坏物品的实际数量，并不注重动机的差异，认为不小心打碎 15 个杯子要比有意打碎 1 个杯子"更坏"。

上述材料，主要反映了幼儿道德发展的哪一特点？除此之外，幼儿道德发展还有哪些特点？

【答案】主要反映的幼儿道德发展特点是：具体性

幼儿道德发展的特点还有他律-自律、情绪性、模仿性。

【解析】本题主要考查的是幼儿道德发展的特点。

单元测试卷

一、选择题（每小题 2 分，共 50 分）

1．社会化的前提是（　　）。

    A．情感　　　　　　　B．社会实践　　　　　C．认知发展　　　D．社会交往

2．在社会化过程中，具有动力作用的是（　　）。

    A．认知　　　　　　　B．个性　　　　　　　C．意志　　　　　D．情感

3．幼儿在社会化过程中形成的实际能力叫作（　　）。

    A．角色系统　　　　B．能力结构　　　　　C．潜在能力　　　D．实际能力

4．幼儿社会化的目标是（　　）。

    A．形成完整的自我　B．认知发展　　　　　C．社会实践　　　D．适应环境

5．下列不属于幼儿早期语言功能的是（　　）。

    A．情感　　　　　　　B．指物　　　　　　　C．语法　　　　　D．意动

6．"我的这本书比你的好看"反映的幼儿社会化语言的表现方式为（　　）。

    A．适应性告知　　　B．问题和回答　　　　C．批评和嘲笑　　D．命令和请求

7．幼儿已经能够独立连贯地复述一个故事，条理清楚，没有重要遗漏，但语言不够生动流畅的年龄段是（　　）。

    A．3 岁　　　　　　　B．4 岁　　　　　　　C．5 岁　　　　　D．6 岁

8．小明对小华说："这边有坑，小心点"这反映出的幼儿在社会化语言表现形式是（　　）。

    A．适应性告知　　　　　　　　　　　　B．批评与嘲笑

    C．命令、请求和威胁　　　　　　　　　D．问题与回答

9．幼儿一般最先掌握的词汇多是（　　）。

    A．名词　　　　　　　B．动词　　　　　　　C．形容词　　　　D．虚词

10．在幼儿语言发展的过程中，对词义不十分理解，或者虽然有些理解但却不能正确使用的词叫作（　　）。

    A．积极词汇　　　　B．消极词汇　　　　　C．实词　　　　　D．虚词

11．幼儿习得语言的过程，不仅有个别差异，还有（　　）差异。

    A．地区　　　　　　　B．民族　　　　　　　C．经济　　　　　D．性别

12．（　　）是反映幼儿语言水平的重要标志。

    A．语用能力　　　　　　　　　　　　　B．语音的发展

    C．语法结构的发展　　　　　　　　　　D．词汇的发展

13．人的一生中词汇量增加最快的时期是（　　）。

    A．婴儿期　　　　　B．幼儿前期　　　　　C．幼儿期　　　　D．幼儿初期

14. 幼儿最初的语言称为（   ），这种语言主要是自己与自己交流而用的，对自己的行为具有调节作用。

    A．社会化语言   B．适应性语言

    C．自我中心言语   D．批评性语言

15. 下列说法错误的是（   ）。

    A．回避型依恋的母亲往往以自我为中心

    B．依恋类型的提出者是安思沃斯

    C．矛盾型依恋的类型大约占 10%

    D．婴儿的气质是形成不同依恋类型的生物学基础

16. 健健容易出现外显的行为问题，如攻击性比较强，说明健健的依恋类型是（   ）。

    A．回避型   B．安全型   C．敌意型   D．矛盾型

17. 把幼儿的依恋模式分为三种类型是（   ）。

    A．皮亚杰   B．吉布森   C．安思沃斯   D．斯金纳

18. 矛盾型依恋所占比重（   ）。

    A．70%   B．20%   C．10%   D．30%

19. 下列说法错误的是（   ）。

    A．同伴关系和亲子关系是相互平行的   B．同伴关系是平等的

    C．同伴关系能增强幼儿的信心和力量   D．2 岁之后幼儿游戏的合作性逐渐增强

20. 开始出现性别分离现象的年龄段是（   ）。

    A．2～3 岁   B．3～4 岁   C．4～5 岁   D．5～6 岁

21. 平等的交往能够让幼儿体验到内在尊重感，有利于他们自信心、责任感等良好个性特征的发展，体现出同伴关系的作用是（   ）。

    A．发展社会认知   B．满足归属需要

    C．培养积极性格   D．提高社会技能

22. 下列关于儿童的攻击性行为的表述，错误的是（   ）。

    A．攻击性行为包括工具性侵犯和敌意性侵犯

    B．报复性攻击在 3～9 岁年龄段较为稳定

    C．在整个学前期，幼儿的工具性攻击呈减少趋势

    D．2～4 岁阶段，身体攻击逐渐增多

23. 下列对幼儿在幼儿园的亲社会行为的描述，错误的是（   ）。

    A．幼儿亲社会行为主要指向同伴

    B．幼儿的亲社会行为极少指向老师

    C．在幼儿的亲社会行为中，合作行为最常见

    D．小班幼儿亲社会行为指向同性伙伴的次数多于异性伙伴

24. 皮亚杰认为，幼儿道德判断的发展可以分为他律阶段和自律阶段，二者以（   ）岁为界。

A．3　　　　　　B．5　　　　　　C．8　　　　　　D．10

25．科尔伯格对幼儿道德判断进行研究，采用的方法是（　　）。

　　A．临床法　　　　B．两难故事法　　　　C．对偶故事法　　　D．观察法

二、简答题（22分）

1．幼儿同伴交往的作用有哪些？（3分）

2．幼儿词汇的发展有哪些表现？（3分）

3．幼儿的社会化语言有哪些表现形式？（4分）

4．幼儿语言运用能力的发展有哪些表现？（4分）

5．亲社会行为的影响因素有哪些？（4分）

6．依恋类型形成的原因有哪些？（4分）

三、论述题（18分）

1．幼儿偏好与同性别的小朋友玩，体现了幼儿同伴交往的特点是什么？（2分）幼儿同伴交往还有哪些特点？（3分）影响幼儿同伴交往的因素还有哪些？（4分）

2．简述幼儿道德发展的特点及其影响因素。（9分）

四、材料分析题（10分）

1．小刚经常无缘无故打人、踢人或威胁别人去打一个同伴。

（1）这属于哪种攻击性行为？（2分）

（2）另一种攻击性行为是什么？（1分）

（3）影响幼儿攻击性行为的因素有哪些？（3分）

（4）我们应该如何对待幼儿的攻击性行为？（4分）

第五章

幼儿个性有关因素的发展

考试说明

（1）了解个性的概念、特征及其结构。

（2）了解性格的表现、性格与气质的关系。

（3）理解气质、性格的概念和气质类型的心理特征。

（4）理解幼儿气质的类型。

（5）理解幼儿自我意识及性别化的有关知识。

（6）掌握幼儿气质发展的特点及影响因素。

（7）掌握影响幼儿性格发展的社会因素、幼儿性格的特点及培养幼儿良好性格的方法。

知识结构图

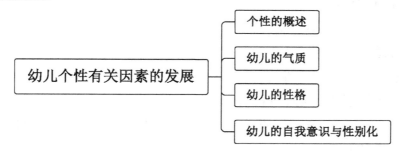

知识精讲

第一节　个性的概述

一、什么是个性（了解）

个性指一个人的整体精神面貌，是在活动中形成的具有社会意义的、稳定的心理特征系统。

二、个性的特征（了解）

稳定性、整体性、社会性和个别性。个性的本质是社会的。个性的稳定性、整体性和社会性构成了个性的普遍性，个性的个别性是个性的特殊性。个性的特性就是普遍性与特殊性两个方面的统一。

三、个性的结构（了解）

（1）个性倾向性系统：包括需要、动机、兴趣、志向、世界观等要素，是推动个性发展的动力因素，决定着一个人的活动倾向性、积极性，集中地体现了个性的社会实质。

（2）自我意识系统：是一系列自我完善的能动结构，它充分地反映着个性对社会生活的反作用，是人的心理能动性的体现。自我意识包括自我评价、自我体验、自我监控三个方面。

（3）个性心理特征系统：个性心理特征是个性独特性的集中体现，包括气质、能力、性格等心理成分，反映一个人对现实的稳定态度和习惯化的行为方式。

同步练习

一、选择题

1. 推动个性发展的动力因素是（　　）。
   A. 自我意识系统　　　　　　　　B. 个性倾向性系统
   C. 个性心理特征系统　　　　　　D. 个性独特性系统

2. 有的人一贯地表现为思维缜密、性格温和、对别人友善、对工作认真，无论什么时候都这样，这说明个性具有（　　）。
   A. 稳定性　　　　B. 整体性　　　　C. 社会性　　　　D. 个别性

3. 个性的本质是（　　）。
   A. 整体的　　　　B. 社会的　　　　C. 稳定的　　　　D. 个别的

4. 下列选项中不属于个性心理特征系统的是（　　）。
   A. 动机　　　　B. 气质　　　　C. 能力　　　　D. 性格

5. 下列说法错误的是（　　）。
   A. 个性指一个人整体的精神面貌　　　B. 个性一出生就形成了
   C. 个性具有社会意义　　　　　　　　D. 个性具有稳定性

6. 在个性的结构中，是人的心理能动性的体现的是（　　）。
   A. 个性的整体性　　　　　　　　B. 个性倾向性系统
   C. 自我意识系统　　　　　　　　D. 个性心理特征系统

第二节 幼儿的气质

一、气质概述（理解）

（1）气质是人的心理活动中比较稳定的、独特的动力特征。

所谓心理活动的动力特征，是指心理活动的速度、心理活动的强度、心理活动的稳定性和心理活动的指向性。

（2）传统的四种气质类型：

胆汁质：兴奋性高、不均衡，带有迅速而突发的色彩。（代表人物：张飞）

多血质：有很高的灵活性，容易适应变化的生活环境。（代表人物：王熙凤）

黏液质：安静、均衡。（代表人物：沙僧）

抑郁质：迟缓、内倾。（代表人物：林黛玉）

二、幼儿气质的类型和表现

（1）美国心理学家托马斯将婴儿气质划分为三种类型：容易抚养型约占 40%，难以抚养型约占 10%，缓慢发动型约占 15%，还有 35%属于中间型或过渡型。

（2）美国心理学家凯根将幼儿气质分为行为抑制型和行为非抑制型。

如果敏感、退缩、胆怯是稳定的行为特征，那么这类幼儿称为行为抑制型幼儿，也称胆小的、敏感的、害羞的幼儿。

如果不怕生、善交往、主动接近陌生环境的行为稳定地发生，这类幼儿则属行为非抑制型幼儿，也称胆大的、适应的、好交往的幼儿。

（3）我国学者杨丽珠将我国 3～9 岁幼儿的气质类型划分为活泼型、专注型、抑制型、均衡型和敏捷型 5 种。

三、幼儿气质发展的特点（掌握）

1. 气质的稳定性

气质是人的神经系统最基本的特性，它是个性心理特征中受先天的生物学因素影响较大的部分，因此具有稳定性（禀性难移）。格塞尔的"双生子"实验表明气质具有较强的稳定性和连续性。

2. 气质的可变性

导致气质具有可变性的原因：

（1）随着年龄的增长而发展，早期的行为会被整合到新的、更复杂的系统中。

（2）某些行为的含义会随着年龄的增长而变化，而这些行为反映了气质的特点。

（3）环境对气质也具有一定的塑造作用。

四、幼儿气质的影响因素（掌握）

（1）个体生理机制；

（2）家庭教育环境；

（3）教育机构的教育环境。

同步练习

一、选择题

1．"江山易改，秉性难移"是说气质具有（ ）。

    A．稳定性   B．不变性   C．可变性   D．连续性

2．下列说法正确的是（ ）。

    A．气质一般不会影响性格的形成

    B．父母的教养方式最终影响幼儿气质的形成

    C．家长常常把行为抑制型的幼儿称为胆小的幼儿

    D．我们的气质不会发生任何变化

3．安静稳重、反应缓慢、沉默寡言、情绪内向、不易激动的气质类型是（ ）。

    A．黏液质   B．胆汁质   C．抑郁质   D．多血质

4．"行为孤僻，反应迟缓"属于（ ）的气质类型。

    A．胆汁质   B．多血质   C．黏液质   D．抑郁质

5．人的心理活动中比较稳定的、独特的动力特征是（ ）。

    A．气质   B．注意   C．性格   D．记忆

6．小丽的典型心理特征为精力旺盛、思维敏捷，她的气质类型是（ ）。

    A．胆汁质   B．多血质   C．黏液质   D．抑郁质

7．幼儿气质类型的提出者是（ ）。

    A．皮亚杰   B．托马斯   C．凯根   D．科尔伯格

8．安静、均衡是（ ）气质类型明显的心理活动特点。

    A．胆汁质   B．多血质   C．抑郁质   D．黏液质

9．下列不属于气质影响因素的是（ ）。

    A．气候条件   B．个体生理机制

    C．家庭教育环境   D．教育机构的教育环境

10．表明气质具有较强的稳定性和连续性的"双生子"实验的实验者是（ ）。

    A．皮亚杰   B．托马斯   C．凯根   D．格塞尔

11．下列关于多血质心理活动特点的描述中，错误的是（ ）。

    A．情绪内向   B．行动敏捷   C．善于交际   D．适应性强

12．缓慢发动型婴儿所占的比重是（ ）。

A．40%　　　　B．10%　　　　C．15%　　　　D．65%

13．有人评价璐璐的特点：活泼热情、灵活机智、注意力容易转移、兴趣容易变换。那么璐璐的气质类型应该是（　　）。

A．胆汁质　　　B．多血质　　　C．黏液质　　　D．抑郁质

14．下列关于托马斯婴儿气质类型及其所占比例的说法，正确的是（　　）。

A．容易抚养型 65%　　　　　　B．难以抚养型 10%

C．缓慢发动型 35%　　　　　　D．中间型 50%

15．将幼儿气质分为行为抑制型和行为非抑制型的是美国心理学家（　　）。

A．皮亚杰　　　B．托马斯　　　C．凯根　　　D．格塞尔

二、简答题

1．什么是气质？幼儿气质发展有哪些特点？

2．幼儿有哪些气质类型？

3．幼儿气质的影响因素有哪些？

三、材料分析题

军军是一个精力旺盛的孩子，他精力旺盛、性情急躁、情绪强烈，经常会无缘无故地打其他的小朋友。

（1）请问军军属于什么气质类型？

（2）这类气质类型显著的心理特征是什么？

（3）除这种气质外，传统的气质类型还有哪些？

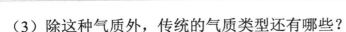 **经典例题解析**

1．（2017年真题）某幼儿活泼热情、行动敏捷、机智灵活、注意力容易转移，其气质类型是（ ）。

    A．多血质   B．粘液质   C．胆汁质   D．抑郁质

【答案】A

【解析】本题主要考查的是幼儿气质心理活动的明显特点。

2．（2018年真题）具有"行为孤僻，反应迟缓，对事物反映敏感"特点的气质类型是（ ）。

    A．胆汁质   B．多血质   C．粘液质   D．抑郁质

【答案】D

【解析】本题主要考查的是幼儿气质心理活动的明显特点。

3．（2020年真题）某幼儿的心理特征表现为直率热情、精力旺盛；性情急躁、容易分心；反应迅速、思维敏捷，但准确性差；情绪强烈、外露，但持续时间不长。其气质类型属于（ ）。

    A．胆汁质   B．多血质   C．黏液质   D．抑郁质

【答案】A

【解析】本题主要考查的是幼儿气质心理活动的明显特点。

第三节　幼儿的性格

一、性格的概述（理解）

（1）性格的概念：对外部事物稳定的态度和习惯的行为方式，就是一个人的性格。

瑞士心理学家荣格把人的性格分为：

① 外倾型性格的人：重视外部世界，爱交际、活跃、开朗、自信、进取，对外部世界充满兴趣，容易适应环境。

② 内倾型性格的人：重视主观世界，好沉思、善内省、自恋、孤僻、冷漠、寡言，易害羞，难以适应环境变化。

（2）性格的表现：（了解）

① 性格在活动中的表现；

② 性格在言语中的表现；

③ 性格在表情、姿态、服饰上的表现。

（3）性格与气质有联系有区别（了解）

联系：

① 先天的气质，是性格形成的生理学基础。

② 某一气质会比另一气质更容易促使个体形成某种性格特征。

③ 性格也可以在一定程度上掩盖和改造气质。

区别：

① 气质主要是先天获得的，是生理性的，具有较强的稳定性，也无好坏之分；

② 性格主要是后天养成的，是社会性的，具有可塑性，可以按一定的社会评价标准分为好的性格或坏的性格。

二、幼儿性格的特点（掌握）

凯根认为，性格最重要的指标是幼儿适应新环境的难易程度，并将幼儿性格分为情感抑制型与情感非抑制型。

情感抑制型性格的幼儿在应对环境变化时，容易出现平衡上的困难，表现出较强的恐惧和对行为的控制。

这类幼儿通常的感知水平比较高，因而对杂乱、忙碌、不可预测的环境表现出更为强烈的反应。在陌生或紧张的气氛中，这类性格的幼儿往往徘徊于趋近还是逃避的选择之中，难以做出决定。这类幼儿可能表现为社会能力低下，但容易培养控制能力。

情感非抑制型性格的幼儿对新环境具有强烈的兴趣和自信，表现为乐于接受环境的变化，乐于在新环境中进行探索和交往，总能在新环境中发现乐趣和结交新朋友，敢于冒险等。这类幼儿表现为任性和执拗，但比较有勇气，有开拓精神。

三、影响幼儿性格发展的社会因素（掌握）

性格是遗传因素和环境因素相互作用的结果。气质是性格形成的自然前提。

社会因素对性格的形成和发展起着决定性作用。

（1）家庭：

① 亲子关系：亲子关系是幼儿最早建立的人际关系，从出生到5～6岁是性格形成的重要阶段。

② 家庭结构：核心家庭、大家庭和破裂家庭是三种主要的家庭结构。

③ 家庭气氛：家庭情感气氛划分为融洽与对抗两种类型。

④ 父母的榜样。

（2）幼儿园

幼儿在集体活动中所处的地位，教师、伙伴对幼儿的态度，都影响着幼儿性格的形成。

四、培养幼儿良好性格的方法

（1）注重家庭教育环境，形成融洽的家庭氛围，父母用良好的性格作表率。

（2）幼儿教师创设良好的教育环境，积极开展游戏活动，充分调动幼儿积极性和主动性。

（3）幼儿教师做好榜样示范，用饱满愉快的情绪感染幼儿。

（4）幼儿教师多用鼓励表扬的方式，尊重幼儿的自尊心与自信心。

（5）培养幼儿良好的人际关系。

同步练习

一、选择题

1. 有的人面部表情丰富，而有的人则喜怒哀乐不行于色，这主要体现了性格外在的表现是（　　）。

 A．活动中的表现   B．言语中的表现

 C．表情、姿势、服饰上的变化 D．以上都不对

2. 形成性格的自然前提是（　　）。

 A．感知觉   B．注意   C．气质   D．想象

3. 对性格的形成和发展起着决定性作用的是（　　）。

 A．社会因素 B．家庭因素 C．物质因素 D．精神因素

4. 性格形成的重要阶段是从出生到（　　）。

 A．1～2岁 B．3岁左右 C．4～5岁 D．5～6岁

5. 幼儿最早建立的人际关系是（　　）。

 A．亲子关系 B．同伴关系 C．师生关系 D．以上都不是

6. 三种主要家庭结构不包括（　　）。

 A．核心家庭 B．大家庭 C．破裂家庭 D．小家庭

7. 幼儿性格分类的提出者是（　　）。

 A．托马斯 B．荣格 C．华生 D．皮亚杰

8. 下列关于气质和性格的说法中，不正确的是（　　）。

 A．气质是性格形成的生理学基础 B．性格可以改造气质

 C．气质具有稳定性   D．性格没有好坏之分

9. 幼儿的行为表现是父母亲性格的一面镜子,这句话说明影响幼儿性格发展的是（　　）。

 A．亲子关系 B．家庭气氛 C．父母的榜样 D．家庭结构

10. 对一个人的性格形成和发展具有重要和深远影响的是（　　）。

 A．社会   B．家庭   C．个体   D．环境

11. 比较有勇气,有开拓精神的幼儿属于的性格类型是（　　）。

 A．情感非抑制型   B．情感抑制型

 C．外倾性性格   D．内倾型性格

12. 自恋、孤僻、冷漠、寡言,易害羞,难以适应环境变化的幼儿属于的性格类型是（　　）。

 A．情感非抑制型   B．情感抑制型

 C．外倾性性格   D．内倾型性格

二、简答题

什么是性格？影响幼儿性格发展的社会因素有哪些？

三、论述题

请简述培养幼儿良好性格的方法有哪些？

🔍 经典例题解析

1.（2019 年真题）下列对气质和性格的表述，正确的选项是（　　　）。

  A．气质有好坏之分　　　　　　　　B．气质主要是后天形成的

  C．性格具有可塑性　　　　　　　　D．性格主要是先天获得的

【答案】C

【解析】本题主要考查的是气质和性格的区别。

第四节　幼儿的自我意识与性别化

一、幼儿的自我意识

（一）自我意识概述

从形式上看，自我意识包括自我认识（认知）、自我体验（情感）和自我调控（意志）。

自我认识是自我意识的认知成分，是个体对自己身心特征和活动状态的认知和评价，包括自我观察、自我知觉、自我概念和自我评价等，其中自我概念和自我评价是自我认识最主要的方面。

自我体验是自我意识的情感成分，是个体对自己所持有的一种态度。自我体验包括自尊、自信、自卑、自豪感、内疚感和自我欣赏等，其中，自尊是自我体验的重要体现，也影响到自我认识和自我调控两个方面。

自我调控是自我意识的意志成分，是指个体对自己思想、情感和行为的调节和控制，自制、自立、自主、自我监督和自我控制等都属于自我调控的范畴。

从内容上看，自我意识包括物质自我、心理自我和社会自我。

物质自我是指自己的身体外貌、衣着装束、言行举止及所有物的认识与评价，也包括自

己的家庭环境和家庭成员等。

心理自我是指自己的智力、情感与人格特征及所持有的价值取向和宗教信仰等。

社会自我是指在人际交往中对自己所承担的角色和权利、义务、责任等，以及自己在群体中的地位、声望与价值的认识和评价。

（二）幼儿自我意识的发展

1．自我意识发展的过程

（1）对自己身体的认识。

第一阶段：不能意识到自己的存在。

第二阶段：开始认识自己身体的各个部分。

第三阶段：认识自己的整体形象。（点红测验）

婴儿对自己整体形象认识经历的阶段：

① 戏物（镜子）。9～10个月的婴儿。

②（镜像）"伙伴"游戏。1岁及1岁几个月的婴儿。

③ 相倚性探索。大约18个月婴儿。

④ 自我认识出现。18～24个月的婴儿。

第四阶段：意识到身体内部状态。大约到2岁时才开始发生。

第五阶段：名字与身体联系。

（2）对自己行动的认识。

第一水平：区分动作与动作的对象。（1岁左右）

第二水平：出现了最初的独立性。（1岁以后）

第三水平：支配自己的动作。

（3）对自己心理活动的意识。

3岁幼儿开始意识到"愿意"和"应该"的区别。

4岁幼儿开始出现对自己的认识活动和语言的意识。

2．自我意识发展的特点

（1）自我评价的发展。

自我评价是自我意识的核心。自我评价能力的发展是自我意识发展的重要标志。幼儿自我意识的发展主要表现为自我评价的发展。幼儿自我评价有如下特点：

① 从依从性评价发展到对自己个别方面和多方面进行评价。（4岁幼儿能对自己进行个别方面的评价，6岁幼儿能对自己进行多方面的评价，并出现独立性评价）

② 从对自己外部行为的评价到对内心品质的评价。（如"我在生气的时候也不咋咋呼呼"）

③ 从主观情绪性评价到初步客观的评价。（幼儿总是评价自己的东西比别的小朋友的好，体现了评价的主观情绪性）

（2）自我体验的发展：呈现从低级向高级发展、从生理性体验向社会性体验发展的特点。

（3）自我调节的发展：幼儿自我控制能力的发展和他们的心理发展水平密切相关。3～4岁幼儿坚持性和自制力都很差，到了5～6岁，幼儿才有一定的坚持性和自制力。总的来说，学龄前幼儿的自我控制能力还是较弱的。

二、幼儿的性别化

1. 幼儿的性别差异

不同性别之间心理特点的共同性要远远多于差异性。

2. 幼儿的性别概念和性别角色

（1）性别概念：主要包括性别认同、性别稳定性和性别恒常性三方面内容。

性别认同出现最早，在2~3岁；

然后获得性别稳定性，在3~4岁开始认识；

最后形成性别恒常性。幼儿一般要到6~7岁才能获得性别恒常性，只有获得了性别恒常性，才算是真正懂得了性别，并且开始以符合性别要求的方式进行活动。

（2）性别角色。

①性别角色的发展：

幼儿对性别角色的掌握，有赖于性别认同的确立，而性别认同的确立又有赖于认知的发展。

②儿童性别角色的发展阶段：（厄利安）

生物取向阶段：6~8岁，以男女之间在机体上所存在的生理差异和外貌特征为依据。

社会取向阶段：9~13岁，以社会文化的要求和社会角色的期待为依据。

心理取向阶段：14~17岁，以男女各自具有的内在心理品质为主要依据。

同步练习

一、选择题

1. 自我意识的核心是（　　　）。

　A．自我认识　　　　B．自我调控　　　　C．自我体验　　　D．自我评价

2. 幼儿性别认知发展中一个重要的里程碑是（　　　）。

　A．性别认同　　　　B．性别稳定性　　　　C．性别恒常性　　D．以上都不是

3. （　　　）是自我意识的认知成分，是个体对自己身心特征和活动状态的认知和评价。

　A．自我认识　　　　B．自我体验　　　　C．自我调控　　　D．自我评价

4. 幼儿开始意识到"愿意"和"应该"的区别是在（　　　）。

　A．1岁　　　　　　B．3岁　　　　　　C．4岁　　　　　D．6岁

5. 幼儿产生对自己行动的意识和前提条件是（　　　）。

　A．动作的发展　　　B．语言的发展　　　　C．认知的发展　　D．身体的发展

6. 自我意识是一个多维度结构，从形式上看，自我意识不包括（　　　）。

　A．心理自我　　　　B．自我认识　　　　C．自我体验　　　D．自我调控

7. 关于自我意识发展的特点，说法错误的是（　　　）。

A．从依从性评价发展到对自己个别方面和多方面进行评价

B．从主观情绪性评价到初步客观的评价

C．自我体验呈现出从低级向高级发展、从生理性体验向社会性体验发展的特点

D．从对自己内心品质的评价到对外部行为的评价

8．只有获得了（　　）的认识，才算是真正懂得了性别。

A．性别认同　　　　B．性别恒常性　　　　C．性别稳定性　　D．性别角色

9．儿童性别角色的发展过程中，9～13岁通常处于（　　）。

A．生物取向阶段　　　　　　　　　　B．社会取向阶段

C．心理取向阶段　　　　　　　　　　D．性别稳定性阶段

10．幼儿对性别角色的掌握，有赖于（　　）的确立。

A．性别恒常性　　B．性别稳定性　　　C．性别认同　　　D．性格

11．幼儿性别角色的发展阶段中，处于生物取向阶段的年龄是（　　）。

A．3～6岁　　　　B．6～8岁　　　　C．9～13岁　　　D．14～17岁

12．"点红测验"验证的是婴儿对自己（　　）的认识。

A．自己的存在　　　　　　　　　　B．身体内部状态

C．自己的整体形象　　　　　　　　D．名字与身体联系

13．幼儿在评价自己和其他小朋友的画时，总是评价自己的画好，这反映了幼儿自我评价的（　　）。

A．依从性　　　　B．客观性　　　　C．冲动性　　　D．情绪性

14．幼儿在性别概念的发展中，出现最早的是（　　）。

A．性别角色　　　B．性别认同　　　C．性别稳定性　　D．性别恒常性

15．下列自我体验中，影响自我认识和自我调控的是（　　）。

A．自尊　　　　　B．自信　　　　　C．自卑　　　D．自豪感

二、简答题

1．幼儿自我意识的发展体现在哪几个方面？

2．幼儿的性别概念包括哪些方面？

三、材料分析题

如果要幼儿回答他是好孩子的理由，3岁以下的幼儿会说"是我妈妈说的""老师这样说

的";4岁的幼儿会说"我听老师的话""我帮老师收玩具";6岁的幼儿则会说"我对人有礼貌""和小朋友一起玩""帮老师发东西"等。

根据所学心理学知识回答以下问题：

1.自我评价能力的发展是自我意识发展的重要标志，上述材料表现了幼儿自我评价发展的什么特点？幼儿自我评价发展还有哪些特点？

2.除了自我评价的发展，幼儿自我意识的发展还有哪些特点？

经典例题解析

1.（2019年真题）自我意识的核心是（   ）。

　　A．自我观察　　　　B．自我体验　　　　C．自我调控　　　D．自我评价

【答案】D

【解析】本题主要考查的是自我意识发展的特点。自我评价是自我意识的核心，自我评价能力的发展是自我意识发展的重要标志。所以答案选D。

2.（2020年真题）幼儿能够知道无论自己或别人穿什么衣服，留什么样的发型，其性别都保持不变。这一认识说明幼儿已获得（   ）。

　　A．性别认同　　　　B．性别稳定性　　　　C．性别恒常性　　D．性别差异性

【答案】C

【解析】本题主要考查的是性别恒常性的发展。所以答案选C

单元测试卷

一、选择题（每小题 2 分，共 50 分）

1. 下列说法错误的是（   ）。
   A．个性指一个人整体的精神面貌　　　　B．个性一出生就形成了
   C．个性具有社会意义　　　　　　　　　D．个性具有稳定性

2. 下列选项中不属于个性心理特征系统的是（   ）。
   A．动机　　　　　B．气质　　　　　C．能力　　　　　D．性格

3. 在个性的结构中，是人的心理能动性体现的是（   ）。
   A．个性的整体性　　　　　　　　　　　B．自我意识系统
   C．个性倾向性系统　　　　　　　　　　D．个性心理特征系统

4. 小丽的典型心理特征为：精力旺盛、思维敏捷，她的气质类型是（   ）。
   A．胆汁质　　　　　B．多血质　　　　　C．黏液质　　　　　D．抑郁质

5. 以行为抑制性、非抑制性为研究幼儿气质的指标，提出幼儿气质研究、新思路的是（   ）。
   A．杨丽珠　　　　　B．托马斯　　　　　C．凯根　　　　　D．荣格

6. 下列说法不正确的是（   ）。
   A．气质是性格的生理学基础　　　　　　B．性格可以在一定程度上改造气质
   C．气质是社会性的　　　　　　　　　　D．性格具有可塑性

7. 下列不属于内倾型性格特点的是（   ）。
   A．好沉思　　　　　　　　　　　　　　B．冷漠
   C．善内省　　　　　　　　　　　　　　D．容易适应环境变化

8. 有的人经常满面笑容，有的人经常愁眉苦脸，有的人喜怒形于色，有的人则喜怒哀乐不形于色，这是性格在（   ）上的表现。
   A．活动　　　　　B．言语　　　　　C．表情　　　　　D．姿态

9. 对性格的形成和发展起着决定性作用的是（   ）。
   A．社会因素　　　　B．气质　　　　C．身体特征　　　D．情绪

10. 下列自我体验中，影响自我认识和自我调控的是（   ）。
    A．自尊　　　　　B．自信　　　　　C．自卑　　　　　D．自豪感

11. 自我意识是一个多维度结构，从形式上看，自我意识不包括（   ）。
    A．自我感觉　　　　B．自我认识　　　　C．自我体验　　　　D．自我调控

12. "点红测验"验证的是婴儿对自己（   ）的认识。
    A．自己的存在　　　　　　　　　　　　B．身体内部状态

C．自己整体形象 　　　　　　　　　　 D．名字与身体联系

13．幼儿在评价自己和其他小朋友的画时，总是评价自己的画好，这反映了幼儿自我评价的（　　　）。

　　A．依从性　　　　　B．客观性　　　　　C．冲动性　　　　D．情绪性

14．幼儿在性别概念的发展中，出现最早的是（　　　）。

　　A．性别角色　　　　B．性别认同　　　　C．性别稳定性　　D．性别恒常性

15．只有获得了（　　　）的认识，才算是真正懂得了性别。

　　A．性别认同　　　　B．性别恒常性　　　C．性别稳定性　　D．性别角色

16．幼儿对性别角色的掌握，有赖于（　　　）的确立。

　　A．性别恒常性　　　B．性别认同　　　　C．性别稳定性　　D．性格

17．儿童性别角色的发展阶段中，处于生物取向阶段的年龄是（　　　）。

　　A．3～6岁　　　　　B．6～8岁　　　　　C．9～13岁　　　　D．14～17岁

18．下面不属于幼儿性格的年龄特征的是（　　　）。

　　A．活泼好动　　　　B．不喜欢交往　　　C．好奇好问　　　D．模仿性强

19．下列关于多血质心理活动特点的描述中，错误的是（　　　）。

　　A．情绪内向　　　　B．行动敏捷　　　　C．善于交际　　　D．适应性强

20．缓慢发动型婴儿所占的比重是（　　　）。

　　A．40%　　　　　　B．10%　　　　　　C．15%　　　　　D．65%

21．自我意识的认知成分是（　　　）。

　　A．自我体验　　　　B．自我调控　　　　C．自我认识　　　D．自我评价

22．个性的本质是（　　　）。

　　A．社会的　　　　　B．整体的　　　　　C．稳定的　　　　D．个别的

23．安静、均衡是哪种气质类型的明显特点（　　　）。

　　A．胆汁质　　　　　B．多血质　　　　　C．抑郁质　　　　D．黏液质

24．自我意识的意志成分是（　　　）。

　　A．自我认识　　　　B．自我调控　　　　C．自我体验　　　D．自我评价

25．儿童性别角色的发展过程中，9～13岁通常处于的阶段是（　　　）。

　　A．生物取向阶段　　　　　　　　　　　 B．社会取向阶段

　　C．心理取向阶段　　　　　　　　　　　 D．性别稳定性阶段

二、简答题（20分）

1．什么是性格？（2分）影响幼儿性格发展的影响因素有哪些？（6分）

2．幼儿气质的影响因素有哪些？（6分）

3．幼儿自我评价的特点有哪些？（6分）

三、论述题（20分）

1．叙述培养幼儿良好性格的方法有哪些？（10分）

2．性格和气质的关系和区别是什么？（10分）

四、材料分析题（10分）

军军是一个精力旺盛的孩子，他精力旺盛、性情急躁、情绪强烈、外露，但持续时间不长。

（1）请问军军属于什么气质类型？（2分）

（2）这类气质类型显著的心理特征是什么？（2分）

（3）除这种气质外，传统的气质类型还有哪些？它们的心理特征各是什么？（6分）

第六章

幼儿的心理健康

考试说明

（1）了解心理健康的含义和标准。

（2）理解幼儿心理健康的标志。

（3）掌握影响幼儿心理健康的因素。

（4）掌握促进幼儿心理健康的措施。

知识结构图

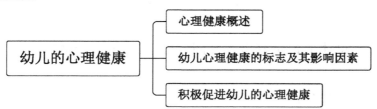

知识精讲

第一节　心理健康概述

一、心理健康的含义和标准（了解）

（1）一个人的健康，总是身体、心理和社会适应三者之间的动态平衡。

心理健康是一种良好的生活适应过程，是认知、情感、社会化的均衡发展过程，是个性结构的和谐状态。

（2）心理健康的标准：人本主义心理学家马斯洛心理健康的 10 项标准。

第二节 幼儿心理健康的标志及其影响因素

一、幼儿心理健康的标志（理解）

根据幼儿身心发展的特点，幼儿心理健康的标志是具有年龄特征的。

（1）动作发展总体符合常模。

发展心理学将大多数幼儿的某一种行为模式发生的时间，称为动作常模。动作发展是婴儿心理发展的外在指标，动作是思维的起点。动作发展总体符合常模，是婴幼儿心理健康的第一个标志。

（2）语言的运用符合语境。

语言是人类心理的工具，是思维和交流的载体。

婴儿在出生后第一年末开始获得母语，4 岁幼儿出现了情境化语言。

（3）热爱游戏，善于游戏。

游戏是婴幼儿的主要活动方式，也是他们的主要学习方式。象征性游戏能促进幼儿智力发展；结构性游戏能促进幼儿创造力发展；角色游戏和社会性游戏是促进幼儿社会化的重要途径。

（4）情绪明朗，善于表达情感。

研究发现：3～4 岁的幼儿已经会隐藏或否认自己的情绪感受。

（5）年龄特征明显。

幼儿的年龄特征，总体上说是好奇、好问、好动、好学，热情率真、投入。表现为天真、活泼、淳朴、幼稚。

（6）很快适应环境的变化。

二、影响幼儿心理健康的因素

1．遗传与疾病

遗传因素对幼儿的心理健康具有重大的影响，维护婴幼儿的身体健康是维护他们心理健康的基本保障。

2．家庭的教养方式

当前，家庭教养方式最普遍的问题是溺爱和对幼儿的期望过高，反映出家长普遍的焦虑心态。家庭教养中的焦虑主要有：

（1）生物性焦虑（家长过分担心幼儿的人身安全）

（2）成长性焦虑（家长把幼儿成长的责任彻底揽在自己身上，采用催赶的方式，加速幼儿的成长）

（3）目标性焦虑（许多家长对幼儿寄托过高的期望，不仅仅是远期目标过高，近期目标也很高。如要求幼儿会写字、会计算、会英语、会艺术、会待人接物、会在宴会上正襟危坐、

会在生活中循规蹈矩，等等）

（4）社会性焦虑（商业炒作的结果）

生物性焦虑反映缺乏自信，成长性焦虑反映忽视规律，目标性焦虑反映渴望补偿，社会性焦虑反映教育的浮躁。

3．社会文化

主要是风俗习惯和道德观念的影响，社会文化的质量是影响幼儿心理健康的重要诱因。

4．个体因素

决定心理健康的关键因素是个体因素。培养幼儿健全的性格结构，是一个人适应生活的变化、抵抗重大变故、保持心理平衡的关键。

同步练习

一、选择题

1．以下不符合幼儿年龄特征表现的是（　　）。

  A．热情率真   B．活泼天真   C．左右逢源 D．好奇爱问

2．有的幼儿到一个陌生的地方会大哭大闹，这表明他们（　　）。

  A．不善于表达情感   B．年龄特征不明显

  C．动作发展不符合常模   D．不能很快适应环境的变化

3．本质上是家长价值观直接反映的是（　　）。

  A．家庭结构   B．家庭教养方式 C．家庭气氛 D．家庭生活条件

4．在子女教育上，"拔苗助长"的行为表现了家长的焦虑心态是（　　）。

  A．生物性焦虑   B．成长性焦虑 C．目标性焦虑 D．社会性焦虑

5．决定心理健康的关键因素是（　　）。

  A．遗传与疾病   B．家庭的教养方式 C．社会文化 D．个体因素

6．思维的起点是（　　）。

  A．语言   B．情绪情感   C．动作   D．想象

7．婴幼儿的主要活动方式是（　　）。

  A．游戏   B．学习   C．早教培训 D．睡眠

8．在幼儿独生子女家庭教育中最普遍的问题表现为（　　）。

  A．保护过度和期望过高   B．溺爱放纵和疏于管教

  C．冷漠和家庭暴力   D．望子成龙和不理不睬

9．家庭教养方式最普遍的问题是溺爱和幼儿期望过高，这反映的是（　　）。

  A．家庭关系复杂   B．孩子年龄小

  C．家庭经济条件好   D．家长的焦虑心态

10．心理健康标准的提出者是（　　）。

  A．马斯洛   B．皮亚杰   C．华生   D．格塞尔

11．发展心理学将大多数幼儿的某一行为模式发生的时间，称为（　　）。

    A．性格　　　　　　　B．气质　　　　　　　C．应激性　　　　D．动作常模

12．总体上说是好奇、好问、好动、好学、热情、率真、投入。这是幼儿的（　　）。

    A．年龄特征　　　　　B．能力　　　　　　　C．气质　　　　　D．个性倾向性

13．能够推动幼儿智力发展的游戏是（　　）。

    A．结构性游戏　　　　B．角色游戏　　　　　C．社会性游戏　　D．象征性游戏

14．很多父母把幼儿成长的责任彻底揽在自己身上，不顾幼儿年龄特征催赶幼儿成长，反映出家庭教养中的（　　）。

    A．目标性焦虑　　　　B．生物性焦虑　　　　C．成长性焦虑　　D．社会性焦虑

15．促进幼儿创造力发展的有效手段是（　　）。

    A．结构性游戏　　　　B．角色游戏　　　　　C．社会性游戏　　D．象征性游戏

16．家长参与大脑开发、零岁工程等活动反映的是（　　）。

    A．目标性焦虑　　　　B．生物性焦虑　　　　C．成长性焦虑　　D．社会性焦虑

17．反映渴望补偿的焦虑种类是（　　）。

    A．目标性焦虑　　　　B．生物性焦虑　　　　C．成长性焦虑　　D．社会性焦虑

18．下列焦虑中，反映家长缺乏自信的是（　　）。

    A．成长性焦虑　　　　B．目标性焦虑　　　　C．社会性焦虑　　D．生物性焦虑

19．家长过分担心幼儿的人身安全，反映出家庭教养中的（　　）。

    A．目标性焦虑　　　　B．生物性焦虑　　　　C．成长性焦虑　　D．社会性焦虑

20．影响幼儿心理健康的重要诱因是（　　）。

    A．家庭的教养方式　　　　　　　　　　　B．个体因素

    C．社会文化的质量　　　　　　　　　　　D．遗传与疾病

二、简答题

1．幼儿心理健康的标志有哪些？

2．促进幼儿心理健康的重要措施有哪些？

经典例题解析

1．（2022 年真题）"揠苗助长"的现象反映了家长在教育幼儿时的焦虑心态，这种焦虑属于（　　）。

A．生物性焦虑　　　　B．社会性焦虑　　　　C．目标性焦虑　　D．成长性焦虑

【答案】D

【解析】本题主要考查的是家庭教养中的焦虑，"揠苗助长"违背了幼儿发展的基本规律，属于成长性焦虑，所以答案选D。

第三节　积极促进幼儿的心理健康

在幼儿园形形色色的教育目标和纷繁复杂的活动中，最有价值的贡献就是维护和促进幼儿的心理健康。

一、关注幼儿的情绪健康（掌握）

情绪健康是心理健康的主要表现，教师应从以下几方面关注幼儿的情绪健康。

（1）注意幼儿情绪发展的任务要与年龄阶段相适应。

埃里克森认为：

从出生到1岁半，其发展任务是获得信任感，克服不信任感，体验着希望的实现。具体表现为依恋的形成与发展。

1岁半～3岁，其发展任务是获得自主感，克服羞怯感，体验着意志的实现。具体体现在如厕的训练。

3～6岁，其发展任务是获得主动感，克服愧疚感，体验着目的的实现。具体表现在幼儿能独立行动，对周围环境的探索和对人际交往感兴趣。

（2）形成新的依恋。

教师与处于分离焦虑中的幼儿，形成新依恋的出发点是幼儿的需要，而不是教师本人的需要。

（3）帮助幼儿集中注意力。

最常引起幼儿心神不宁和注意力不集中的原因是紧张和焦虑。游戏是维护幼儿注意力最有效的手段。

（4）多与家长沟通。

二、帮助幼儿克服情绪危机（掌握）

（1）妥善处理分离焦虑。

分离焦虑具体表现为害怕、退缩、哭泣、胡思乱想等。入园前的教师家访和幼儿参观幼儿园，对减缓分离焦虑具有明显的效果。

（2）敏锐觉察幼儿的情绪。

幼儿的美术作品是反映其情绪的重要途径。

（3）关心单亲家庭的幼儿。

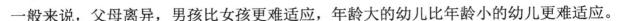

一般来说，父母离异，男孩比女孩更难适应，年龄大的幼儿比年龄小的幼儿更难适应。

（4）帮助幼儿了解死亡。

研究发现：幼儿对死亡的认识有三种水平：

① 不理解死亡（如认为"老虎很凶，不会死""老奶奶死了，也会给我讲故事"等）

② 带着强烈的自我中心和感情色彩理解死亡（如幼儿认为自己喜欢的人不会死，坏蛋会死）

③ 认识到死亡就是生命的结束，并表现出对死亡事件的伤心和恐惧。

如何帮助幼儿正确看待亲人的去世。

① 首先，应该把真相告诉幼儿，让他们与家人一起承担家庭中出现的变故。

② 第二，要鼓励幼儿追忆故去的亲人，这样做有利于抚平他们的心灵，净化他们的情感，保持他们的认同。

③ 第三，帮助幼儿建立新的情感关系。

三、帮助幼儿掌握社会性技巧（掌握）

（1）培养幼儿的移情。

2～5岁的幼儿，在角色游戏和现实生活中，已经逐渐发展了移情的能力。具有移情能力的婴幼儿，在行为上具有连续性。培养幼儿移情的有效手段之一是鼓励角色扮演。

（2）帮助幼儿积累分享的经验。

正确处理幼儿之间因资源问题引发的冲突，最根本的出路是帮助他们积累分享的经验。

（3）帮助边缘幼儿提高社交技巧。

对于处境不良的边缘幼儿，最好的方法是教师一对一地与其交谈。

四、维护幼儿的自尊（掌握）

自尊是对自我评价的接受程度。

幼儿的自尊，首先来自周围人对他的评价，特别是父母的评价，其次来自幼儿教师，再次来自同伴。为了维护幼儿的自尊，教师要注意以下几点。

（1）接纳和关心所有幼儿。

幼儿心理学的基本出发点是承认"儿童不同于成人"。教师对幼儿的态度，正是幼儿形成自尊的源泉。

（2）肯定和认可幼儿。

肯定和认可幼儿是建立幼儿自尊的首要方法。教师在与幼儿互动时，采用鼓励的方式，是提升幼儿自尊最有效的方法。

（3）尊重幼儿。

尊重幼儿，主要指要尊重幼儿的权利。如游戏权、选择权、体验权、知情权等。

五、爱护特殊幼儿（掌握）

在与特殊幼儿交往的过程中，教师不要把注意力集中在幼儿的特殊之处，而应该把注意力多放在发现特殊幼儿与一般幼儿相似或相同的地方。

（1）帮助注意力障碍的幼儿发展自控能力。

对于注意力缺乏症的幼儿，要多采用强化原理，发现幼儿进步时，应及时、真诚地给予表扬，鼓励他们增强自控能力。

（2）指引情绪障碍的幼儿度过纷扰。

引起幼儿情绪障碍的两大主要原因是身体疾病和家庭变故。玩水、玩沙、玩泥巴等，通常是最有效的活动，各种玩具、角色游戏和运动也是调适情绪的有效措施。尤其是角色游戏，能有效地帮助幼儿表达和宣泄不良情绪。

（3）善待攻击性幼儿。

幼儿的攻击性可以分为工具性攻击和敌意性攻击。其中敌意性攻击是幼儿园中令人头疼的问题之一。如何对待幼儿的敌意性攻击呢？

（1）教师对幼儿的攻击性行为要有一个正确的认识；

（2）教师要努力寻找攻击性行为的内部原因；

（3）面对具有伤害性的攻击性行为，教师应该在幼儿的愤怒爆发之前果断介入；

（4）对于已经发生严重攻击性行为的幼儿，可以暂时中止他的活动权利，提供一个单独的环境让他反思一段时间，再进行谈话。

同步练习

一、选择题

1. 维护幼儿注意力最有效的手段是（   ）。

    A．游戏   B．玩教具   C．上课   D．谈话

2. 建立幼儿自尊的首要方法是对幼儿（   ）

    A．表扬和鼓励   B．肯定和认可   C．肯定和鼓励   D．鼓励和赞扬

3. 尊重幼儿主要指要尊重幼儿的（   ）。

    A．利益   B．需要   C．兴趣   D．权利

4. 最常引起幼儿心神不宁和注意力不集中的原因是（   ）。

    A．恐惧和紧张   B．兴奋和焦虑   C．紧张和焦虑   D．害羞和兴奋

5. 维护幼儿注意力最有效的手段是（   ）。

    A．游戏   B．玩教具   C．上课   D．谈话

6. 反映其情绪的重要途径是幼儿的（   ）。

    A．语言   B．表情   C．美术作品   D．动作

7. 下列说法正确的是（   ）。

    A．幼儿入园与家长分离时产生的分离焦虑比家长过晚接幼儿回家时产生的分离焦虑更为强烈

    B．教师应避免对幼儿进行有关死亡的教育

C．教师应特别关注单亲家庭的幼儿

D．教师要及时觉察幼儿的情绪并给予适当的关注和调适

8．下列说法正确的是（ ）。

A．身体疾病不是引起幼儿情绪障碍的主要原因

B．角色游戏能有效地帮助幼儿表达和宣泄不良情绪

C．在老师与幼儿互动时，采用表扬的方式，是提升幼儿自尊最有效的方法

D．对幼儿的攻击性行为应予以严厉的惩罚

9．培养幼儿移情能力有效手段之一是鼓励（ ）。

A．结构游戏 B．观看表演 C．大声歌唱 D．角色扮演

10．正确处理幼儿之间因资源问题引发的冲突，最根本的出路是（ ）。

A．对不听话的幼儿进行批评教育 B．把幼儿交给其家长处理

C．把引发矛盾的幼儿劝退处理 D．帮助幼儿积累分享的经验

11．幼儿教师的（ ）行为不会降低或挫伤幼儿自尊。

A．同伴之间的评比竞争 B．给幼儿过多的保护

C．当全班的面批评个别幼儿 D．真诚地表扬或赞美幼儿

12．下列论述错误的是（ ）。

A．特殊幼儿与一般幼儿相比，有不同的特征或特质

B．对特殊幼儿，应该有个别化的教育计划

C．老师应该多关注幼儿的特殊之处

D．老师多发现特殊幼儿与一般幼儿相似或相同的地方

13．教师与处于分离焦虑中的幼儿形成新的依恋关系的出发点，应该是（ ）的需要。

A．教师 B．幼儿 C．家长 D．园长

14．0～1.5岁情绪发展任务是获得（ ）。

A．亲密感 B．自主感 C．信任感 D．主动感

15．幼儿发展心理学的基本出发点是承认（ ）。

A．幼儿不同于成人 B．幼儿分为不同的等级

C．发展是平衡的 D．幼儿之间没有差异

二、简答题

1．教师如何帮助幼儿掌握社会性技巧？

2．为维护幼儿的自尊，教师应注意些什么？

3．教师如何爱护特殊幼儿？

三、材料分析题

俗话说"六月天，孩儿脸，说变就变"，说明幼儿对情绪的控制力较差，往往受外界情境所支配，特别是周围的人、事、物的变化都能引起幼儿情绪波动。试结合心理学知识分析：

1．如何关注幼儿的情绪健康？

2．如何帮助幼儿克服情绪危机？

经典例题解析

1．（2018 年真题）在社会交往中，社会性技巧是不可缺少的。教师应如何帮助幼儿掌握社会性技巧？

【答案】①培养幼儿的移情；②帮助幼儿积累分享的经验；③帮助边缘幼儿提高社交技巧。

【解析】本题主要考查的是教师应如何帮助幼儿掌握社会性技巧。

2．（2019 年真题）幼儿教师为维护幼儿的自尊，要注意什么问题？

【答案】①接纳和关心所有幼儿；

②肯定和认可幼儿；

③尊重幼儿。

【解析】本题主要考查的是维护幼儿的自尊要注意的问题。

3．（2020 年真题）贝贝入园两周了，今天妈妈有事，没能按时来接她。贝贝看到其他小朋友都被接走了，就哭了起来，闹着找妈妈。

镜头一：李老师陪伴在贝贝身边，安慰她，一起等贝贝妈妈来接她。

镜头二：张老师当着贝贝的面，不停地给贝贝妈妈打电话，催她快点来接贝贝。

（1）你认为两位老师的做法是否妥当？为什么？

（2）教师应如何关注幼儿的情绪健康？

【答案】（1）李老师的做法妥当，她的做法能够缓解幼儿的焦虑情绪。

张老师的做法欠妥，她的做法会强化幼儿的分离焦虑。

（2）关注幼儿情绪健康：

①注意幼儿情绪发展的任务要与年龄阶段相适应；

②帮助幼儿形成新的依恋；

③帮助幼儿集中注意力；

④多与家长沟通。

【解析】本题主要考查的是教师应如何关注幼儿的情绪健康。

单元测试卷

一、选择题（每小题2分，共30分）

1．心理健康10项标准是（　　）提出的。
　　A．科尔伯格　　　　B．皮亚杰　　　　　C．马斯洛　　　　D．华生

2．下列说法错误的是（　　）。
　　A．动作发展是婴儿心理发展的内在指标
　　B．动作是思维的起点
　　C．动作发展符合常模是婴幼儿心理健康的标志
　　D．常模是一个发展水平的平均数

3．家长参与大脑开发、零岁工程等活动反映的（　　）。
　　A．目标性焦虑　　　B．生物性焦虑　　　C．成长性焦虑　　D．社会性焦虑

4．反映出家长渴望补偿的焦虑种类是（　　）。
　　A．目标性焦虑　　　B．生物性焦虑　　　C．成长性焦虑　　D．社会性焦虑

5．0～1.5岁情绪发展任务是获得（　　）。
　　A．亲密感　　　　　B．自主感　　　　　C．信任感　　　　D．主动感

6．家庭教养中的两个问题溺爱和对幼儿期望太高，其根本原因是（　　）。
　　A．家庭关系复杂　　　　　　　　　B．孩子年龄小
　　C．家庭经济条件好　　　　　　　　D．家长的焦虑心态

7．教师与处于分离焦虑中的幼儿形成新的依恋关系的出发点，应该出于（　　）的需要。
　　A．教师　　　　　　B．幼儿　　　　　　C．家长　　　　　D．园长

8．下列不属于分离焦虑中幼儿的情绪表现的是（　　）。
　　A．安静　　　　　　B．退缩　　　　　　C．哭泣　　　　　D．胡思乱想

9．（　　）是反映幼儿情绪的晴雨表。
　　A．美术作品　　　　B．游戏　　　　　　C．依恋　　　　　D．同伴交往

10．教师再与幼儿互动时，采用（　　）的方式，是提升幼儿自尊最有效的方法。
　　A．评比　　　　　　B．保护　　　　　　C．表扬　　　　　D．鼓励

11．下列论述错误的是（　　）。
　　A．特殊幼儿与一般幼儿相比，有不同的特征或者特质
　　B．对特殊幼儿，应该有个别化的教育计划
　　C．老师应该多关注幼儿的特殊之处
　　D．老师多发现特殊幼儿与一般幼儿相似或相同的地方

12．很多父母把幼儿成长的责任彻底揽在自己身上，不顾幼儿年龄特征催赶幼儿成长，

反映出家庭教养中的（   ）。

    A．目标性焦虑   B．生物性焦虑   C．成长性焦虑   D．社会性焦虑

13．反映家长忽视规律的是（   ）。

    A．目标性焦虑   B．生物性焦虑   C．成长性焦虑   D．社会性焦虑

14．3～6 岁的幼儿情绪发展任务是获得（   ）。

    A．亲密感   B．自主感   C．信任感   D．主动感

15．下列论述错误的是（   ）。

    A．特殊儿童与一般儿童相比，有不同的特征或者特质

    B．对于特殊儿童的教育，应该有个别化的教育计划

    C．老师应该多关注幼儿的特殊之处

    D．老师应该多发现特殊儿童与一般儿童相似或者相同的地方

二、简答题（26 分）

1．幼儿教师如何爱护特殊幼儿？（6 分）

2．幼儿心理健康的标志有哪些？（12 分）

3．影响幼儿心理健康的因素是什么？（8 分）

三、论述题（14 分）

1．教师如何帮助幼儿理解死亡？（6 分）

2．教师如何对待幼儿的敌意性攻击？（8 分）

四、材料分析题（30分）

苏苏的爸爸妈妈离婚了，苏苏变得情绪很急躁，经常和小朋友发生冲突，抢夺小朋友的玩具，小朋友都不喜欢跟他玩，苏苏显得很孤单，有些焦虑情绪。

结合材料完成下列问题：

1．幼儿园老师应该如何关心单亲家庭的幼儿？（8分）

2．幼儿教师应该如何帮助苏苏掌握社会性技巧？（6分）

3．如何关注幼儿的情绪健康？（8分）

4．如何帮助幼儿克服情绪危机？（8分）

第七章

关于儿童心理发展的几种主要理论

考试说明

理解皮亚杰关于儿童认知发展因素和认知发展阶段的理论。

知识结构图

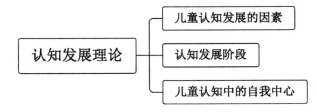

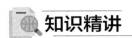

知识精讲

认知发展理论

瑞士心理学家皮亚杰创立的儿童认知发展理论是发生认识论，是 20 世纪发展理论的顶峰。

一、儿童认知发展的因素

皮亚杰认为，推动儿童心理发展的因素有 4 个：成熟、经验、社会环境和平衡化。

（1）成熟是儿童心理发展的必要条件。

（2）经验是通过与外部环境接触而获得的知识，包括：

① 婴儿通过动作的练习获得的经验；

② 儿童操作物体时获得的对物体的认识；

③ 儿童在操作物体时从自己的动作中概括出的经验。

皮亚杰称之为数理逻辑经验。

（3）社会环境的影响主要指语言和教育的影响。

语言和教育对儿童心理的发展起着重要的作用，但这种作用只有被儿童的认知结构接受时才起作用。

（4）平衡化是认知结构的固有功能，是儿童心理发展的决定性因素。认知结构是在先天动作的基础上发展起来的。

无论是认知结构的演变，还是认知结构的调整，都是不断追求平衡化的自动调节过程。自动调节是生命有机体固有的特性。

二、认知发展阶段

皮亚杰根据认知结构的不断演变，将儿童的认知发展划分为四个阶段：

（1）感知运动阶段（0～2 岁）。儿童出现智慧动作，标志着儿童已经开始萌发直觉行动思维，在这一阶段儿童获得"客体永久性"。

（2）前运算阶段（2～6、7 岁）。这一阶段儿童获得了语言，出现一系列以表象作为工具的思维活动，能进行"延迟模仿""象征性游戏"，最典型的思维特点是不守恒。

（3）具体运算阶段（6、7 岁～11、12 岁）。这一阶段的儿童，能在具体事物或具体形象的帮助下，组织各种方法进行逻辑思维。

（4）形式运算阶段（11、12 岁以后）。进入形式运算阶段的儿童能根据概念或命题关系进行抽象逻辑思维。

三、儿童认知中的自我中心

儿童思维的核心特点是自我中心。所谓自我中心是指儿童把注意力集中在自己的动作或观点上的现象。儿童的自我中心不仅表现在外部行为上，也表现在儿童的语言、表象和逻辑中。皮亚杰设计的"三山实验"就是反映儿童认知自我中心的明证。

思维的自我中心，还反映在幼儿分不清自我与客体的界限，容易相互混淆。最典型的是幼儿分不清想象与现实的界限，经常把自己想象的事当作真实的事来说，导致不明事理的成人指责他们"说谎"，从而蒙受不白之冤。

思维的自我中心，也表现在儿童有强烈的"拟人化倾向"。

思维的自我中心，还表现在幼儿对规则的认识是单向的，只知道规则是有权威的人制定的，必须遵守，不能改变。而不知道任何规则都是可以根据实际情况，通过适当程序加以修正和改变的。儿童思维中的自我中心，是一种稳定的错觉。

因此，在人的一生中，不断解除自我中心，是认知发展的任务。

同步练习

一、选择题

1. 皮亚杰认为儿童心理发展的决定性因素是（　　）。

    A．成熟　　　　　　　　　　　　B．经验

C．社会环境的影响　　　　　　　　D．平衡化

2．皮亚杰的"三山实验"是反映儿童认知（　　　）的明证。

A．表面化　　　　B．深刻性　　　　C．灵活性　　　　D．自我中心

3．皮亚杰根据认知结构的不断演变，将儿童的认知发展划分为四个阶段，其中感知运动阶段是（　　　）。

A．0～2岁　　　　B．2～6、7岁　　　　C．3～5岁　　　　D．6～8岁

4．幼儿获得"客体永久性"的认知发展阶段是（　　　）。

A．感知运动阶段　　　　　　　　　B．前运算阶段

C．具体运算阶段　　　　　　　　　D．形式运算阶段

5．不守恒是儿童哪个认知发展阶段的典型特点？（　　　）。

A．感知运动阶段　　　　　　　　　B．前运算阶段

C．具体运算阶段　　　　　　　　　D．形式运算阶段

6．皮亚杰根据认知结构的不断演变，将儿童的认知发展划分为四个阶段，其中前运算阶段是（　　　）。

A．0～2岁　　　　B．2～6、7岁　　　　C．3～5岁　　　　D．6～8岁

7．幼儿认为无意打碎10各盘子的幼儿，比违背成人意愿打碎1各盘子的幼儿更坏，原因是"他打碎的盘子多"。这体现了幼儿思维的是（　　　）。

A．表面化　　　　B．深刻性　　　　C．自我中心　　　　D．灵活性

8．儿童进入自律阶段的年龄是（　　　）。

A．4岁以后　　　　B．6岁以后　　　　C．8岁以后　　　　D．10岁以后

9．皮亚杰根据认知结构的不断演变，将儿童的认知发展划分为四个阶段，其中形式运算阶段是（　　　）。

A．0～2岁　　　　B．2～6、7岁　　　　C．9、10岁以后　　　　D．11、12岁以后

10．幼儿思维的自我中心表现在人际关系中是幼儿对成人有一种（　　　）。

A．拟人化倾向　　　　B．单方面的服从　　　　C．说谎　　　　D．相互混淆

经典例题解析

1．（2018年真题）皮亚杰认为，儿童心理发展的决定性因素是（　　　）。

A．成熟　　　　B．经验　　　　C．社会环境　　　　D．平衡化

【答案】D

【解析】本题主要考查的是儿童认知发展的因素。平衡化是儿童认知结构的固有功能，是儿童心理发展的决定性因素。所以答案选D。

2．（2019年真题）皮亚杰认为，2～6、7岁儿童的认知发展所处的阶段是（　　　）。

A．感知运动阶段　　　　　　　　　B．前运算阶段

C．具体运算阶段　　　　　　　　　D．形式运算阶段

【答案】B

【解析】本题主要考查的是儿童认知发展的阶段。2～6、7岁是前运算阶段，所以答案选 B。

3.（2022 年真题）儿童获得"客体永久性"是在认知发展的（　　）。

    A．感知运动阶段　　　　　　　　　　B．前运算阶段

    C．具体运算阶段　　　　　　　　　　D．形式运算阶段

【答案】A

【解析】本题主要考查的是感知运动阶段的特点。这一阶段是儿童获得"客体永久性"，所以答案选 A。

单元测试卷

一、选择题（每小题 2 分，共 14 分）

1. 皮亚杰认为，开始出现智慧动作的阶段是（　　）。
    A．感知运动阶段　　　　　　　　　　B．前运算阶段
    C．具体运算阶段　　　　　　　　　　D．形式运算阶段

2. 皮亚杰认为幼儿能进行"延迟模仿"的认知发展阶段是（　　）。
    A．感知运动阶段　　　　　　　　　　B．前运算阶段
    C．具体运算阶段　　　　　　　　　　D．形式运算阶段

3. 皮亚杰认为，儿童思维的核心特点是（　　）。
    A．间接性　　　　B．自我中心　　　　C．概括性　　　　D．组织性

4. 幼儿认为，月亮是跟着他们走的，花儿是朝着他们笑的，这说明幼儿思维的自我中心，表现在幼儿有强烈的（　　）。
    A．拟人化思维　　　　　　　　　　　B．具体形象思维
    C．拟人化倾向　　　　　　　　　　　D．抽象逻辑思维

5. 语言和教育对儿童心理的发展起着重要的作用，但这种作用只有被儿童的（　　）接受时才起作用。
    A．感知觉　　　　B．社会环境　　　　C．认知经验　　　　D．认知结构

6. 在皮亚杰的认知发展的因素中，儿童心理发展的必要条件是（　　）。
    A．成熟　　　　　　　　　　　　　　B．经验
    C．社会环境的影响　　　　　　　　　D．平衡化

7. 反映儿童认知自我中心的明证是（　　）。
    A．点红实验　　　　　　　　　　　　B．三山实验
    C．双生子实验　　　　　　　　　　　D．视觉悬崖实验

二、简答题（16 分）

1. 皮亚杰认为推动儿童认知发展的因素有哪些？（8 分）

2. 皮亚杰根据认知结构的不断演变，将儿童的认知发展划分为哪几个阶段？（8 分）